北印 2023
会计硕士案例
论文集

李治堂 张 颖 主编

BEIYIN 2023 KUAIJI SHUOSHI ANLI
LUNWENJI

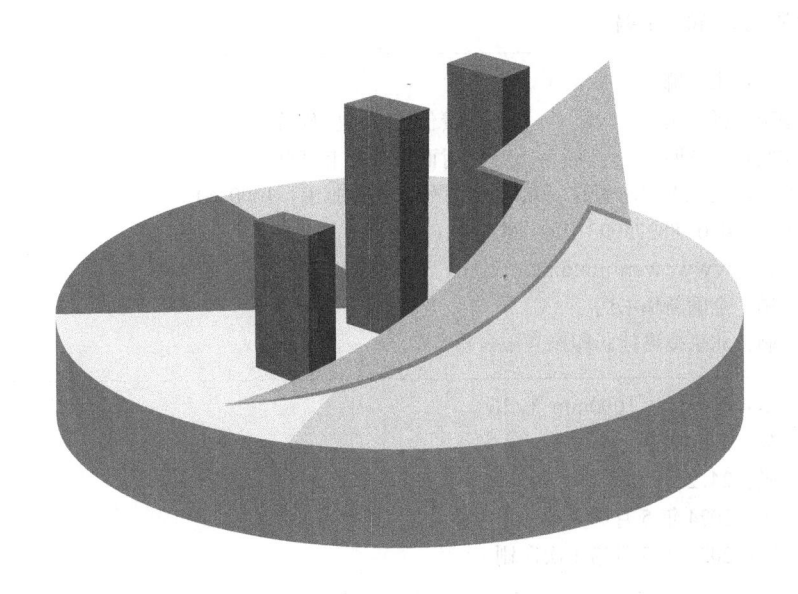

文化发展出版社
Cultural Development Press
·北京·

图书在版编目（CIP）数据

北印 2023 会计硕士案例论文集 / 李治堂，张颖主编． — 北京：文化发展出版社，2024.4
ISBN 978-7-5142-4216-4

Ⅰ．①北… Ⅱ．①李… ②张… Ⅲ．①会计学－文集 Ⅳ．① F230-53

中国国家版本馆 CIP 数据核字 (2024) 第 045202 号

北印 2023 会计硕士案例论文集

李治堂　张　颖　主编

出 版 人：宋　娜	
责任编辑：杨　琪	责任校对：岳智勇
责任印制：邓辉明	封面设计：韦思卓

出版发行：文化发展出版社（北京市翠微路 2 号　邮编：100036）
发行电话：010-88275993　010-88275710
网　　址：www.wenhuafazhan.com
经　　销：全国新华书店
印　　刷：北京捷迅佳彩印刷有限公司

开　　本：710mm×1000mm　1/16
字　　数：380 千字
印　　张：24.25
版　　次：2024 年 5 月第 1 版
印　　次：2024 年 5 月第 1 次印刷

定　　价：128.00 元
ＩＳＢＮ：978-7-5142-4216-4

◆ 如有印装质量问题，请与我社印制部联系　电话：010-88275720

前言 PREFACE

北京印刷学院是一所专门为出版传媒全产业链培养人才的全日制高水平特色型高等院校，被誉为业界名校。经过60余年的建设和发展，学校现在印刷与包装、出版与传播、设计与艺术三个领域具有明显优势和特色，成为工、文、艺、管多学科协调发展的特色高校。北京印刷学院经济管理学院以建设国内一流的传媒管理学院为愿景，努力提升学科建设水平和人才培养质量。经济管理学院现有工商管理一级学科硕士授权点、会计硕士专业学位授权点和传媒经济与管理、文化产业管理等二级学科硕士点。2014年，经济管理学院申报的会计硕士专业学位授权点成功获批，2015年开始正式招生。2018年，本硕士点顺利通过全国会计专业学位研究生教育指导委员会组织的专项评估工作。几年来，学校会计硕士点得到快速发展，办学规模、水平和影响力不断提升。

本专业培养熟练掌握现代会计理论与实务，具有从事会计职业所需的职业道德、专业知识与技能，具有较强的创新精神和实践能力，能够在新闻出版单位及其他企业、事业单位、政府机构从事会计、财务管理、审计等工作的复合应用型高级人才。本硕士点现有教授8人、副教授19人、讲师13人、博士34人，专业教师具有较丰富的会计、审计、财务以及企业管理的经验。本硕士点聘请了来自国内著名高校、出版社、金融机构和大型会计师事务所的70多名专家担任校外导师，实行"双导师制"培养。本硕士点建设了一批校外实习基地，包括北京致同会计师事务所、北京兴华会计师事务所、中兴财光华会计师事务所、中勤万信会计师事务所、华寅五洲会计师事务所、华普天健会计师事务所、中汇税务师事务所有限公司、中关村科技控股有限公司、机械工业出版社、高等教育出版社、外语教学与研究出版社、电子工业出版社、人民邮电出版社等 30 多家知名企业。

为了落实专业学位研究生培养模式改革的要求，我们着力强化职业需求导向，突出实践能力培养，注重培养学生综合运用专业知识分析解决实际问题的能力。我们在课程教学、课程考核、实践教学、学科竞赛、论文训练等方面做出综合安排，坚持"理论讲授＋案例分析＋综合训练"的教学模式，鼓励学生进行问题导向性、研究性的学习，在学习过程中发现问题，在分析解决问题中不断提高专业能力。本论文集正是学生在学习过程中研究性学习结果的汇集和总结。本论文集共分公司治理、会计与审计、财务分析与财务风险、企业战略与行业研究、数字化转型五部分，共收录论文 44 篇，其中公司治理 14 篇、会计与审计 11 篇、财务分析与财务风险 7 篇、企业战略与行业研究 8 篇、数字化转型 4 篇。本书由张颖负责组稿和初审，由李治堂统稿和审定。由于作者和编者水平有限，错漏之处敬请读者批评指正。

编者

2023 年 8 月

目录 CONTENTS

第一篇　公司治理 / 001

一　保千里大股东掏空行为及防范研究（李禹霖　胥力伟）/ 002

二　社会矛盾分析法在公司治理中的应用（常皓然　周依群）/ 010

三　商业银行内部控制存在问题及对策分析
　　——以邮政储蓄银行为例（钞倩倩）/ 018

四　管理层员工薪酬差距与企业研发效率（陈姝涵　陈亮亮）/ 025

五　基于北京文化财务舞弊案的商业伦理与会计职业道德分析
　　（戴伟　胥力伟）/ 035

六　紫晶存储财务造假案例分析（范泽京　吴仁群）/ 042

七　基于舞弊钻石理论的合众思壮财务造假案例研究
　　（高晴　吴仁群）/ 049

八　基于 GONE 理论的易见股份舞弊案例研究（李培英　刘寿先）/ 058

九　康美药业财务舞弊动因分析
　　——基于舞弊三角理论（李伊　胥力伟）/ 066

十　麦克奥迪大股东掏空案例研究（刘美琳　何志勇）/ 076

十一　恒大集团代理冲突及对策研究（尚宝兴　刘寿先）/ 082

十二　东方金钰财务舞弊案例分析
　　——基于 CRIME 五因素理论（王涛　佟东）/ 089

十三　基于COSO框架的浦发银行成都分行内部控制问题研究
　　（赵慧　华宇虹）／097

十四　上市公司财务舞弊与内部控制研究
　　——以凯乐科技为例（赵倬　杨春）／105

第二篇　会计与审计／113

十五　数据资产的确认与计量问题研究
　　——以城市传媒为例（白婷羽　孔晓春　曹东旭）／114

十六　数据资产的会计确认、计量研究
　　——以完美世界为例（田子雨　佟东）／123

十七　互联网企业数据资产的确认与计量研究
　　——以巨人网络为例（张艺瀚　刘寿先）／132

十八　权益法核算长期股权投资存在的问题及对策研究
　　（周丹宁　孔晓春）／142

十九　会计师事务所审计失败案例研究
　　——以*ST新亿为例（楚昭慧　秦必瑜）／149

二十　瑞华对辅仁药业审计失败案例分析（单蕾　黄孝章）／156

二十一　金亚科技财务舞弊对高新技术企业审计的启示
　　（李玫　李宝玲）／163

二十二　审计风险问题研究
　　——以紫鑫药业为例（刘帅成　胥力伟）／171

二十三　掌趣科技收入审计风险识别研究（刘子珺　孔晓春）／176

二十四　注册制下审计失败的案例分析
　　——以紫晶存储为例（徐凤琴　付海燕）／184

二十五　基于职业怀疑视角的审计工作研究（张灿　付海燕）／192

第三篇　财务分析与财务风险 / 201

二十六　财务报表分析案例研究
　　　　——以神马实业股份为例（刘方丽　胥力伟）/ 202

二十七　基于哈佛框架的良品铺子财务分析（孙琳琳　刘硕）/ 212

二十八　比亚迪公司的财务风险分析与防范（闫雨晴　华宇虹）/ 219

二十九　基于GONE理论的上市公司财务舞弊分析
　　　　——以辅仁药业为例（严之钰　华宇虹）/ 229

三十　玖龙纸业有限公司财务分析（张锐　孔晓春）/ 236

三十一　中石化内部控制实施效果分析
　　　　——基于财务数据分析的研究（王秀棋　关晓兰）/ 244

三十二　山东胜通集团债券违约案例研究（侯燕祥　佟东）/ 254

第四篇　企业战略与行业研究 / 261

三十三　比亚迪新能源汽车发展对策研究（孟玲旬　秦必瑜）/ 262

三十四　价值链视角下新能源汽车成本控制问题研究
　　　　——以特斯拉为例（濮文凯　华宇虹）/ 271

三十五　价值链视角下伊利股份的营运资金管理研究
　　　　（王晓欢　谢巍）/ 281

三十六　企业财务战略分析及优化研究
　　　　——以火炬电子为例（王愿婷　华宇虹）/ 293

三十七　对企业退市后续发展的思考
　　　　——以顺利办信息服务股份有限公司为例（徐亚新　何志勇）/ 304

三十八　供应链视角下动漫企业营运资金管理问题研究
　　　　——以奥飞娱乐公司为例（张珈源　华宇虹）/ 311

三十九　财税政策对科技型中小企业创新绩效的影响
　　　　——以网宿科技为例（张思涵　刘寿先）/ 320

四十　暴雪公司的战略性发展研究（魏子昊　陈亮亮）/ 332

第五篇　数字化转型 / 339

四十一　数字化转型对东方雨虹财务绩效的影响研究
　　　　（黄超兰　何玉柱）/ 340

四十二　融媒体时代凤凰传媒的转型发展之路分析
　　　　（李艳　李宝玲）/ 350

四十三　数字经济下中信出版集团资产运营优化路径探究
　　　　（冉青玉　杨荣）/ 360

四十四　大数据背景下企业财务管理的挑战与变革
　　　　（刘婧文　陈鹤杰）/ 370

第一篇 公司治理

一 保千里大股东掏空行为及防范研究

李禹霖[①]　胥力伟[②]

摘要：大股东掏空上市公司损害中小股东利益的行为是备受学术界和企业界关注和热议的话题。尽管国家不断针对性出台证券法等相关法规，采取了完善监督制度等举措，但是大股东侵占中小股东利益的行为依然时有发生，且其手段愈加隐蔽，并最终对上市公司与资本市场的健康与持续高质量发展产生了巨大阻碍作用。基于此，本文对保千里大股东掏空行为进行了相关研究，分析保千里大股东庄敏掏空企业的具体方式：短期高频地进行反常投资、制造大量不必要的预付款和应收款、违规担保；在此基础上，本文从企业公司治理的角度出发针对性地提出了优化股权结构、强化董事与监事监督职能、优化管理层激励制度三项对策，以期能够为企业防范大股东掏空提供借鉴。

关键词：掏空行为；应付预付账款；股权结构；监督职能；激励制度

一、引言

大股东掏空上市公司损害中小股东利益的行为向来是备受学术界和企业界关注的话题。在委托代理和信息不对称等条件的影响下，上市公司的大股东们为一己私利而攫取企业资源，侵害中小股东利益的恶劣行径时有发生。政府出台了一

[①] 李禹霖，男，会计硕士，研究方向：资本运营与财务管理实务。
[②] 胥力伟，女，北京印刷学院教师，研究方向：财税理论与实践。

系列针对财务舞弊的法律法规，在一定程度上遏制了大股东掏空的现象。但依然有许多大股东采用越发隐蔽和多样的手段来逃避会计事务所等机构的审查，不断侵占中小股东的利益。其行为对企业产生的负面影响极大甚至很难在企业正常营运时被人察觉，往往在企业遭遇危机之际才伴随严重财务问题一同暴露出来，最终在日侵月蚀下让"隐疾"成为压垮企业的"最后一根稻草"。

因此，在大量的舞弊案例中不断总结吸取教训经验，据此进行制度优化和监督强化方能及时、可靠地起到预防之实，为广大上市企业防范大股东掏空、维护中小股东权益提供更为有益的借鉴。

二、文献综述

（一）大股东掏空行为原因分析

卢太平等（2021）经实证检验后提出：较高的薪酬可能削弱独立董事的独立性，并在一定程度上降低企业会计信息质量，最终加剧大股东"掏空"程度。[1] 李晓庆等（2023）分析上市公司样本数据后提出：企业控制权变更倾向和大股东掏空程度存在显著正向关系，且这种关系在机构投资者持股和高管持股比例低以及独立董事占比低的公司中体现得更为明显。[2] 武锶芪（2023）提出：股权过度集中形成的代理成本主要为更加隐蔽的股权质押方式，其次为大股东占款。[3]

（二）大股东掏空行为防范研究

李翠仿等（2014）提出：企业面对一股独大的情况需要采取加强机构投资者的措施才能有效避免大股东掏空。[4] 陶梦宇（2016）研究提出：增加机构投资的比例与股东的相互制约也能有效抑制掏空行为。[5] 赵国宇等（2017）提出：监督与激励的关系并不是割裂的，企业采取避免大股东在管理层中交叉任职、给予管理层合理的激励等方案都能够高效抑制大股东掏空。[6] 潘启东（2023）通过实证研究提出：董事会治理能够显著钳制大股东掏空，尤其是在内部控制缺陷的企业中更为显著。[7]

综上可知，学界涌现出诸多有关大股东掏空行为和抑制因素的研究成果，其中不乏探讨股权结构、董事会等因素与掏空行为关系的研究，但以上研究成果多是源于大样本下的实证研究，并不能盲目借鉴以上研究结论，需要借助具体案例进行有针对性的分析。

三、保千里大股东掏空行为分析

保千里即江苏保千里视像科技集团股份有限公司，成立于2002年，公司经营范围包括电子摄像技术的研发、生产以及销售等。保千里所处的电子视像行业竞争激烈且发展迅速，保千里在行业内是少数几个在多个领域都拥有核心技术和知识产权的企业，其依靠精密光机电成像＋仿生智能算法技术在行业中迅速拥有了良好的竞争力。

（一）保千里大股东简介

保千里在上市前名为江苏中达新材料集团股份有限公司（以下简称中达股份）。2014年11月资产重组后，庄敏、日昇创沅、陈海昌、庄明、蒋俊杰五位共同拥有深圳市保千里电子有限公司全部股权。2015年3月，保千里成功完成了借壳上市，庄敏成为中达股份的实际控制人。2015年4月，江苏中达新材料集团股份有限公司正式更名为江苏保千里视像科技集团股份有限公司（以下简称保千里）。

（二）保千里大股东掏空方式

本文从投资、应收应付款、担保三个角度对实控人庄敏作为保千里大股东和实际控股人掏空企业的行为进行了研究，进而发现其具体的掏空方式分别为短期高频地进行反常投资，制造大量不必要的预付、应收款以及违规担保。

1.短期高频地进行反常投资

在保千里成功借壳上市之后，大股东庄敏便着手展开了高频的对外投资，不得不说这些由庄敏主导的巨额反常投资为其掏空保千里提供了便利。2016—2017年，短短一年多的时间里他主导了9笔大额对外投资。保千里对协创兄弟、野兽达达、小豆科技、柳州延龙、楼通宝、嘉洋美和、安威科等多家公司进行了投资并且投资金额巨大，总数约为32.75亿元，且分占57%、35%、100%、51%、100%、35%、70%。但反常的是以实控人庄敏为主导投资的这9家公司并不都是具备投资价值且前景良好的企业，有相当一部分企业的经营情况并不乐观，甚至有一些企业已经暴露出了较为严重的运营问题，其中楼通宝、星常态这两家企业最具代表性。

就拿以上庄敏投资的九家企业中业务问题最严重的楼通宝来说，其最早的经营业务为投资咨询和国内外贸易，这样一家企业对于当时正一门心思把智能硬件赋能人工智能作为业务蓝图的保千里来说本来毫无吸引力，但两者却最终出人意料地产生了密切投资关系，这不禁令人生疑。

2016年12月，陈颂敬正式担任楼通宝总经理，他立即在楼通宝业务范围内添加了网络系统以及硬件技术开发等与保千里投资意向高度相关的业务，并且仅仅经过了半年的发展，原本在经营业务上与保千里方枘圆凿的楼通宝便收获了来自大股东庄敏主导下保千里的巨额投资，真正实现了由"迥然"到"必然"。

但事实上，能实现这样的嬗变完全得益于企业大股东之间的裙带关系。陈颂敬在入职楼通宝之前曾担任视界之龙的总经理，而庄敏保千里股份代持人的詹健雄和庄敏之兄庄明同为视界之龙的大股东，在四人创造出的巨大信息不对称之下促成了一桩桩反常的巨额投资。此外，保千里一改再改的公司章程也在一定程度上印证了大股东庄敏投资楼通宝昭然若揭的险恶用意。

2. 制造大量不必要的预付、应收款

预付账款作为企业一项重要的债权，存在一定的风险，即过高的预付账款容易形成坏账加大企业的收账成本，并且可能在一定程度上占用企业流动资金从而影响企业的资金收益。但反常的是，作为保千里实控人的庄敏似乎非常热衷于追逐这样的风险，由表 1-1 不难看出保千里自成功借壳上市后夸张的预付账款增幅，2016 年几乎季季翻番的数据不禁令人咂舌。

事实上，在保千里主要预付款企业中充斥着大量的问题企业，其中不乏实控人庄敏的关联企业，甚至许多预付款企业并不具备完整交付的能力，利用"左手倒右手"等舞弊手段，庄敏制造了大量且不必要的预付款项，恣意侵吞企业专户的预付款资金。保千里 2015—2017 年预收账款见表 1-1。

表 1-1　保千里 2015—2017 年预收账款　　　　　单位：亿元

时间	2015.12	2016.6	2016.9	2016.12	2017.3	2017.6	2017.9	2017.12
预付账款	5.52	1.39	2.92	5.33	10.91	7.50	9.27	5.33

资料来源：同花顺 iFinD

无独有偶，保千里的应收账款大幅增加与上述预付款变动原因如出一辙。公司应收账款涉及的企业同样是以保千里的子公司的关联企业为主，这些企业的营运能力普遍相当有限且并不具备足够的还款能力，保千里大股东庄敏则再次利用这些难以追偿的应收账款进一步实现了自己占有企业资源和侵害中小股东利益的计划。

3. 违规担保

除了前面提到的短期高频地进行反常投资和制造大量不必要的预付、应收款等掏空保千里的手段，大股东庄敏还利用担保之名行违规之实。2016—2017 年，庄敏绕过董事会以保千里和个人的名义主导了多笔银行向自己关联公司的违规担保。不仅如此，庄敏还将宝生银行担保所得的大笔资金转移到洛银租赁下，以求进一步利用租赁公司以担保的名义再次向其他关联企业转移资金。直到 2017 年 11 月，保千里财务人员意外发现企业账户因担保违约被银行强制划扣了 1.98 亿元的资金，庄敏违规担保的恶劣行径才伴随着保千里危如累卵的资金链一同暴露出来。

四、大股东掏空行为防范对策与思考

通过上文对大股东庄敏掏空行为的详细分析不难看出,保千里被掏空的原因除了"罪魁"庄敏之外,企业自身也存在诸多不容小觑的问题:一股独大且形同虚设的股权结构,这一切都为保千里萧墙之祸的酿成提供了前提。因此,本文该部分思路是从企业内部出发针对以上问题提出优化股权结构、强化董事与监事监督职能、优化管理层激励制度三项针对性对策,进而通过为庄敏这样为侵占大量企业资产而蠢动的"罪魁"们的犯罪成本加码,最终达到使其敛迹的效果。

(一)优化股权结构

保千里股权结构不合理是庄敏主导"掏空"行为频频得手的前提和重要原因。为避免这种情况,广大企业就需要站在有利内控的方向上不断调整自身股权结构。站在管理的角度,合理的股权结构是为企业实现高效管理、长久经营提供前提,在股数上占据绝对地位的实控人大股东往往最容易因决策失误甚至恶意决策带给企业难以承受的风险,因此更需要针对性地对其在股权结构上进行制衡,必要时甚至需要引入恰当的战略投资者来促进企业搭建更为合理的股权架构,避免企业自食"一股独大"的恶果。但无须矫枉过正,过于分散的股权结构同样易遭"野蛮人"上门的无妄之灾,因此企业在搭建股权架构时要在"集中"和"分散"间结合自身特点找到适于发展的平衡点。

(二)强化董事与监事监督职能

除股权结构分布不合理之外,保千里董事监事的监管失灵也是能够使实际控制人掏空行径得手的重要原因之一。保千里董事会和管理层之间存在交叉任职的情况,保千里董事会的独立性根本得不到保证,这使得庄敏能够屡次轻易地修改企业的规章制度以牟私利。同样地,保千里监事会成员也多与大股东庄敏存在密切联系,这也极大地限制了监事会行使其监督职能。

为解决这些问题,充分发挥董事会和监事会的监督作用,企业需要在任职董事会和监事会成员时着重对候选人的任职履历、人际利益关系等方面进行更为严格的审查，并且适当提高董事会内独立董事以及外部董事所占的比例以保证独立性。除此之外，企业有必要针对监事会成员单独建立一套考核体系，以确保有效遏制众监事尸位素餐、以权谋私的行为，激励监事会充分公正地行使其监督职能。

（三）优化管理层激励制度

合理的激励制度对企业稳定经营和抵御风险具有至关重要的作用，倘若企业针对管理层激励制度无力，可能会使管理层对企业失去信心，在追求高风险高收益但与企业规划相悖的投资项目之余，他们甚至可能倒向着手掏空企业的"庄敏们"。而如果激励制度失据，管理层就容易滋生消极怠工的情绪。

因此，企业需要将管理层的绩效与激励制度紧密联系起来，通过合理可量化的财务数据指标将每一位管理层员工的价值贡献直观地呈现出来。以此为依据建立的激励制度能够做到有力且有据，既有利于形成管理层决策与企业价值的积极捆绑，也有利于明确权责、追责溯源，有效钳制个别股东的掏空行为。

参考文献：

[1] 卢太平，马腾飞．独立董事薪酬与大股东掏空：激励还是合谋 [J]．财贸研究，2021，32(12)：94-105．

[2] 李晓庆，邢树菊，储小俊．大股东掏空会提高上市公司控制权变更可能性吗？[J]．投资研究，2023，42(3)：79-99．

[3] 武锶芪．大股东"掏空"行为、外部监管与企业绩效关系研究 [J]．价格理论与实践，2023(3)：148-151+206．

[4] 李翠仿，王钰，史淋．定向增发、利益输送与资本市场监管 [J]．财会通讯，2014，632(12)：55-57．

[5] 陶梦宇．定向增发、公司业绩与中小股东利益保护——基于银鸽投资的案例分析 [J]．财经界，2016，411(20)：100-101+104．

[6] 赵国宇,禹薇.掏空防范机制选择:监督还是激励?[J].会计之友,2017(6):12-19.
[7] 潘启东.董事会治理、机构投资者抱团与大股东掏空[J].财会通讯,2023(2):32-37.

二 社会矛盾分析法在公司治理中的应用

常皓然[①]　周依群[②]

摘要：随着我国资本市场的发展，公司治理的重要性日益显现，这种现象引起了学界和业界的广泛关注。然而，由于公司经营战略很难同时满足不同利益相关者的需求与目标，需求与目标的差异会导致矛盾的产生，不利于公司的健康可持续发展。本文基于社会经济背景，对公司治理中矛盾产生的原因进行分析，在此基础上运用社会矛盾分析法对公司治理中具体存在的六种矛盾进行研究，并提出相应的应对措施，为上市公司的顶层设计提供相应保障。

关键词：社会矛盾分析法；公司治理；应用

一、引言

在当今复杂的商业环境下，上市公司频繁"暴雷"，财务造假、内幕交易时有发生，例如康得新、瑞幸咖啡、康美药业等，这严重损害了投资者的合法权益，扰乱了市场经济的正常运行。在《2022中国ESG发展创新白皮书》中，证监会对于上市公司的治理频繁提出新的规定，对董事会的管理、公司业务的往来等方面提出了新的要求，如《上市公司独立董事规则》。这促使企业的信息披露和公开透明程度得以提高，推动了企业建立健全规范的内部控制制度，越来越多

[①] 常皓然，男，会计硕士，研究方向：资本运营与财务管理实务。
[②] 周依群，女，经济学博士，研究方向：保险、人口结构、卫生经济、风险管理。

的学者围绕公司治理展开研究,在公司治理方面取得了一定的成果。但是,由于高管串谋、内幕交易的存在,公司治理路径仍存在缺口。主要原因如下:一是当高管凌驾在内部控制之上时,公司治理手段可能失效[1];二是我国目前相关的法律法规和监管制度仍存在缺陷[2]。故本文使用社会矛盾分析法中的"重点论"和"两点论"方法,探讨公司治理中的主要矛盾和次要矛盾,并提出相应治理措施,发挥社会矛盾分析法在公司治理中的作用,以便提升公司的价值。

二、公司治理中存在的矛盾

(一)主要矛盾

公司治理的主要矛盾是指大股东与中小股东之间的矛盾。大股东在公司中掌握着实际控制权,往往可以利用自身的优势地位,通过各种手段,减少小股东的利益,损害他们的合法权益。而小股东往往期望自己拿到更多的分红,最大化自身的利益。因此,二者之间存在冲突和矛盾。重点表现在以下两个方面:第一,大股东滥用公司资源,并未将公司整体目标作为行动导向,影响了工作的质量和效率,违反勤勉义务[3];第二,大股东通过直接占用、关联交易、掠夺性财务活动的方式占用公司资源,为自己输送利益,违背忠实义务[4]。其中,瑞幸咖啡正是通过关联交易为大股东进行利益输送1.37亿元,使中小股东利益严重受损。

由此可见,大股东与小股东之间的矛盾对公司产生严重的负面影响。首先是资源倾斜问题,大股东会将资源向自身倾斜,忽视小股东的利益,这会使公司资源配置产生严重问题,给公司带来损失。其次是信任危机,如果大股东不断剥削中小股东,会使他们失去对公司的信任,可能会引发股权争夺战,从而影响公司的价值。

（二）次要矛盾

1.股东与管理层的矛盾

股东与管理者之间的矛盾是由于上市公司所有权与经营权分离所产生的委托代理关系导致的[5]。重点体现在财务利益和公司治理方面，从财务利益的角度而言，股东的目标是股东财富最大化、企业价值最大化，提高股价和分红，而管理者的目标是自身利益最大化，比如追求更高的权力以及利益。这时，由于信息不对称的存在，经营者就可以利用信息优势，对股东有所隐瞒，违背忠诚和勤勉义务，从而与股东利益产生冲突，最典型的便是预算管理中的过度预算松弛现象，这会浪费企业的资金与资源。

从公司治理的角度而言，股东希望可以对公司进行有效的控制并监督管理者的行为。而管理者往往希望获得更多的自主权和决策权，这种权力的争夺往往会进一步加大二者的矛盾，影响公司的治理机制，从而损害股东利益。

2.企业与债权人的矛盾

企业与债权人的矛盾主要体现在经营决策上。在企业导入期和成长期，企业关注的是利润表中的相关指标，想要达到扩大市场份额，达到利润最大化的目的。这就需要进行权益或债务融资，而由于这时的产品新颖，市场具有不确定性，其经营风险较大，需要选择举债的形式融资，做到财务风险与经营风险的匹配。而债权人更加关注资产负债表中的偿债能力相关指标，希望公司保持足够的现金储备，按时偿还债务，降低财务杠杆。

在企业成熟期和衰退期，由于市场竞争激烈，经营业绩会有所下滑，企业往往会选择高风险的项目进行投资，挽回业绩。而债权人希望企业采用审慎经营的策略，保持稳定的偿债能力。因此，公司需对二者的冲突进行平衡。

3.企业与员工的矛盾

企业与员工的矛盾主要体现在薪酬待遇、工作时间和强度方面。在薪酬待遇方面，企业追求的目标是利润最大化，所以可能约束员工的工资及待遇水平。而员工往往追求工资收入最大化、工作稳定性、职业发展等。在工作时间和强度方面，企业往往为了扩大生产，提高生产效率，要求员工加班；而员工希望有更多的休息时间去做自己的事情。

如果员工长期对企业不满意的话，可能会传递企业的负面消息，对企业声誉造成一定的影响。而且，可能降低员工工作的积极性，从而影响生产效率，增加企业生产成本和管理成本。所以，建立合适的劳动关系，实现企业与员工的共赢，对企业发展来说至关重要。

4. 企业与政府的矛盾

企业与政府的矛盾主要体现在税收和监管两方面。在税收方面，企业追求自身利益最大化，会尽最大可能的进行避税。而政府需要依靠税收来维护社会的整体利益，促进社会公正。如果企业偷逃税款，便会缩减我国财政收入，扰乱市场秩序，影响社会公正，不利于我国基础设施的建设。

在监管方面，政府往往会出台一些政策，对企业的行为进行监督和管理，以保证良好的市场秩序。而企业往往希望获得更多的自主权和自由度，以便实现创新发展。这就可能导致二者在政策方面可能产生矛盾，比如市场准入、资质认证等方面，这不利于它们之间的协调与合作。

5. 企业与社会公众的矛盾

企业与社会公众的矛盾主要体现在产品质量与环境方面。在产品质量方面，社会公众往往希望物有所值，买到性价比更高的产品。而企业往往为了节约成本，会忽略产品的质量问题，导致产品次品率过高，严重影响消费者满意度，甚至对消费者的健康安全造成影响，比如三聚氰胺事件、毒疫苗事件等。

在环境方面，随着目前工业化的发展，城市化的加速，企业在追求自身利益的同时，可能会忽视对于环境的保护，导致环境不佳，降低人们的生活质量，比如一些工业废水和废气的排放会对周边环境造成破坏。这损害了人们对于环境质量的追求，同时对企业的形象和声誉造成了破坏。因此，企业应采取相应措施，重视环境保护，履行社会责任。

三、公司治理中矛盾的解决措施

（一）大股东与中小股东矛盾的解决措施

针对大股东与中小股东的矛盾，应当建立健全股东权益保护法律制度，从而保障中小股东的合法权益，防止大股东操纵公司。具体可从以下三方面进行，第一，实施累积投票制[6]。在这种制度下，中小股东可以将票数集中投给自己提名的候选人，让他们代表自己的利益，这样在一定程度上可以对大股东权力进行制衡。第二，完善中小股东的代理投票权[7]。中小股东可以让同层次股东将表决权委托给自己代为行使，这样，中小股东就有更多的机会参与公司的重要决策。第三，建立股东退出机制[8]。当中小股东的利益遭受到严重侵害时，可以选择转股或退股，及时撤离资本市场，降低自身的投资风险。

（二）股东与管理者矛盾的解决措施

针对股东与管理者之间的矛盾，可以从内部控制与外部监督两方面入手。在内部控制方面，应完善公司的治理体系。一个健全的公司治理体系可以有效减少股东与管理者之间的矛盾，保护公司的利益。例如，明确股东大会、董事会、监事会和经理层的职责，规范运作流程；建立透明的信息披露机制和沟通机制，减少信息不对称性；强化内部审计的监督职能，完善内部约束机制。

首先，在外部监督方面，应聘用专业素质、道德素质都良好的外部专家担任公司独立董事，使其符合《中华人民共和国公司法》所要求的比例。另外，使利益相关者参与到公司的监管中。利益相关者关注的是公司的长期利益，他们的监督可以帮助企业建立更加可持续的战略决策，让公司不仅关注自身发展，还关注整个社会环境，符合ESG治理体系，从而提升企业的品牌和形象。

(三)企业与债权人矛盾的解决措施

针对企业与债权人之间的矛盾，应重点加强企业的风险管理[9]。在事前，首先，企业需明确企业内外部的风险管理目标和范围，主要包括企业外部的政治风险、法律与合规风险、社会文化风险、技术风险、市场风险等。其次，要做好风险评估，确定风险发生的概率以及影响程度，同时制定合理的风险应对策略，比如风险转移、风险对冲、风险控制等。在事中，需要做好对风险的全过程监控，以便及时发现风险，减少风险对企业产生的负面影响。在事后，总结相应的风险管理经验，建立风险管理档案，为日后的风险管理提供相应参考。通过此措施不但可以降低经营风险，优化企业资源配置，减少后期风险发生时更大的资源投入，从而提高资源利用效率，还可以建立起企业可靠的形象，增强信誉度，使债权人更乐意借钱给企业。

(四)企业与员工矛盾的解决措施

首先，针对企业与员工之间的矛盾，应建立有效的沟通和反馈机制。通过沟通促进双方的理解与信任，达成二者目标的一致性；同时，建立匿名反馈机制，及时发现问题并解决问题，及时了解员工诉求，听取员工的合理建议，从而增强员工的认同感与归属感。其次，适度提高薪酬待遇，促进员工职业发展。企业应采用合适的激励制度提高员工工作积极性，比如以年薪制、股权激励等方式提高薪酬待遇，避免逆向淘汰；企业也可以多给员工提供一些培训、交流、学习的机会，支持员工的职业发展，在提升员工职业竞争力的同时使员工实现自我价值。最后，合理安排员工工作时间。企业应给予员工足够多的时间去休息，防止员工产生消极抵触情绪，影响员工的工作效率和质量，需要形成一种工作与生活相平衡的企业文化。

(五)企业与政府矛盾的解决措施

针对企业与政府的矛盾，应强化企业监管，建立合作机制。据国家税务总局统计，2022年依法查处违法纳税人12.83万户、挽回损失1955亿元。因此，政府应加强税务监管，严格执行税收政策和法规，对于纳税不规范的企业加大处罚力度，打击偷税漏税行为，保护企业的合法权益，维持良好的市场秩序。同时，政府也可以与企业达成合作关系，共同推进社会的发展与进步，实现协同效应。比如，政府可以为企业的发展提供资金和政策的支持，尤其是高新技术企业；而企业可以利用自身的技术和产品回馈于政府，为政府提供相关服务。

（六）企业与社会公众矛盾的解决措施

针对企业与社会公众的矛盾，企业应推进ESG体系建设，提升绿色治理水平。在环境方面，企业在经营中应用清洁能源替代化石燃料；建立废品回收机制，将废品进行分类、回收、处理；完善环境管理体系，在企业年报中进行环境信息的披露。在社会责任方面，企业应积极参与公益事业，为社会做贡献，增强企业的社会责任感。在公司治理方面，企业应建立诚信、规范的企业文化，遵守商业道德，树立良好的品牌与形象，这样才可以吸引更多消费者，增强公众对于该企业的信任。在ESG治理进程中，安永华明会计师事务所全球首发的ESG智能管理系统可以促进企业的高质量发展，并助力实现"双碳"目标，该系统可以为其他企业的ESG治理提供一定参考[10]。

四、结论

在利益相关者对于公司治理的影响越来越显著的背景下，企业需尽可能将所有相关者的利益考虑在治理模式中，但是，由于资源的稀缺性和目标的不一致，企业往往无法兼顾，这时就需要考虑到不同方案的机会成本，选择使自身损失最小的方案来进行公司治理。希望本文可以为上市公司的经营管理提供更加科学合理的治理方案，从而促使企业健康可持续发展。

参考文献：

[1] 潘文富,汤继莹.公司治理、高管机会主义减持与股价同步性[J].华东经济管理,2023,37(6)：120-128.

[2] 刘斌.公司治理中监督力量的再造与展开[J].国家检察官学院学报,2022,30(2)：34-48.

[3] 伍中信,陈放.公司治理对制造企业高质量发展的影响[J].财会月刊,2022(12)：35-42.

[4] 刘云霞.上市公司控股股东关联交易型"隧道挖掘"行为研究[J].财会通讯,2021(22)：113-116+152.

[5] 章琳一,张洪辉.无控股股东、内部人控制与内部控制质量[J].审计研究,2020(1)：96-104.

[6] 孙凤娥.累积投票制强制执行能否保护中小股东利益？——基于断点回归的实证检验[J].南京审计大学学报,2023,20(2)：72-82.

[7] 徐明.完善中小股东和债券持有人保护制度[J].中国金融,2022(9)：41-43.

[8] 董香兰.主动退市下中小股东权益保护研究[J].财会通讯,2022(22)：133-136.

[9] 陶燕.大数据能力、全面风险管理与企业价值创造——以流通业上市公司为例[J].商业经济研究,2023(4)：173-175.

[10] 晏澜菲.ESG理念深入助企业可持续发展[N].国际商报,2022-01-12(3).

三 商业银行内部控制存在问题及对策分析
——以邮政储蓄银行为例

钞倩倩[①]

摘要： 随着互联网经济的迅速发展和国家政策的不断变更，在现代社会发展背景下，商业银行不仅要应对来自国内的变化，更要应对来自国际的挑战。商业银行作为提供国家实体企业的重要资金来源，其发展好坏直接关系到国家实体经济发展是否稳定。在当前继续深化供给侧的大背景下，要想提升商业银行应对风险和控制风险的能力，必须重视商业银行内部控制的建设。本文基于案例研究法，以邮政储蓄银行为例，对商业银行内部控制中存在的问题和原因进行分析，并提出相应的应对措施。

关键词： 邮政储蓄银行；内部控制；改进措施

一、引言

中国的商业银行规模不断扩大，金融机构的经营模式也随之发生了巨大的变革，仅凭以前的外部监管已无法满足商业银行发展的需求，所以，商业银行应着重改善自身的内部控制。内部控制对于商业银行的周转运行具有重大的意义。内部控制的完善能够增强银行抵御风险的能力；在商业银行经营活动中，内部控制

---

① 钞倩倩，女，会计硕士，研究方向：企业内部控制与审计。

作为银行经营管理的一种手段，是其进行有效管理的一个组成部分，任何银行无论大小都应根据自身发展特点建立与自己发展相符的内部控制，其作用是对整个银行进行监控与调节；内部控制制度完善的银行也能提升管理效率。但是，由于缺乏内部控制而导致的风险事件时有发生，这表明了我国商业银行的内部控制尚未完全发挥其应有的功能。因此，有必要对内部控制和商业银行之间的关系进行研究。

内部控制是单位为了达到自身的经营目的、保障资产的安全和完整、使财务信息发挥应有作用并保证财务信息的安全可靠，在企业内部采取的自我调节、约束、评价和控制的综合手段。它包括合理地保障企业的高效运营和管理，保障公司的财产安全；保障公司的财务报表和有关会计资料的真实性和完整性；提高企业的经营效率和效果；促进企业发展战略和经营战略的实现。

商业银行设置内部控制一方面是为了自身发展需要，另一方面是为了满足外部监督的要求。外部监督要求银行建立自身的内部评估制度来满足外部监督需求。如果没有外部监督，商业银行的发展便没有约束，便会产生对社会经济不利的一面。因此，为了保证商业银行自身的良性发展和对社会经济的有利发展，需要商业银行建设与自身发展相符的内部控制，以此满足外部监督需求。随着网络金融的快速发展，各大银行之间的竞争日益加剧，各种潜在的、复杂的风险也日益凸显，商业银行间的竞争有很多，并不只是存款、贷款、理财和人才的竞争，还需看其内部控制的好坏，内部控制良好的商业银行能提升应对各种风险的能力，通过改进银行的内部控制，银行能更好地适应社会大环境的变化和满足客户的需求。

二、邮政储蓄银行特点及内部控制概况

中国邮政储蓄银行作为我国六大行之一，近年来发展迅速，也进行了许多多元化的投资与拓展。与其他银行相比，不管是客户资源还是业务工作，邮储银

行都有自身特色。一方面，业务定位主要为农村金融服务，邮储银行依托于邮政集团，网点众多并且大部分分布在县及县以下的农村，业务发展较广、面向人员众多；另一方面，邮储银行以国家"十四五"规划纲要为引领，立足宏观经济金融形势、银行业发展趋势和自身发展特点，坚持以推动高质量发展为主题，确立了科技兴行、客户信行、人才强行、风控护行、服务助行、全面发展六大发展战略。

在现代社会迅速发展形势下，银行的竞争优势不仅取决于其业务规模，更取决于对风险的控制，风险控制越好，银行业越能得到有效发展。我国商业银行较国际起步晚，所以，邮储银行内部控制体系相对薄弱，风险控制体系不完善。邮储银行的内部控制架构为：在董事会下设置风险管理委员会和审计委员会，由这些机构履行相应的内部控制职责；监事会负责监督董事会、高级管理层，时刻关注内部控制执行情况；高级管理层是执行机构，负责维持银行的日常工作运行。但其仍有不少内控缺陷，比如一些受贿和挪用公款等情况，对银行信誉产生了非常恶劣的影响。

三、邮政储蓄银行内部控制存在问题

第一，控制环境有待改善。邮储银行在控制环境方面表现出了一些不足，并在一定程度上对其正常、稳定的发展经营产生了一定的影响。例如，公司的组织结构不合理，董事会和监事会之间分工不明确，权力执行混乱，监督不到位，导致问题源源不断。在某些邮储支行中，行长掌握绝对的权力，缺少监督机制的制约；员工素质不高和以政府为主的外部监督缺乏有效性，使经营管理人员对银行的资产有着高度自主权，进而会产生道德风险。

第二，内部管理控制制度不健全。由于我国经济飞速发展，现行的内控制度已不能适应当下银行发展的需要，目前我国的银行内部控制体系还处于比较落后的状态，内部管理控制制度在内部控制运行中是一种制度约束，但在实践中邮储银行的内部管理控制制度并没有实际执行到位，也没有根据自己的切实情况去制

定和实施，使得内控制度形同虚设，这会造成内部治理结构失效，无法使内部控制制度发挥实际效用。

第三，银行人员风险意识不强。想要使内部控制政策得到有效执行，首先需要提升银行职员对内部控制的认识，而提升对内部控制认识的关键在于要提高职员的风险意识，并加强对商业银行内部控制重要性的认识与学习。基层管理者对内部控制体系的重要性缺乏足够的了解，认为它仅仅是一种简单的体系设置，而忽略了它的基本要求；同时基层从业人员也没有内部控制的意识，当业务执行与内部控制发生冲突时，他们只会优先考虑业务。

第四，缺乏有效的监督管理机制。监督管理是确保一项制度或措施良好运行的一种措施。但是邮储银行的内部审计监督缺乏系统性和连续性，其只浮于表面，需要时就实地监督，不需要时则放在一边，这使内部监督机制不能真正起到监督的作用[1]。而且，内部控制制度得不到有效落实，就会导致不依章法、不循规矩的事件发生，从而降低商业银行的服务质量。

四、邮政储蓄银行内部控制问题的原因分析

(一) 外部原因

第一，社会信用环境不乐观。国内不容乐观的社会环境很大程度上阻碍了银行风险管理的开展。商业银行缺乏严密的个人信用机制，使得信用滥用状况非常普遍。西方的发达国家建立了比较有约束力的个人信用制度，而我国当前在这一方面缺乏一定的技术手段，不能真正做到信用约束。

第二，外部监管体制不健全。目前，邮储银行的外部监督体系还不完善，其监管能力也有限，外部监管机构较少且监管范围不全面。与其他商业银行一样，它的外部监督主要来源于银监会和人民银行，而监管的重点是机构准入和合规运营，对于改制后邮储银行走向多样化的商业银行出现的各种各样的新业务和产生的新风险，两者的监管还存在许多盲点。

(二)内部原因

第一,风险管理理念不到位。邮储银行的管理层和网点职工风险控制意识不强是导致内部控制薄弱的主要原因。他们普遍存在着看重营业业绩轻视内部控制,注重短期利益而轻长期效益的问题,无法掌握执行内部控制的关键点,不能有效落实,更没有把内部控制活动变成员工自身的一种自觉行为,不能贯彻到日常工作中。这样使得虽建立了一系列的风险管理机构,但其并没有真正发挥出风险管理控制的作用。

第二,人才管理机制不健全。在银行内部控制体系建设中,邮储银行缺乏专业的金融人才和技术手段,并且缺乏管理效率和深度。虽然在各网点设置风险经理来进行风险控制,执行内部控制制度,但这些人往往根本不懂真正的风险管理,并不能自如地应对经营中的各种风险。

五、邮政储蓄银行内部控制应对策略

(一)优化内部环境

在内部控制环境的优化部分,要把风险防范和稳健经营理念放在首位,从内部治理的薄弱环节入手,加强对内部控制的监督,并提升管理人员的管理能力,提高内部控制的质量,使整个内部环境得到改善。一方面,邮储银行应该整治该组织结构,使其各司其职,并加强监督与管理,确保岗位职责落实到个人;另一方面,邮储银行应加强对员工的素质培养,使其成为高素质、高质量人才,才能增强邮储银行核心竞争力。同时,加大内控文化宣传,使内控文化深入每个职员内心。因为文化是一个企业赖以生存的精髓,良好的文化可以保证企业经营的高效,银行同样也应如此。

(二)完善内部信息系统,增强信息沟通的有效性

在当今信息化发展的时代背景下,获取有用的信息来改善企业经营管理至关重要。畅通的信息渠道对于依托信息生存发展的银行业更是举足轻重。银行应

完善相关的信息交流机制，构建有秩序的交流平台，并成立相关信息小组筛选信息，保障由上到下、由内到外的全方位沟通。同时，建立信息反馈机制，注重员工反馈的信息，这样便于管理者及时了解工作中发生的各种问题；也可以建立一个信息管理系统，专门收集和归纳银行内部的各种信息，增强信息管理效率，更高效地筛选出有用的信息。

（三）提升对内部控制缺陷有效识别意识

有效的人力资源是内部控制得以顺利实行的关键因素。邮储银行应增加人才储备，提升专业人才的专业技能，并提升管理人员的管理水平，这样有利于商业银行内部控制工作的有效实施[2]。针对基层工作人员，在加强其专业知识、业务技能培训的同时也要注重对其内部控制认识的培训，因为人是管理活动中最活跃、最关键的因素，因此提升银行人员的专业水平和内部控制认识重要性是非常有必要的。

（四）加强内部审核监督机制

内部监督对于实现银行内部良好管理至关重要。缺乏严格的内部监督体系商业银行就无法得到良性发展，所以，邮储银行应强化内部审核监督部门的独立性并提升其权威性[3]。具体做法如下：一是内部审核机构要独立于决策机构和执行机构，使其行使职权不受其他部门的限制；二是内部监督要做到全部门的监督，不放过任何可能存在漏洞的地方，着力推进事前监督，要把风险因素尽量扼杀在初始阶段，并实时监控；三是建立由内部审计、监察和检查人员组成的内部控制监督部门，并赋予其一定的审查独立权，查找内控方面的漏洞和薄弱环节，对内部控制体系建立和实施进行有效性综合评价。有了这些严格的监督审查体系，内部控制才能发挥其积极作用。

（五）建立健全内部考核激励机制

任何政策实行效果的监察都离不开激励机制，建立银行内部控制考核激励机制也能更好地考评内部控制实施效果[4]。内部激励机制将员工的工作动力和银行的发展目标相结合，使员工与银行目标一致，通过对员工日常工作业绩的评价来考核员工是否执行了内部控制以及执行的效果如何，把员工的需求和公司的利益联系在一起，这样不仅能让员工对工作有热情，而且能增加对公司的成就感，进而实现公司的战略发展。通过建立内部考核和奖励制度，可以更好地激发员工的工作热情，根据不同的人的不同工作要求，调整考核内容与考核方式，让他们更加关注自己的工作，保持对工作的积极性，这样便可以发挥员工的最大效用。

随着"十四五"规划的加快推进，商业银行在享受时代发展机遇的同时也要应对好风险带来的挑战，增强其发展的竞争力，找到内部控制中存在的问题并予以解决，提升应对风险的能力。希望邮政储蓄银行在后续的发展过程中能够优化内部控制，合理应对风险，实现其稳定可持续发展。同时，在坚持自身发展的同时也应关注到整个金融行业的发展，这样对中国经济的发展也会起到一定的积极作用。

参考文献：

[1] 赵红书. 关于商业银行内部控制和监督建设发展研究 [J]. 商讯，2020(29)：95-96.

[2] 王宁. 从内部控制角度浅析银行运营风险管理及防控措施 [J]. 商讯，2020(28)：160-161.

[3] 刘昕. 浅谈商业银行内部控制现状及改进措施 [J]. 商讯，2020(23)：93-95.

[4] 徐航. 商业银行内部控制实施途径探析 [J]. 会计师，2020(9)：58-59.

四 管理层员工薪酬差距与企业研发效率

陈姝涵[①] 陈亮亮[②]

摘要：管理层与员工工作的积极性通常受到企业对薪酬安排的影响，企业业绩和研发效率进而也会被直接影响。本文主要围绕三点研究：第一，企业研发效率在不同的管理层薪酬差距区间上有不同的影响。第二，对于性质和资产轻重不同的行业，研发效率对于薪酬差距的表现有明显差异。第三，资产报酬率高的企业对研发效率有正向促进作用。管理层员工之间的薪酬差距与企业研发效率关系的研究，将给企业薪酬政策的制定提供实证经验，以此优化收入差距问题，同时也为研发效率的提升提供新的设想。

关键词：薪酬差距；企业研发效率

一、引言

近年来，我国的经济发展正在努力转型，研发效率作为现代企业最重要的竞争源泉，其发展离不开企业的人力资源和管理决策以及激励机制。企业内部政策的参与者和实施者由管理层团队承担，所以如何制定合理的薪酬激励制度以促进企业创新，成为高新技术企业治理的核心问题。研发活动的前期投入大，建设周期长，见效时间缓慢，并且伴随着较高的风险，对待这类情况，增加员工的薪酬

---

① 陈姝涵，女，会计硕士，研究方向：资本运营与财务管理实务。
② 陈亮亮，男，北京印刷学院经济管理学院教师，研究方向：企业战略与经营决策。

往往有助于执行效率的提升，影响生产力和研发积极性，进而直接影响企业业绩和研发效率[1]。所以有必要对管理层和员工制定合适的激励机制，他们的薪酬差距的抉择也是研发效率的高影响因素。

二、文献综述

傅沂，姚倩文依据锦标赛理论和社会比较理论，选取面板数据进行 Tobit 实证检验。研究发现，垂直薪酬差距对企业创新发挥"锦标赛"激励作用[2]。方军雄，于传荣等发现业绩敏感型薪酬契约的创新激励作用在高管持股、机构投资者持股以及高市场化地区的企业更为明显，这表明公司治理机制的确会对薪酬契约产生影响[3]。而有一方认为管理层权力与委托代理理论相关研究说明了管理层由于权力过大且过分看重与自身利益，盲目追求高报酬的薪资，可能会做出不利于企业发展的决策，最终会导致研发效率降低[4]。这些研究为本文的研究提供了方向。

三、研究设计

（一）提出假设

本文提出假设：管理层员工薪酬差距对企业研发效率有积极影响，即随着管理层与员工间薪酬差距的拉大，企业的研发效率会提高。管理层员工薪酬差距对企业研发效率存在消极影响，即随着管理层与员工薪酬差距的拉大，企业的研发效率反而下降。或者管理层员工薪酬差距与企业研发效率在不同区间内有不同的相关性。对于不同行业的企业，都有管理层与员工之间薪酬差距与研发效率的相关性。对于企业间不同的企业规模、资产报酬率以及销售增长率，这些指标越大，企业的研发效率就越高。

（二）数据来源

本研究数据均来自国泰安数据库，在以 2015—2019 年 A 股上市公司年报数据为初选样本的基础上做如下处理：剔除一些业务制度与主要会计制度经营业务不同的公司，如金融、保险及证券行业的公司，以及公共事业单位。经过如上处理后，得到的样本数据为 8850 个。对离群值采用截尾处理，删除了小于 1% 和大于 99% 的数据。

（三）变量设计

1. 因变量

资金和人力的投入都是研发投入，但是难以获取单独的资金和人力数据，因此本文将企业的专利申请数量[5]的自然对数作为主要衡量指标。

2. 自变量

管理层与员工的薪酬差距使用企业管理层平均薪酬与普通员工的平均薪酬的比值进行研究，同时对此项数据进行中心化处理，并求出平方项。

3. 控制变量

控制变量包括所属行业所带来的行业差异 Ind，年份差异 Yr，以及可能对企业研发效率产生影响的公司特征和治理结构的企业规模 Size、总资产报酬率 Roa、销售增长率 Grow，如表 4-1 所示。

表 4-1 变量描述

变量类型	变量名称	变量定义
因变量	研发效率（Pt）	专利申请数量的自然对数
自变量	管理层·员工薪酬差距（Gap）	高管平均薪酬与员工平均薪酬比值
	平方项（Gaps）	高管平均薪酬与员工平均薪酬比值的平方
控制变量	研发投入（Rd）	研发支出的自然对数
	企业规模（Size）	总资产的自然对数
	总资产报酬率（Roa）	净利润与总资产的比值
	销售增长率（Grow）	本期销售收入和上期销售收入的差与上期销售收入的比值
	行业差异（Ind）	分类变量：包括制造业，房地产业，教育，农、林、牧、渔等并进行分类处理
	年份差异（Yr）	2015—2019 年各年

资料来源：自行整理

（四）模型构建

根据研究假设，本研究对管理层与员工薪酬差距对企业研发效率的模型构建进行验证，如公式（4-1）所示：

$$Pt = a_0 + b_1 Gap + b_2 Gaps + b_3 Rd + b_4 Size + b_5 Roa + b_6 Grow + \sum Ind + \sum Yr + \varepsilon_i \quad (4-1)$$

其中，Pt 表示专利申请数量；Gap 表示管理层员工薪酬差距；Rd 表示研发支出；Size 表示企业规模；Roa 表示总资产报酬率；Grow 表示资产增长率；Ind 表示行业差异；Yr 表示年份差异；ε 表示误差项。

四、实证检验与结果分析

（一）描述统计

根据表 4-2 中的数据，研发效率的衡量指标专利申请数量的自然对数均值接近 3，最大值为 9，说明样本企业整体平均研发产出水平有较大差距，在我国目前总体的研发投入水平相对较低[6]。

表 4-2　描述统计

变量名称	样本量	均值	中位数	标准差	最小值	最大值
Pt	8850	2.993	3.091	1.631	0.000	9.043
Gap	8850	-0.005	-1.200	2.722	-3.200	47.800
Gaps	8850	1.115	1.440	0.990	0.040	2284.840
Rd	8850	4.385	4.342	1.410	0.000	9.993
Grow	8850	0.261	0.106	2.052	-0.913	84.992
Size	8850	22.423	22.250	1.254	19.226	28.636
Roa	8850	0.031	0.034	0.080	-1.648	0.526
Grow	8850	0.261	0.106	2.052	-0.913	84.992

数据来源：国泰安数据库

Gaps 均值为 1.115，中位数为 1.440，标准差为 0.990，由此可知样本公司 Gap 的比值多数稳定。Gaps 自然对数的最小值为 0.040，而最大值达到 2284.840，这说明我国上市公司的管理层和普通员工之间的工资差异非常大。

在控制变量中，公司的规模是通过总资产的对数来衡量的，基于 19—29 范围内的均值，中位数，最小值，最大值，而标准差仅为 1.2，发现我国 A 股上市公司资产规模的总体规模没有显著差异。

根据表中的数据，所选公司 Roa 的均值等于 0.031，中位数等于 0.034，最小值等于 -1.648，最大值等于 0.526，标准差为 0.080，这说明我国 A 股上市公司的 Roa 波动很大，范围广泛，甚至为负。

表中的 Grow 均值为 0.261，中位数为 0.106，表明整个样本上市公司都表现良好。但是，从标准差 2.052、最小值 -0.913 和最大值 84.992 等数据可以看出，样本上市公司总体增长良好，但是 Grow 的波动范围却非常大，范围也很大。许多公司的销售出现负增长。

（二）相关性检验

通过相关性分析初步判断两变量之间的关联关系，为下一步回归分析鉴定基础。各变量之间的相关性可以由表 4-2 看出，各变量之间的相关系数基本都在 0.4 以下，说明变量间不存在多严重的共线性，本文进一步使用 VIF 值判断模型是否具有共线性，得到 VIF 值都在 3 以下，远小于 10，说明多重共线性并不存在。如表 4-3 所示，在 1% 的相关性水平上，Gap 与研发投资效率之间正相关，相关系数为 0.155，且 Gaps 与研发效率之间在 1% 的相关水平上为正，相关系数为 0.063，这说明管理层与员工的薪酬差距确实有助于企业研发效率的提高。控制变量 Rd 也与 Pt 呈现正相关，Size 与 Pt 呈显著正相关，这说明公司规模在一定程度上决定了研发的效率；企业的 Roa 与 Rd 呈正相关，且与 Pt 呈现显著正相关。然而 Grow 与 Pt、Gap 的相关性并不显著，可能与研发初期的投入加大却未完成新产品产出有关。

表 4-3　相关性分析

变量名称	Pt	Gap	Gaps	Rd	Grow	Size	Roa
Pt	1						
Gap	0.155**	1					
Gaps	0.063**	0.706**	1				
Rd	0.355**	0.127**	0.106**	1			
Grow	0.018	0.015	0.011	−0.001	1		
Size	0.439**	0.249**	0.137**	0.480**	0.039**	1	
Roa	0.062**	0.129**	0.052**	0.022*	0.048**	0.062**	1

注：* $p<0.05$，** $p<0.01$。

数据来源：自行整理

以上的变量间相关关系，仅仅考虑两个变量的简单线性关系，由于因变量受到多个因素的影响，自变量之间也会相互影响，行业之间也存在差异，因此有必要通过多元回归分析，进一步证实企业内部薪酬差距和研发效率的关系。

（三）多元回归分析

1.管理层与员工薪酬差异与企业研发效率回归分析

自变量为 Gaps，因变量为 Pt，控制变量为 Rd，Grow，Size，Roa 时的回归分析见表 4-4。

表 4-4　管理层与员工薪酬差距与企业研发效率

	Pt
常量	−6.749***
	(0.318)
Gap	0.057***
	(0.008)
Gaps	−0.002***
	(0.000)

续表

	Pt
Rd	0.000***
	(0.000)
Grow	0.002
	(0.007)
Size	0.431***
	(0.014)
Roa	0.587***
	(0.194)
Yr	YES
N	8850
R方	0.224

注：*p<0.1，** p<0.05，*** p<0.01，括号内为标准误。

数据来源：自行整理

表4-4是企业研发效率中Gap的完整样本回归，企业研发效率由Pt指标衡量，来衡量Gap对企业研发效率的影响。由表4-4，Gap与Gaps可得公式（4-2）：

$$y = -0.002 \text{Gap}^2 + 0.057 \text{Gap} = -0.002(\text{Gap}-14.25)^2 - 0.406125 \quad (4-2)$$

其对称轴为Gap=14.25，且该曲线为开口向下的曲线，说明当Gap在最小值-3.2～14.25时，企业研发效率随Gap的增大而增大；而当Gap在14.25到最大值47.8时，随着Gap的加大，企业研发效率反倒呈现负相关态势。在控制变量的回归结果中，Rd与Pt在1%的水平下显著正相关，说明企业加大研发投入确实可以使研发支出更高效率地转化为新的专利并申请。Grow与Pt并未呈现显著相关关系，应该与企业第一年投入研发但并未在当年收获研发结果有关。Size与Pt呈显著的正向关系。Roa与Pt呈显著正相关。企业获利能力越强、获得的利润越多，就越有动力投资于研发和申请专利。

2. 含行业差异的管理层与员工薪酬差距与企业研发效率回归分析

自变量为 Gaps，因变量为 Pt，控制变量为行业分类，Rd，Size，Grow，Roa 时的回归分析如表 4-5 所示。

表 4-5 管理层与员工薪酬差距与企业研发效率（行业差异）

Ind	A	B	C	D	E	F
			Pt			
常量	−8.906***	−4.37***	−1.132	262.391	−4.26***	−5.427***
	(0.392)	(1.061)	(1.969)	(146.045)	(1.209)	(1.443)
Gap	0.035***	0.059	−0.117**	−0.042	0.095***	−0.06
	(0.009)	(0.041)	(0.054)	(0.071)	(0.034)	(0.039)
Gaps	−0.003***	0.0000745	−0.002	0.016*	−0.01***	0.001
	(0.001)	(0.002)	(0.007)	(0.009)	(0.003)	(0.001)
Rd	0.000***	0.000***	0.000***	0.001*	0.001***	0.002***
	(0.000)	(0.000)	(0.000)	(0.000)	(0.000)	(0.000)
Grow	0.016	−0.001	−0.039	0.025	−0.007	0.022
	(0.011)	(0.034)	(0.034)	(0.023)	(0.018)	(0.016)
Size	0.536***	0.31***	0.18**	0.33***	0.288***	0.313***
	(0.018)	(0.045)	(0.084)	(0.096)	(0.055)	(0.064)
Roa	0.155	1.978	−0.244	3.507	1.157***	0.994
	(0.217)	(1.212)	(1.572)	(2.681)	(0.444)	(0.892)
N	6630	4750	305	210	985	245
R方	0.265	0.19	0.424	0.191	0.168	0.228

注：*p<0.1，**p<0.05，***p<0.01，括号内为标准误。

数据来源：自行整理

表 4-5 是加入行业差异控制变量的 Gap 与 Pt 的回归结果，并且依据行业类型和资产轻重分为 6 个不同的类别：A. 制造业；B. 采矿业，电力、热力、燃气及水生产和供应业，水利、环境和设施管理业；C. 建筑业，房地产业；D. 批发和零售业，住宿和餐饮业，综合；E. 信息传输、软件和信息技术服务业，科学研究和技术服务业，文化、体育和娱乐业，教育；F. 农、林、牧、渔业，交通运

输、仓储和邮政业，卫生。根据表4-4中的数据，A类多为技术型企业而E类基本上为高新技术产业，这类行业大多是轻资产，该两类的Gap和Gaps都满足与Pt在不同区间上反映出不同的相关性，在薪酬差距不大时与企业研发效率呈显著正相关；但在另一区间上，即薪酬差距过大时则会起到相反作用，这与员工的劳动报酬期待有关，当薪酬差距超过了他们的预期，他们会对工作失去热情，从而丧失研发的积极性。而B、C、D、F类行业的Gap与Pt的衡量指标并未显著相关，这4类行业大多归属于重资产行业，这类行业创新"门槛"较高，市场对其创新需求较低，所以Gap的拉大并不会显著影响Pt；对于Rd而言，只有D类行业是在5%的水平上显著正相关，其他5类都是在1%的水平上呈显著正相关，对批发零售业以及住宿餐饮业这类服务行业而言，因为行业发展制度比较健全，所以在研发上不会投入较多来获得专利；这6类行业的Rd均与Pt有显著为正的关系，说明无论何种行业，在研发上加大投入都会使企业的研发效率有所提高；在这6类行业中，Size也与企业研发效率呈显著正相关，企业规模的加大也能从一定程度上提高研发效率；然而只有E类行业的Roa与Pt在1%的水平上呈显著正相关，该类行业都是高新技术产业，都需要不断地投入研发，以此提高研发效率。

五、结论与建议

管理层与员工之间的薪酬差距较小或合理时，研发效率会随着薪酬差距的增大而提升。但是，当薪酬差距超过一定标准继续增大时，研发效率反而会下降。因为管理层与普通员工之间的薪酬差距是对管理状态和绩效的感知与补偿，认可和奖励；也是员工提高工作能力水平和促进职位晋升的动力。工资差距越大，激励员工努力工作并激发创造力和活力的刺激就越大。但当差距过大时，会严重影响企业薪酬的公平性，削弱公司的凝聚力，使工资制度的激励功能失效。

管理层与员工薪酬差距对企业研发效率的影响在不同的控制变量下也会产生显著的差异，与销售增长率较高的企业相比，资产报酬率高的企业对企业研发效率的影响显著，因为资产盈利能力高，才有更优质的资源去研究开发，进而也会提升企业的资产报酬率，从而形成良性循环。管理层与员工薪酬差距对于企业研发效率的影响在不同行业也会产生很明显的差异。据此提出以下建议。

首先，建议在合理范围内扩大薪酬差距，以此提高管理层和员工的积极性，刺激研发效率的可持续性，优化工资激励制度不能忽视经营权问题。公司需要根据行业差异的性质来制定薪酬政策。其次，在具有行业差异的企业中，盲目扩大或缩小管理层与员工之间的薪酬差距可能不会提高公司的生存活力，甚至会降低研发的效率。要注重激励手段，避免过度的薪酬不平等。最后，企业应结合本公司企业规模、资产报酬率、销售增长率等因素，制定适当的薪酬契约激励管理层做出对企业提高研发效率有利的决策。

参考文献：

[1] 陈盈伽. 高管—员工薪酬差距与企业经营绩效研究——基于企业高管能力、权力视角 [J]. 企业经济，2019，1(7)：24-114.

[2] 傅沂，姚倩文. 垂直薪酬差距对企业研发创新"质"与"量"的影响 [J]. 科技进步与对策，2019，36(8)：101-109.

[3] 方军雄，于传荣，等. 高管业绩敏感型薪酬契约与企业创新活动 [J]. 产业经济研究，2016(4)：51-60.

[4] Huan W，Wenyi H. On the Study of a Single-Period Principal-Agent Model with Taxation [J]. Mathematical Problems in Engineering，2020(2020)：11-55.

[5] 刘张发. 基于案例比较的核心员工股权激励与企业创新数量和质量 [J]. 郑州航空工业管理学院学报，2020，38(5)：55-64.

[6] 陈秀秀. 科技创新对企业绩效影响研究 [J]. 合作经济与科技，2021(9)：108-111.

[7] Ning W. On the Performance Evaluation System of Logistics Management in Enterprises [J]. International Journal of Higher Education，2021，2(1)：25-53.

[8] Jan N R. Rawls's duty of assistance and relative deprivation：Why less is more and more is even more [J]. Journal of International Political Theory，2020，16(1)：25-46.

五 基于北京文化财务舞弊案的商业伦理与会计职业道德分析

戴伟[①] 胥力伟[②]

摘要：2021年8月27日证监会对北京京西文化旅游股份有限公司（下文简称北京文化）的财务造假行为下发行政处罚和市场禁入事先告知书，并对相关负责人进行了处罚。近年来，虽然相关法律逐渐完备，但上市公司财务造假事件屡屡发生。究其原因，是企业商业伦理和会计职业道德存在问题，本文以北京文化为例，对财务造假中的商业伦理和会计职业道德出现的问题进行分析，并提出相应的解决措施。

关键词：北京文化；财务舞弊；商业伦理；会计职业道德

一、前言

近年来经济市场的严峻情况给各上市公司带来了更大的挑战，各公司对市场这块"蛋糕"的竞争也愈加激烈，部分上市公司通过粉饰报表的方式给自己谋求更多的投资和融资机会，这种行为无论是对自身还是对整个资本市场的影响都是负面的，是不提倡的。此外，财务造假还揭示了财务舞弊过程中存在的商业伦理

---

① 戴伟，女，会计硕士，研究方向：国际会计与管理研究。
② 胥力伟，女，博士，北京印刷学院讲师、硕士生导师，研究方向：财税理论与实务。

和会计职业道德等方面的问题，本文以北京文化财务舞弊案为例，对此问题进行研究分析。

二、北京文化财务舞弊案例概况

（一）公司简介

北京文化是一家覆盖影视行业上下游的影视传媒集团，北京文化的前身是京西旅游股份有限公司，京西旅游曾是北京市门头沟区政府下属的全民所有制企业，1998年上市，其主营业务是旅游业，但因盈利水平不强，上市后屡被ST（Special Treatment），其间多次谋求转型，一直未成功，直到2013年北京旅游以1.5亿元的价格收购宋歌旗下的光景瑞星并更名为北京摩天轮文化（公司全名依旧保留了京西旅游的内容：北京京西旅游股份有限公司），宋歌担任副董事长，才成功踏上了转型之路。也就是这一年，北京文化有了属于自己的首个影视板块。2014年开始，宋歌收购了影院公司艾美影投，完成33亿元的私募股权，分别以13.5亿元和7.5亿元的高溢价收购世纪伙伴和星河文化，并签下对赌协议，更名为北京文化传媒有限公司。同年，宋歌开始担任董事长和总裁，2014—2017年，在宋歌的主导下，北京文化与三家子公司串通舞弊，帮助三家子公司擦线完成对赌协议。

另外，自2017年开始，北京文化几乎参与了所有爆款电影的出品，从2017年的《战狼2》到2018年的《我不是药神》，2019年的《流浪地球》，再到2021年的《你好，李焕英》，这些占据票房高位的作品无不说明宋歌的优秀，从投资人转型到影视人依然能获得成功。但就是这样一个影视行业的明日之星，一朝因财务舞弊而日薄西山。

（二）案例回顾及处罚结果

2020年4月，娄晓曦因北京文化低价卖出由他所创办的世纪伙伴以及公司内部利益分配不均等原因与北京文化的董事长宋歌产生冲突，然后娄晓曦采取

"自爆"的方式,用一封举报信将北京文化业绩造假,挪用上市公司资金用于完成对赌协议,股票套现,为亲戚输送利益等诸多问题曝光在大众的视野之下,让曾被称为"爆款电影发动机"的北京文化面临公众的讨伐,此外,其中一些问题娄晓曦本人也有参与。2020年12月,中国证监会进行立案调查。2021年11月,关于北京文化的行政处罚决定书以及对娄晓曦的市场禁入决定书由北京证监局发布,认定其2018年报虚增收入4.6亿元、虚增净利润1.19亿元的事实,并对相关人员做出了处罚决定。北京文化发展历程见表5-1。

表5-1 北京文化发展历程

年份	事件
1998	北京文化在深交所上市
2013	收购摩天轮文化,签下对赌协议
2014	收购艾美
2016	收购世纪伙伴和星河文化,并签下对赌协议
2017	通过舞弊完成对赌协议
2018	虚增收入4.6亿元,虚增净利润1.9亿元
2019	计提商誉减值14.6亿元,应收账款减值4.4亿元
2020	娄晓曦举报公司舞弊
2021	证监局对北京文化作出处罚决定

(三)财务造假手段分析

财务舞弊常见手段有:虚增收入和利润;调整成本和费用;关联交易;掩盖交易事实。而北京文化采用的就是常见舞弊手段,因此下文仅对财务造假手段进行简单的说明。

1. 虚构关联交易

2016年宋歌的摩天轮文化面临难以完成承诺业绩的情况,所以宋歌要求娄晓曦助他完成业绩。随后娄晓曦从自身控股的金宝藏拿出750万元,宋歌从世纪伙伴拿出750万元,借用千和影业的名义以高于市价的3000万元的价格买下了摩天轮旗下《球状闪电》的版权；2017年，也是同样的手段，据调查，方名泰和是宋歌姐夫名下的公司，而方名泰和花6500万元买下了《拼图》的版权。但无论是《球状闪电》还是《拼图》后续都查无消息，可见他们虚构关联交易，钱也只是在"自己人"手上流转而已。

2. 虚增收入

2018年，北京文化虚假地以3.8亿元的价格将电影《倩女幽魂》62%的投资份额转让给雅阁特、1.08亿元的价格将《大宋宫词》15%的投资份额转让给海宁博瑞，但事后雅阁特只象征性支付了5500万元、海宁博瑞也只支付了2300万元，但北京文化早已把3.8亿元和1.08亿元全部确认为了当期收入，事后也没有过调减。除此之外，还有其他行为的虚增收入，但无论如何，都是北京文化财务造假手段之一。

3. 虚构应收账款

2016年，北京文化账面上忽然增加了大量应收账款，2015年只有1亿元，而2017年增加到了7.26亿元。但观其2015—2017年的财报，其各项指标都存在问题，应收账款周转率的变化幅度也很奇怪，敏感时期骤增骤减，其真实性难免惹人怀疑。

三、财务舞弊中的商业伦理与会计职业道德问题

前文有所说明，财务造假手段大多都大同小异，且操作简单、金额巨大，手段自我国证券市场开放以来至2023年没有什么创新点，基本只要接受过会计系统教育的会计行业从业者，大多数都能发现其中存在的问题。但财务造假案例频频发生，屡禁不止，就比如本案所说的北京文化，造假手段就极为常见，却一直没有人披露，等到涉案人员"自爆"才引发相关的调查与讨论。当然本案例中财务造假最终实现原因是多方面的，有北京文化高级管理人宋歌与娄晓曦等人的合谋，也离不开会计从业人员的直接参与和帮助。这一行为体现了企业商业伦理和

会计职业道德方面的缺失。

(一) 财务舞弊体现的商业伦理缺陷

企业方面最基本的商业伦理体现在遵守国家法律法规，遵守市场的一般规则，不欺骗消费者，再进一步的商业伦理指企业还应承担一定的社会责任，例如在"土坑酸菜"事件东窗事发后，白象依然保持着良好的企业形象，甚至树立了更加良好的企业形象，这离不开白象十年如一日认真地做企业，其在全国各地的工厂中甚至雇佣了数量不等的残疾人，为残疾人解决了部分就业问题，可见商业伦理也是企业发展的重要一环。但北京文化显然没有做到这一点，影视行业相较于大多数行业，已经是高收益行业了，但企业高管还不满足于此，在不承担社会责任的情况下还违背《中华人民共和国经济法》《中华人民共和国证券法》和《中华人民共和国公司法》等相关法律法规去弄虚作假，做出欺骗市场的行为，这严重违背了商业伦理。

(二) 财务舞弊体现的会计职业道德问题

历来财务舞弊案离不开会计人员的参与，可以说良好的会计职业道德是防止财务舞弊较为重要的一道防线。但在北京文化这一案例中，相关会计人员缺乏职业道德，虽然舞弊的想法是因为高层出于业绩等压力而想要采取的行为，但舞弊主要体现在报表上，相关数字的调整是由会计人员完成的。在舞弊这个过程中，会计人员需要根据自己的专业水平去进行劝导说服等，甚至可以及时抽身或者进行相关举报等，但北京文化的会计人员最终选择利用专业水平去帮助高管完成舞弊，这体现了会计职业道德的缺失。

四、解决措施

(一) 加强对会计从业人员职业道德方面的教育

当前加强会计人员的职业道德教育刻不容缓。校内可以开设相关课程，由教师和企业会计人员共同教授，通过案例的讲解与实践的结合，告知学生会计职业道德重要性，并设置有关考核等，给未来的从业者埋下一颗遵守会计职业道德的种子。此外，校外也就是在职人员的道德培养也必不可少，甚至更为重要，因为他们面对的诱惑往往更多，相关公司或事务所可以通过定期开展培训然后计入考核的方式来提醒会计从业人员时刻坚守会计职业道德，并及时调整和纠正自身可能存在的违反职业道德的行为。

（二）完善相关政策

当前大多数会计从业人员的薪资水平不高，且经常需要与时俱进，不断更新自己的知识体系，但迄今为止相关部门并未出台对财务人员的奖励措施和保护措施，各种责任的界定也没有明确的文件进行说明，这也从另一方面导致财务人员会被上司给出的利益诱惑，最终做出违反职业道德的事情。因此，可以通过出台相关政策的行为去维护会计人员的利益和警示想要违反会计职业道德的相关行为。

五、结语

北京文化的财务舞弊事件无论是对企业本身，还是对整个影视行业，抑或是对资本市场都是产生了不良影响。该事件也给影视行业好好上了一课，无论处于何种境地，企业都应该采取合理有效的措施去解决问题，而不是想着投机取巧，不然无论是何种"爆款"都救不了企业，因为造假总会留有痕迹，终有被发现的一天。

同时，企业和会计人员应恪守本心，遵守相关法律法规和会计职业道德，有关部门也应积极完善会计相关的法律法规，通过有关政策强制力保证会计职业道德的发展与完善，争取通过各方努力共建一个清晰明朗的会计体系。

参考文献：

[1] 袁梅. 基于金正大财务造假案的商业伦理与会计职业道德分析 [J]. 会计师，2022（8）：38-40.

[2] 韩盼盼，杨思瑞. 基于舞弊三角理论的商业伦理与道德风险治理探究——以瑞幸咖啡为例 [J]. 西部财会，2022（6）：43-46.

[3] 吕笑颜，石丹. 北京文化："爆款"之下，盛名难副 [J]. 商学院，2021（10）：40-42.

[4] 焦彦雯. 企业并购中合理运用对赌协议的对策研究 [J]. 商业观察，2022（29）：75-77.

[5] 张瑞丰. 北京文化并购财务舞弊的案例研究 [D]. 兰州：兰州大学，2022.

[6] 王娜. 会计职业道德建设浅议 [J]. 合作经济与科技，2021（18）：148-149.

六 紫晶存储财务造假案例分析

范泽京[①] 吴仁群[②]

摘要：本文对上海科创板首批欺诈发行案件——紫晶存储财务造假欺诈发行上市案进行了分析。本文使用舞弊三角理论深入剖析了该案件发生的动因，提出了监管机构和投资者应该采取的措施，旨在为相关监管机构、投资者和企业提供启示和借鉴，以减少类似案件的发生，维护市场的稳定和健康发展。

关键词：紫晶存储；欺诈发行；财务造假

一、引言

公司财务造假的相关研究一直是国内外的热点话题，财务造假对投资者、企业、市场都会造成严重危害。可能误导投资者做出错误的投资决策，造成他们的财产损失；增加企业的经营风险和不确定性；破坏市场的公平性和透明性，影响资本市场的资源配置。

二、文献综述

国外学者对财务造假动因的研究起步较早，已经形成了四大动因理论：冰山理论、舞弊三角理论、GONE 理论和舞弊风险因子理论。熊婕好基于新《中华人

[①] 范泽京，男，会计硕士，研究方向：会计理论与实务。
[②] 吴仁群，男，硕士生导师，管理学博士。

民共和国证券法》，研究上市公司财务造假的法律监管优化路径；黄玉婷对我国上市公司财务造假的动因及危害进行了深入研究。而目前对于紫晶存储造假的研究较少。

三、案例背景

（一）紫晶存储简介

紫晶存储是光存储（光盘存储）高新技术企业，主营业务是提供大数据存储系统及方案。具体来说，紫晶存储基于智能光盘库的温、冷数据存储，提供大数据归档、备份和存储的解决方案，实现低成本下安全储存重要数据。其产品和技术服务可应用于政府、教育科研、航天军工、地理信息、广电出版、医疗等领域。2020年2月26日，公司在上海证券交易所科创板上市。

（二）紫晶存储财务造假回顾

在2017—2019年上半年，紫晶存储在其IPO报告期内存在连续虚增营业收入和利润的欺诈发行行为。三年间，紫晶存储共计虚增营业收入42.58亿元，虚增利润20.59亿元。即使在上市后，紫晶存储仍然继续虚增营业收入和利润。立信会计师事务所对其2020年报出具了保留意见。此外，中喜会计师事务所对公司2021年报出具了无法表示意见，在年报中披露公司面临多项违规担保，预计净利润将大幅减少。紫晶存储因涉嫌信息披露违法违规于2022年被中国证监会立案调查，并于同年成为*ST紫晶，面临退市风险。最终，在2023年4月18日，中国证监会对紫晶存储发出了行政处罚决定书。

四、舞弊三角理论动因分析

舞弊三角理论由Donald R. Cressey在20世纪60年代提出，是一种常用的分析方法，用于理解个人在参与欺诈或舞弊行为时的动机和心理因素。

（一）压力方面

在2009年前后，磁储存和电储存技术不断成熟，开始取代传统光盘存储，这让专注于光盘领域研究的谢长生教授产生了改变传统光盘地位的想法。他希望能让光盘达到数据中心的使用要求，实现光盘存储技术的"弯道超车"。为了满足数据中心的需求，谢长春团队发现需要解决光盘读写速度慢、容量低等一系列问题。因此，他们邀请了曹强博士和姚杰博士加入团队，并经过五年的研发，成功开发出全球领先的万片光盘库。

为了将研究成果产业化，谢长生团队注册了武汉光忆科技有限公司。但是，武汉光忆并没有生产线，需要有成熟产业链的合作伙伴来帮忙将技术产业化，这时，刘武军、刘畅等人作为外部合伙人主动加入谢长生团队，创立叠嘉、菲利斯通等公司作为外部支持，使用紫晶存储的光盘生产线来进行产业化。但紫晶存储的股东们因自身短期的利益诉求，开始驱使公司上市。

上市无疑对光储存技术的发展和产业化有推动作用，谢长生团队也同样希望紫晶存储能够上市。于是在公司高管、外部资本、保荐机构等多方支持下，谢长春团队想到了建立多家公司，通过多家公司共同推动紫晶存储上市的方式，来满足资本的需求，同时实现光存储技术"弯道超车"的夙愿。

（二）机会方面

1. 内部机会

紫晶存储的内部控制存在严重缺陷，公司高管凌驾于内部控制之上。根据 2022 年 3 月 14 日的披露，紫晶存储及其子公司共为 14 家第三方企业提供了 16 笔违规担保。这些违规担保是由公司董事长兼实际控制人郑穆和罗铁威指示安排完成的，并未经过董事会的审议程序。郑穆直接参与了多个涉案的虚假项目，安排和筹措资金用于虚构业务的回款，并安排相关人员进行违规担保。罗铁威违规签署了公司部分担保合同，并隐瞒了这一事项，导致公司未按规定披露对外提供的担保事项。他深度参与了回款安排的环节，不仅涉及多个项目的前期引荐，而且参与了项目资金流转安排和虚增业绩的洽谈等工作。钟国裕作为总经理，参与了审批涉案虚假业务相关的采购、销售合同和物流安排，并在 2019—2021 年签署了多份违规担保合同。

由管理层主导的财务造假行为往往最难被发现。直到2022年，中喜会计师事务所才对紫晶存储的内部控制发表了否定意见。

2. 外部机会

谢长春团队及其核心成员积极参与了紫晶存储项目的运作，他们不仅提供了核心光存储技术，还设立了多家公司作为紫晶存储的核心客户，并参与了财务造假。由于谢长春并非紫晶存储的实际控制人，外界很难联想到与紫晶存储一起参与造假的客户中存在众多关联方。

根据证监会的认定，配合造假的核心客户包括菲利斯通、南京叠嘉、淮安瑞驰和江西叠嘉等公司，它们都是由谢长春团队的核心成员曹强、姚杰等人参股并兼职控制的。进一步调查发现，在涉及虚构业务和造假的客户中，还涉及谢长春团队的核心成员王立环、刘武军、刘畅等相关人员，其中王立环是谢长春的妻子。

为了推动紫晶存储的上市，谢长春团队可谓倾注了大量心血。除了提供产品的核心技术并虚构业务来推动紫晶存储上市外，谢长春还亲自站台推广产品，接待市领导的考察，并与相关企业对接等，为紫晶存储的造假行为提供了有力支持。

（三）借口方面

借口对管理层的行为起到了一定程度上的推动作用。紫晶光电改名紫晶存储，旨在全力推广谢长春团队所开发的光储存技术，并确保其在磁储存与电储存技术的充分竞争中仍然占据重要地位。资本是最沉不住气的，总是希望尽快取得最大的收益，他们推动紫晶存储上市，称之为发扬光储存技术的必要举措。此外，谢长春团队已经为紫晶存储上市做了充足准备，因此，即使需要冒一定风险，谢长春团队也要满足资本的期望，同时实现光存储技术"弯道超车"的愿景。

五、财务造假手段分析

紫晶存储欺诈发行的财务造假手段主要为虚增营业收入及利润和未按规定披露对外担保。具体的途径包括：虚构销售合同、伪造物流单据、验收单据入账、安排资金回款、提前确认收入等方式。

紫晶存储造假的手段虽然较为传统，但由于是管理层牵头造假，难以被发现，骗过了中信建投、致同与容诚会计师事务所。直到上市后，出现业务模式改变、客户频繁变动、经营业绩下滑等异常情况，立信和中喜会计师事务所给出保留意见和无法表示意见后，真相才逐渐浮出水面。

值得注意的是，紫晶存储通过违规担保等方式，巧妙实现了收入、应收账款和现金等科目的同步流转，使得虚增收入的同时有着合理的资金配合，其造假行为环环相扣，显著增加了财务造假行为的隐蔽性。

在正常情况下，公司将货物卖给客户会形成一笔应收账款，客户确认收货后会在一定期限内付款，抵销掉应收账款，以此构建销售和收款循环。因此，紫晶存储想要进行虚假交易，就需要把配合造假客户支付给紫晶存储的货款还给客户，若是直接给客户打钱很容易被发现，因此紫晶存储想出了违规担保这一手段：为关联方提供担保，使得关联方可以从金融机构贷款，将贷款作为货款交付给配合造假的客户，完成虚假的销售和收款循环。违规担保造假流程图见图6-1。

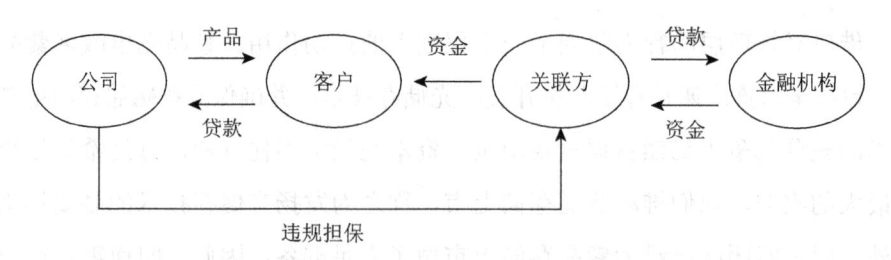

图 6-1 违规担保造假流程图

通过该造假手段，紫晶存储在 IPO 期间取得虚假的业绩增长。在 2017 年与 2019 年上半年违规担保的金额分别为 0.10 亿元和 0.75 亿元，分别占当期净资产的 2.30% 和 9.65%。上市之后，为了继续保持业绩增长，紫晶存储持续加大违规担保金额，2019—2021 年分别为 1.45 亿元、1.75 亿元和 4.18 亿元，占当期净资产的比例分别为 16.15%、19.49% 和 22.46%。这些大额担保已经达到了股东大会审议标准，但公司没有履行股东大会决策程序，使得管理层凌驾于内部控制之上。

六、案件影响

（一）对市场的影响

科创板欺诈发行第一案对证券市场的影响是负面的，这种行为破坏了市场的公正性和透明度，损害了投资者的利益和信心。不过，这也有助于提高投资者的风险意识和自我保护能力，投资者会更加关注公司的财务报告和信息披露，更加审慎地进行投资决策。

此外，证券监管将进一步加强。监管机构会加强对公司财务数据的审查力度和监管力度，以预防类似事件再次发生。

（二）对保荐机构的影响

紫晶存储的保荐机构是中信建投证券股份有限公司（以下简称中信建投）。受紫晶存储欺诈发行案件影响，在 2022 年券商投行新规发布后的首份投行业务质量评价结果中，连续 13 年获评业内最高 AA 级的中信建投首次从 A 类投行出局，被评为了 B 级。评级下调可能导致中信建投在证券业务领域的市场竞争力下降。投资者更倾向于与信用评级较高的机构合作，对评级较低的机构持更谨慎态度。这可能使中信建投在证券经纪、承销与保荐等方面面临更大的竞争压力。

七、应对措施

紫晶存储案件作为创业板欺诈发行第一案，意义重大，影响深远。若想避免此类案件再度发生，需要监管机构加强监管力度和技术手段，确保企业财务报告和信息披露的真实性和准确性。会计师事务所应当坚守独立性原则，建立完善的内部控制和质量管理体系；提高审计质量，加强对企业财务数据的审查和核实，加强对企业内部控制的评估和测试。保荐机构应当加强尽职调查，充分了解企业的财务状况、经营情况和内部控制制度，降低财务造假的风险。投资者也应加强风险意识，独立分析和评估上市公司财务报告，以做出明智的投资决策。

参考文献：

[1] 张冬晴.紫晶存储造假调查：蓝光数据存储项目背后疑云重重[N].中国证券报，2023-03-20(A04).DOI：10.28162/n.cnki.nczjb.2023.001345.

[2] 雷晨.一单未愈一单又撤 中信建投陷紫晶存储欺诈发行余波 券商投行提质仍在路上[N].21世纪经济报道，2022-12-08(10).DOI：10.28723/n.cnki.nsjbd.2022.005341.

[3] 昌校宇.紫晶存储被证监会立案调查 信披违规成主因[N].证券日报，2022-02-12(A02).DOI：10.28096/n.cnki.ncjrb.2022.000578.

[4] 中信建投遭遇科创板欺诈上市第一案[EB/OL].城市金融报，2022-12-28.https://www.sohu.com/a/622084680_121385340.

[5] 科创板欺诈发行第一案拆解：紫晶存储"体外担保术"造假超10亿 追责潮或余波未了[EB/OL].华尔街见闻，2022-11-21.https://new.qq.com/rain/a/20221121A072HV00.html.

[6] 中国证监会行政处罚决定书（紫晶存储及相关责任人员）[EB/OL].华尔街见闻，2023-04-18.http://www.csrc.gov.cn/csrc/c101928/c7404371/content.shtml.

[7] 广东紫晶信息存储技术股份有限公司2021年年度报告[EB/OL].紫晶存储，2022-04-30.

七 基于舞弊钻石理论的合众思壮财务造假案例研究

高晴[①] 吴仁群[②]

摘要：北京合众思壮科技股份有限公司（以下简称合众思壮）从创建初期开始就在全球北斗导航行业具有影响力，近年来，由于竞争对手的出现，合众思壮为了巩固其市场地位，使财务报表数据美观，走上了财务造假的道路。本文创新性地运用舞弊钻石理论，从舞弊机会、舞弊压力、舞弊借口、舞弊能力四个方面分析合众思壮财务造假的动因，并针对其动因得出一些启示和建议。

关键词：财务造假；舞弊钻石理论；舞弊能力

一、引言

2023年中国证监会35号行政处罚书落在了合众思壮的头上，这引起社会的广泛关注。作为北斗行业的龙头企业，合众思壮为何会走上造假的道路呢？本文运用钻石理论，从舞弊机会、舞弊压力、舞弊借口、舞弊能力四个方面分析合众思壮的造假动因，并提出一些可行性的建议。

---

① 高晴，女，会计硕士，研究方向：资本运营与会计管理实务。
② 吴仁群，男，硕士生导师，管理学博士。

二、钻石理论概述

在当今学术界，通常以舞弊三角理论、GONE 理论等分析舞弊动因。舞弊三角理论应用较为广泛，它是从机会、压力和借口三个角度分析舞弊的影响因素。在 2004 年 12 月，Wolf 在此基础上增加了能力因素，他认为，当"能力"与机会、压力和借口同时存在时，才可能发生财务造假。即策划或实施舞弊的人只有具备实行财务舞弊的能力以及技能，舞弊才会发生。这一理论从管理层及其他关键人员的角度出发，进一步阐述了他们对于舞弊的影响，相比其他理论更加全面和完善。

三、合众思壮财务造假案例概述

（一）合众思壮虚增收入、成本和利润

1. 与子公司虚构业务往来

合众思壮利用其子公司深圳合众思壮科技有限公司（以下简称深圳思壮）参与雷达相关业务，以开展雷达、服务器等相关产品贸易的名义，虚构生产业务流程，虚构软件加载模块，向虞某实际控制的公司采购后再销售给虞某指定或安排的通道公司，通道公司经过多道流转后又回到虞某控制的公司，形成空转循环贸易业务。该操作使得合众思壮虚增收入、成本、利润总额如表 7-1 所示。

表 7-1　合众思壮与子公司虚构业务往来虚增收入、成本、利润总额

年份	虚增收入（万元）	虚增成本（万元）	虚增利润总额（万元）
2017	11 888.67	10 807.88	1080.79
2018	47 274.68	42 393.95	4880.73
2019	1722.06	1625.90	96.15
合计	60 885.41	54 827.73	6057.67

数据来源：同花顺

2. 合众思壮通过虚构专网通信业务虚增收入、成本和利润

合众思壮与其联营企业北斗导航和其上下游暗箱操作。在业务开展过程中，合众思壮以为北斗导航及其子公司南京元博中和科技有限公司提供加工服务为名，加入专网通信业务链条，但实际却不承担加工角色，不提供任何有附加值的技术，而是作为出资方，以垫资方式提供资金，以可组织的资金规模确定订单量，利润空间提前确定且基本恒定。专网通信业务对合众思壮而言没有业务实质，但合众思壮却将其披露为通导一体化业务，该操作虚增收入、成本、利润总额如表 7-2 所示。

表 7-2 合众思壮通过虚构专网通信业务虚增收入、成本和利润

年份	虚增收入（万元）	虚增成本（万元）	虚增利润总额（万元）
2017	53 405.83	48 913.48	4492.36
2018	23 070.57	3522.41	19 548.16
2019	11 860.61	-1262.42	13 123.04
2020	5516.44	—	5516.44
合计	93 853.45	51 173.47	42 680.00

数据来源：同花顺

（二）合众思壮虚构软件销售和技术服务费收入

合众思壮称，所属子公司深圳思壮与宁波和创智建（以下简称和创智建）在 2017 年签订软件销售合同，合同金额 3001.04 万元；2018 年，和创智建向深圳思壮支付软件款金额为 1458.00 万元，15 433.04 万元，并签订委托开发移动互联高精度模块项目，经费和报酬金额为 842.00 万元，深圳思壮收到和创智建 842.00 万元的合同款，但上述款项实则来源于合众思壮。和创智建作为承接专网通信业务的代工厂，本身并没有采购软件及技术服务的应用需求，合众思壮虚构该业务是为了结算和创智建的部分专网通信业务利润。合众思壮通过虚构软件销售和技术服务费，虚增 2017 年收入和利润总额 3359.33 万元。

（三）合众思壮虚减财务费用

2017—2018 年，合众思壮通过银行承兑汇票和国内信用证向和创智建支付采购款，其产生的贴现费用应由合众思壮承担，但其未及时将贴现费用入账，而是通过跨期操作导致合众思壮 2017 年虚减财务费用 1238.75 万元，2018 年虚减财务费用 7471.52 万元，2019 年虚减财务费用 3040.49 万元，虚增主营业务成本 11 750.77 万元，累计虚减利润总额 8710.27 万元。

综上，合众思壮 2017—2020 年年度报告存在虚假记载。合众思壮上述行为导致 2017—2020 年虚增收入和利润如表 7-3 所示。

表 7-3　合众思壮 2017—2020 年虚增收入、成本和利润总额

年份	虚增收入（万元）	占当期披露收入比	虚增利润总额（万元）
2017	68 653.84	38.58%	10 171.23
2018	70 345.24	30.59%	31 900.41
2019	13 582.67	8.77%	4508.91
2020	5516.44	3.26%	5516.44
合计	158 098.19	—	52 096.99

数据来源：同花顺

四、基于舞弊钻石理论的合众思壮财务造假动因分析

（一）舞弊压力维度——入不敷出压力

合众思壮作为卫星导航领域的龙头企业，多年来始终坚持以卫星导航高精度应用为主营业务方向。在卫星导航高精度业务的研究与开发过程中，需要大量的资金投入，维护费也是一笔高额开支，然而近年来市场中涌入该领域的企业不在少数，随着竞争对手的增加，合众思壮难以扩大市场份额。综观合众思壮在造假期间的经营状况，从 2017 年开始总体呈现下滑趋势，2017 年营业总收入为 228 770.37 万元，2018 年为 229 999.14 万元，2019 年为 154 891.37 万元，2020

年为169 023.92万元，2021年为210 754.62万元，2022年为152 363.61万元。净利润更是从2017年开始大幅度下降，2018年之后更是为负数，并未曾好转，在此情况下，企业面临的入不敷出更甚为退市的压力，采用造假的方式来试图扭转亏损，以维护自己的市场地位。

（二）舞弊机会维度

1. 会计师事务所不严谨

根据同花顺资料显示，合众思壮连续11年的审计机构均为北京兴华会计师事务所，在舞弊之后，更换了两次会计师事务所，一次为2018年更换为信永中和会计师事务所，另一次为2019年更换为上会会计师事务所。而且在舞弊期间，合众思壮的审计费用大幅度上升，从2017年的175万元上升到2022年的309万元，其中虽在2019年被发表了保留意见，但是保留意见中只是说明公司已支付南京元博的预付账款余额为222 118.71万元，而没有仔细调查其他，并且在之后出具的审计报告中又为无保留意见。正是会计师事务所的不严谨、不尽责，给合众思壮的舞弊提供了条件，并且2017年舞弊开始初期，所合作的事务所为北京兴华会计师事务所，长达11年的合作，使他们的关系更为密切，这也为舞弊提供了机会。

2. 主营业务多与军方合作

合众思壮的专网通信业务、雷达业务是在为军方做事，所获固定利润是军方的回报。正是因为顾客的特殊性，要求保密，所以为公司的不披露提供了机会，进而为财务造假也提供了机会。

3. 投资者的无条件信任

合众思壮作为我国北斗导航行业的龙头企业，深得投资者的信赖。在创业初期，合众思壮董事长郭信平与著名球星姚明关系很好，郭信平钦佩姚明，并且当时公司的事务所与姚明的事务所同为一家，在这样的联系下，郭信平与姚明搭上了线，并成功成为好友，姚明成为公司的代言人，并成为公司的十大股东之一，2012年年末姚明虽将所持股份抛售，但是因为其在国民心中印象较好，也导致在国民心中对合众思壮也有良好的印象，这使得合众思壮在刚开始就在投资者心中种下了非常好的种子。在后续一些年份中，根据年报显示，在2022年，其拥有资产高达45.43亿元。因此，投资者心中对合众思壮的画像是财力雄厚。所以近年来，公司获得的投资总体来看呈现递增趋势。

4. 关联方的交易

合众思壮虚增的收入凭借其与子公司和上下游公司的联合，使得相关虚假数据更加具有可信度。合众思壮与其子公司深圳思壮通过虚构生产业务流程，虚构软件加载模块等形成空循环贸易业务；深圳思壮与其密切合作伙伴和创智建虚构采购软件、软件销售等业务来虚增利润高达3359.33万元。这种关联方交易给事务所取证增加了难度，为舞弊提供了机会。

5. 违法成本低于舞弊所得好处

根据中国证监会发布的关于合众思壮的行政处罚决定书可知，合众思壮虽从2017年开始每年虚增利润上亿元，但是相关责任人所获得的惩罚少之又少，三位主负责人郭信平、袁学林、侯红梅所遭受的罚款分别为400万元、200万元、50万元。这与造假金额相比不值一提，正是这种违法成本低于舞弊所得好处，为公司舞弊提供了机会。

（三）舞弊借口维度——管理层甩锅

合众思壮对于自己的舞弊行为并无太多的负罪感，管理层互相甩锅推卸责任。郭信平声称自己非财务出身，无法作出相关的舞弊行为，不懂这些，所以认为自己没有太多过错，袁学林则认为所有的过错都是董事长郭信平造成的，侯红梅辩称自己只是接手，并未进行太多的造假，且是听取了审计师的意见。

(四) 舞弊能力维度

1. 所处岗位的特殊性

合众思壮长期负责财务部、审计部等部门全面管理工作的是侯红梅，正是因为其所处岗位的特殊性，使其能够创造或者利用他人无法利用的机会进行舞弊。

2. 能够了解和利用内部控制的弱点

郭信平作为合众思壮的董事长，袁学林作为合众思壮财务部副总监、总监以及后续升为董事长，深知自家公司的内部控制缺点，知悉票据贴现费用跨期确认事项，造成舞弊。

五、合众思壮财务造假的启示和建议

(一) 减小舞弊压力

合众思壮盈利减少的原因是市面上竞争对手增加，并且自家公司研发也进入了"瓶颈"期，此时可以及时进行市场调研和用户反馈调研，积极地迎合市场进行改变，并且抓住老顾客，发挥老顾客优势。同时可以与高德、百度地图等平台洽谈合作。而不应该在盈利达不到目标时，进行舞弊。

(二) 减少舞弊机会

1. 加强对合作会计师事务所的监督

国家和社会应该加大对企业和会计事务所合作年份的监督，避免形成长期合作关系。除此之外，会计师事务所应该加大审查力度，合理控制重大错报风险。对于审计机构突然获得的高额报酬，应该提高防范意识，社会也可以及时监督。

2. 合理控制机密合作关系的揭露

对于合众思壮的合作伙伴应合理控制、适当揭露，而不应该将其作为舞弊的借口，完全隐藏起来。对于此方面，国家可以制定相关的揭露准则，放在会计准则或者审计准则里，以便有此类业务的公司进行参考。

3. 投资者应该提高风险意识

投资者不可以凭借初始印象进行投资，应该多多关注公司财务数据，以及审计报告，应该全方面考察公司情况。相关部门可以加大投资者风险意识提高的教育和宣传力度，提高投资者的风险识别和风险应对能力。

4. 增加对关联方交易的识别

对于企业的关联方交易，审计部门应该重点关注，尤其是子公司和母公司之间的往来，应扩大取证范围，重点关注经济事项，不应得过且过。对于关联方交易，相关部门可以规定个比例，这样可以减少此种交易的出现，避免舞弊行为。

5. 增加舞弊处罚力度

相关部门应该增加舞弊惩罚力度，在《中华人民共和国证券法》中明确说明舞弊的处罚金额，并且可以将舞弊的影响扩大，或者诉讼时效延长，处罚金额增加，这样可以让舞弊者发现造假行为得到的好处没有舞弊所需承担的责任多。

(三) 遏制舞弊借口

合众思壮应将诚信教育融入公司的企业文化当中，为员工建立诚信方面的档案，营造良好的工作氛围。同时，公司可以设立心理咨询等相关的部门或者和心理咨询公司合作，给予员工心理疏导，减少舞弊借口的发生。

(四) 制衡舞弊能力

1. 增加岗位的轮换

相关部门应该对公司提出重要岗位的轮岗要求，尤其是上市公司，发挥董事会和监事会的作用，增加岗位的轮换制度，这样可以避免一人对该岗位过于熟悉，提供舞弊能力和舞弊机会，同时应关注领导者私下的为人处世方式，看其是否正直、诚信，避免舞弊的出现。

2. 弥补企业内部控制缺陷

当企业内部控制缺陷暴露时，董事会、监事会应该及时发挥作用，提出改善内部控制。注册会计师在进行审查时应该重点关注内部控制是否有缺陷，若有，应及时提醒被审计单位及时弥补缺陷，降低舞弊风险。

本文通过运用舞弊钻石理论对合众思壮的舞弊经过、舞弊动因进行研究，从减少舞弊压力，降低舞弊机会，遏制舞弊借口，制衡舞弊能力等方面提出一些可行性的建议，对避免今后社会上财务造假盛行提供一些参考意见。

参考文献：

[1] 文婧.关联方交易舞弊内部控制研究——以雅百特为例[J].财会通讯，2019(32).

[2] 黄世忠，叶钦华，徐珊.上市公司财务舞弊特征分析——基于2007年至2018年6月期间的财务舞弊样本[J].财务与会计，2019(10).

[3] 王杏芬，张彧.新舞弊风险因子理论下首例违法退市案研究[J].会计之友，2020(22).

[4] 张旭超."长生生物"财务舞弊案例研究——基于GONE理论的视角[J].中国审计人员，2019(7).

[5] 文炳洲，焦少杰.利益驱使、中介背书与上市公司财务舞弊——基于2008—2017年证监会处罚公告书[J].财会通讯，2020(23).

八 基于 GONE 理论的易见股份舞弊案例研究

李培英[①] 刘寿先[②]

摘要：本文以易见股份有限公司耗时六年伪造银行回单和虚构合同，虚增收入达 562 亿元的财务舞弊案件为研究对象，采用 GONE 理论分析了该企业舞弊的动机并对该公司存在的审计失败的原因进行深入分析。最后提出针对审计风险控制的重要建议，包括关注客户公司舞弊环境、关注内部控制缺陷进行风险导向审计、提高审计信息化水平。

关键词：舞弊；内部控制；函证；GONE 理论

一、引言

2020—2022 年在 A 股上市的财务舞弊的公司共有 116 家并且存在采用新型舞弊手段的趋势。传统手段包括增减利润、调整费用和利用关联方交易等；现代舞弊手段则包括利用网络技术进行舞弊、瞒报重要披露信息、违规资金占用等手段。德勤调查报告显示近两年单纯因违规资金占用受罚的公司数量是以前年度的 3 倍以上，随着监管力度加大，2022 年平均罚款额为 497 万元，涉案公司的审计机构也面临更加严峻的执业风险。近 9 年，平均每年有 80% 的涉案企业在舞弊期间至少有一年被出具标准无保留审计意见。

---

① 李培英，女，会计硕士，研究方向：资本运作与管理实务。
② 刘寿先，男，管理学博士，研究方向：企业并购。

鉴于造假手段多样化趋势和审计机构的执业风险加大的现状，本文以造假手段多样并存在违规资金占用的易见股份为研究对象并对该公司和审计单位进行 GONE 综合分析，为上市公司审计风险的识别和风险控制提供有益的启示和借鉴。

二、易见股份财务舞弊过程

易见股份的原控股股东禾嘉集团在 2012 年将其持有的 7600 万股股份转让给冷天辉创办了九天工贸，使其成为禾嘉集团的最大股东，2015 年更名为云南九天投资控股集团，主营业务由汽车零部件转变为供应链管理和商业保理业务之后业绩迅速飙升，由 2014 年的 3543 万元到 2019 年的 8.86 亿元，增长 25 倍多。同年利用伪造银行回单、开具没有真实交易背景的商业承兑汇票入账、虚构银行承兑汇票背书转让记录等方式，虚增营业利润，开启舞弊之路。次年，公司布局区块链业务的同时拓宽了造假手段，如私刻公章、虚构购销业务合同和单据、伪造代付款及保理业务合同。2017 年正式更名为易见股份后，次年年底冷氏兄妹逐步将股份转让给滇中产业新区管委会下属的云南省滇中产业发展集团有限公司，虽然冷天辉辞去易见股份的董事长、总经理职务后由哥哥冷天晴接任岗位并未影响易见股份的控制。2019 年实际控制人由冷天辉转为国有控股。2020 年计提信用资产减值共计 119 亿元，引起公众关注，易见股份 2020 年报到期无法出具，证监会开始对此进行调查，最终易见股份 2022 年 ST 退市。易见股份在 2015—2018 年年度报告中没有真实披露公司的实际控制人，从 2015 年开始的 6 年时间里记录了财务报告虚假信息并采用虚增银行存款、虚构供应链代付款业务和虚假商业保理业务以及开展无商业实质的供应链贸易业务等一系列舞弊手段虚增收入和利润。详细虚增数据如图 8-1 所示。

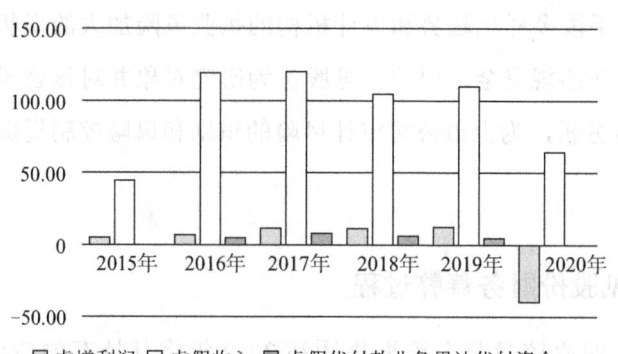

图 8-1 易见股份虚增数据（亿元）

数据来源：根据证监会公告数据整理

2023 证监会公告处罚结果显示，对冷天晴实施市场禁入并罚款合计 530 万元，并对易见股份罚款合计 1050 万元；对上市以来一直负责该公司审计的天圆全所会计师事务所没收业务收入 363 万元并罚款 726 万元，对 2018 年、2019 年年度财务报表审计报告签字注册会计师江平、高丽华予以警告，并均处以 30 万元的罚款。

三、易见股份财务舞弊成因分析——基于 GONE 理论

Bolognaj 等人提出了 GONE 理论，他们将舞弊原因划分为四个因子：G（Greed）贪婪，O（Opportunity）机会，N（Need）需要，E（Exposure）暴露[1]。基于 GONE 理论对易见股份和天圆全所审计单位舞弊的动因进行分析，结果发现实际控制人为追求利益最大化、公司内部控制体系失效、审计单位的审计能力不足、审计程序流于形式是审计失败的主要原因。

（一）贪婪因素

贪婪是指舞弊主体对财富或收益的欲望远大于自身需要的心理。由于在 2015 年大量的虚增收入和利润舞弊行为都没有被发现，易见股份继续造假，从虚构银行回单到虚构合同交易业务。由图 8-1 数据可知易见股份舞弊的金额和

次数越来越多。此外，2021年6月由冷天辉控制的公司通过易见股份的4家客户，对易见股份及子公司构成共计42.53亿元巨额资金的违规占用，冷氏兄弟的贪婪之心昭然若揭。对公司和审计单位进行贪婪因子分析如表8-1所示。

表8-1 贪婪（Greed）因素分析

易见股份	1. 为了完成业绩承诺，在再融资利益驱动下以虚假利润发行债券 2. 管理者自利行为
天圆全所	每年收取审计费用但是函证和问询过程由易见股份主导

资料来源：笔者整理

（二）机会因素

机会因素是公司认为可以不被发现且能够逃避惩罚的机会。在易见股份存在明显的内部控制缺陷。虚增收入、虚构合同等造假手段，暴露了易见股份的董监高未能勤勉尽责，公司内部治理存在问题，同时实际控制人一家独大，为易见股份进行财务舞弊提供了内部机会。此外，易见股份的高管稳定性也较差。自2021年后，频繁出现高管人员变动。邓德军基于多因素联动角度分析，认为舞弊动机、管理层权力与职位优势是舞弊行为产生最为核心的因素[2]。冷天辉和冷天晴作为公司高管，拥有舞弊的职位和权力机会。对公司和审计单位进行机会因子分析如表8-2所示。

表8-2 机会（Opportunity）因素分析

易见股份	1. 冷天晴持有公司36.83%股份使易见股份的股权高度集中 2. 公司内部权力牵制失效。实际控制人在2019年前一直是冷氏兄弟两职合一（总经理兼任董事长）掌控
天圆全所	1. 会计师事务所行业竞争激烈，为争取业务而满足被审计单位的需求简化审计程序，降低审计成本，减少审计工作量 2. 审计的独立性、专业能力不足也为舞弊提供了机会

资料来源：笔者整理

（三）需要因素

田冠军认为需要因素是指公司期望获取不当利益、维护自身利益、承受的经营与财务压力、满足管理者私利[3]。一方面，2015 年 7 月，易见股份定向增发再融资 48.48 亿元；为保持良好的企业业绩形象，同时为完成业绩承诺，通过粉饰经营业绩维持持续增长的假象，经证监会查明，在扣除虚增利润后易见股份 2018—2020 年连续亏损。正因如此，为了增资和避免 ST 退市从而持续进行舞弊。另一方面，易见股份通过表现良好的报表数据，实际控制人在 2018 年年底进行股份的出售转让，从中获利。对公司和审计单位进行需要因素分析如表 8-3 所示。

表 8-3　需要（Need）因素分析

易见股份	1.融资的需要，2.维持业绩的需要，3.转股套现的需要
天圆全所	承受的经营与财务压力，尽管关联关系交易异常，核查工作还是流于形式

资料来源：笔者整理

（四）暴露因素

暴露因素是指舞弊暴露的可能性与舞弊的惩罚性质及程度。由于 2015—2018 年的财务舞弊行为未被发现，即使舞弊情节恶劣，董监高的不作为让舞弊爆雷的可能性降低，天圆审计又发表了"无保留意见"，舞弊情况更难以被发现。此外，易见股份舞弊金额达到 562 亿元，但是对其处罚合计才 1000 多万元，公司和舞弊者有承受爆雷结果的能力。对公司和审计单位进行暴露因子分析具体如表 8-4 所示。

表 8-4　暴露（Exposure）因素分析

易见股份	1.错误的信息披露导致国有企业做背书以及审计单位独立性的缺失使暴露的可能性低
	2.以往的行政处罚对于他们所舞弊的金额来说九牛一毛，惩罚力度小
天圆全所	1.连续多年审计导致被外部核查到审计失败的可能性小
	2.证监会对会计师事务所"审计失败"等行为处罚震慑力不够

资料来源：笔者整理

四、易见股份舞弊案件中审计问题分析

（一）天圆全所审计程序未能有效控制

天圆全所缺乏函证过程保持有效控制，具体表现在未亲自获取函证也未能控制核心企业的函证过程。对于多项会计科目函证回函比例较低和银行询证函回函快递单上寄件人为个人信息等异常情况，天圆全所也未采取进一步的审计程序，导致他们获取了虚假的银行函证。

天圆全所未有效执行关联方审计程序。在2015—2019年的年度审计中，天圆全所未能识别易见股份利用黔西南州通程工贸有限公司等9家未披露的关联方进行虚构的代付款和商业保理业务的情况。天圆全所签字会计师高丽华和复核人员对审计工作底稿中贸易公司关键人员与易见股份员工交叉任职等异常情况部分予以确认，但是未进行有效验证。天圆全所未对代付款和保理业务中涉及的易见股份区块系统数据真实性获取充分、适当的审计证据。

（二）天圆全所独立性缺失

在年度审计中，天圆全所在与核心企业的访谈过程中由易见股份安排和联系，而且统一由易见股份的人员陪同并安排车辆前往，失去了审计的独立性。在部分核心企业的访谈中，天圆全所未能核实被访谈人的身份，也没有有效核实被访谈单位的地址，视频访谈中也没有对被访谈人单位所在地进行核实。此外，他们未对访谈记录中被访谈人的签字和公司盖章过程进行控制，这导致他们未能发现一些异常情况，如被访谈人姓名与访谈记录上的姓名不一致，以及易见股份安排其公司员工冒充被访谈人等。

（三）天圆全所风险导向审计意识不足

天圆全所未能对企业风险和内部控制环境进行全面了解，并根据风险评估结果来确定审计程序和重点关注的领域。面临易见股份内部控制失效，天圆全所并没有提高审计风险意识，尤其是对于审计关键事项，在2018年度对3家核心企

业实施函证程序中，1家函证存在明显异常。2019年度对11家核心企业实施函证程序，6家函证存在明显异常，对于异常数据均未能进行进一步审计。

五、启示和建议

（一）加强审计程序控制，提高审计信息化水平

注册会计师应用高度的职业怀疑对被审计单位提供的函证程序中的疑点信息评估收函方的真实性。设计合理合规的审计程序，控制审计程序的落地实施，以确保审计工作的正常运行。另外，随着大数据时代的到来，应关注数据分析和人工智能技术在发现和预防舞弊方面的应用。黄世忠指出可以通过对人工智能、大数据等信息技术的利用，与专家学者通力合作以建立更为健全有效的舞弊识别系统进而减少舞弊[4]。审计师、执法机构、监管机构以及企业之间通过共享信息和协同行动来应对舞弊行为，加强舞弊案件的跨部门协作可以提高舞弊行为的发现和打击效果，从而帮助审计师更快速地识别潜在的舞弊迹象，提高审计效率和准确度。

（二）风险导向审计

传统的审计方法主要关注财务报表的真实性和合规性，而在审计舞弊领域，强调审计师对企业风险和内部控制环境的全面了解，风险导向的审计方法能够更加精准地识别潜在的舞弊风险，提高审计的效果和效益。易见股份主营业务发生变化后，事务所应重点关注公司财务数据的变动趋势并与同行业公司进行对比，如发现财务表现与以往甚至行业状况严重背离，应着重进行分析与核查。另外，对于营业收入和关联企业有交易异常情况，应当开展进一步审计程序，必要的时候可以请专家来咨询专业知识，进行合理保证。同时，提高会计师道德专业知识和能力，设置专业的审计程序并有效执行，避免因失去专业性和独立性而导致审计失败。

（三）对舞弊环境高度警惕

在评估客户公司的风险时，应特别关注其存在的舞弊环境，特别是在内部控制中可能存在的潜在问题，如董监高的频繁变动情况，以及信息披露质量差，审计单位长期不更换等。刘阳认为审计时审计人员应对公司经营变动保持敏感性与谨慎性[5]，对被审计公司的财务数据的主营业务的变动保持警惕并对其真实性、合理性给予更多的关注，降低舞弊发生的可能性。在外部环境中，监管机构应当发挥监管合力完善和加强职业道德规范，通过明确的准则和行为准则来规范审计师的职业行为，李中伟认为督促注册会计师在尽职调查时主动履职尽责，则可以更好地发挥"看门人"作用[6]。政府对财务舞弊的处罚力度应大于舞弊的机会成本，以有效预防审计合谋和财务舞弊行为，对于审计单位连续审计的情况进行不定期监察，降低两者串通舞弊的可能性。

参考文献：

[1] BOLOGNA J，LINDQUIST R J，WELLS J T. The accountant's handbook of fraud and commercial crime[M]. Wiley New York，NY，1993.

[2] 邓德军，韦迪茂. 多因素联动对企业财务舞弊行为的影响——一项基于GONE理论的组态分析[J]. 会计之友，2023，699（3）：69-76.

[3] 田冠军，姚楠. 农业上市公司财务舞弊审计风险识别与控制——基于GONE理论的多案例分析[J]. 财会通讯，2016，711（19）：93-95. DOI：10.16144/j.cnki.issn1002-8072.2016.19.030.

[4] 黄世忠. 上市公司财务造假的八因八策[J]. 财务与会计，2019（16）：4-11.

[5] 刘阳. 基于GONE理论的双否定意见审计案例分析——以圣莱达为例[J]. 财务与会计，2022，666（18）：47-50.

[6] 李中伟. 函证、非财务信息与审计失败——以中天运未勤勉尽责案为例[J]. 财务管理研究，2022，30（3）：13-17.

九 康美药业财务舞弊动因分析
——基于舞弊三角理论

李伊[1] 胥力伟[2]

摘要： 近年来我国上市企业财务舞弊乱象频生，对资本市场健康运行和经济转型质效产生了负面影响。本文以中药龙头企业康美药业财务舞弊案例为依托，利用舞弊三角理论，分析该企业财务舞弊过程和动因，并提出防范与治理财务舞弊的具体措施，有助于吸取教训，健全上市公司财务信息披露和财务舞弊监管体系。

关键词： 财务舞弊；康美药业；舞弊三角理论

一、引言

（一）研究背景

截至 2022 年年末，我国上市公司总数为 5079 家，总市值高达 79 万亿元，全年上市公司增加值 18.23 万亿元，合计贡献税收 4.79 万亿元。然而资本市场蓬勃发展的同时也存在许多问题：5000 余家上市公司中有 100 多家公司处于 ST 状态，2022 年度退市公司高达 42 家，创 A 股年度退市量历史新高。为了避免被

---

[1] 李伊，女，会计硕士，研究方向：会计制度与会计实务。
[2] 胥力伟，女，副教授，研究方向：财税理论与实务。

ST 以及退市的风险，选择铤而走险进行财务造假的上市企业逐渐增加。基于上述背景，本文以康美药业财务舞弊案例为依托，利用舞弊三角理论，分析该企业舞弊动因，并提出防范治理财务舞弊行为的具体措施，望有助于从中吸取教训，健全上市公司财务信息披露和财务舞弊监管体系。

（二）文献综述

1. 关于康美药业财务舞弊的研究

黄世忠（2019）针对康美药业处罚书对公司治理、银行借贷、审计机构等8个方面提出对财务造假的质疑与建议[1]。王曙光等（2020）从会计师事务所、公司和监管方三个层面分析康美药业舞弊审计失败的原因和防范措施[2]。余晓凤（2021）基于 GONE 理论提出企业逐利本质和股权失衡是康美选择舞弊的重要原因[3]。目前针对康美药业财务舞弊分析文献数量较为丰富，但大多聚焦于2019年的行政处罚，缺少对事件的后续追踪。

2. 关于财务舞弊动因的研究

Bologna 和 Lindquist（1995）把冰山理论引入财务领域，将财务舞弊动因划分为显性和隐性两种因素[4]。Bologna 等（1993）把舞弊动因总结为贪婪、机会、需要和暴露四要素并命名为 GONE 理论[5]。Albrecht（2008）在剖析美国著名舞弊案例过程中将白领犯罪三角理论引入财务舞弊领域，将舞弊原因归结为压力、机会和借口三要素[6]。其中，舞弊三角理论是最具代表性和应用最广的理论，被世界范围内的审计行业正式采纳，故本文采用该理论作为理论基础。

（三）研究意义

本文基于舞弊三角理论对康美药业财务舞弊进行案例分析，进一步充实了我国上市公司财务舞弊动因及治理的研究，有助于健全上市公司财务信息披露和舞弊监管体系。

二、康美药业财务舞弊案例回顾

（一）康美药业简介及康美舞弊案始末

康美药业，全称康美药业股份有限公司，1997年成立，2001年挂牌上市（证券代码：600518），产品服务渗透中医药全产业链。从2006年起，康美药业一度保持净利润两位数的高增长态势，2018年5月市值触及最高点1283.36亿元，是当之无愧的A股医药类白马股。

2009—2014年，财务专业人士夏草、《证券市场周刊》杂志、上海交通大学副教授陈欣陆续对康美药业财务数据真实性提出质疑。2018年10月，自媒体"初善投资"和"市值风云"相继发布文章，质疑康美药业存在存贷双高等财务造假迹象。2018年12月28日，证监会正式立案调查康美药业信息披露违规问题。2019年4月29日，康美药业发布公告更正2017年出现的"会计差错"，300亿元资金不翼而飞，4月30日，康美药业开盘即跌停，上交所第一次对其下发监管工作函，合作多年的审计机构广东正中珠江会计师事务所也出具保留意见审计报告。此后，上海证券交易所在5月5日、5月12日连发2张问询函，未等康美药业答复，证监会在5月17日通报调查进展，初步查明康美药业年报存在重大虚假情形。2019年8月16日，康美药业收到证监会处罚告知书，财务舞弊案水落石出：2016—2018年，康美药业披露的年报存在虚假记载和重大遗漏。

最终，康美药业遭受595万元罚款及6名涉案人员证券市场禁入的行政处罚，以及原董事长马兴田被判处有期徒刑12年及罚金120万元、原副董事长许冬瑾及其他责任人员11人分别判处有期徒刑及罚金的刑事处罚，并对52307名投资者承担24.59亿元赔偿责任。此外，审计机构正中珠江被罚没5700万元，并于2022年7月主动注销执业。

（二）康美药业财务舞弊手段

2016—2018年，康美药业采取的舞弊手段主要如下。

①通过对银行对账单与大额定期存单进行伪造与变造、虚假记账、虚假制造销售回款等方式虚增货币资金共计886.81亿元。

②虚增利息收入共计5.1亿元，营业收入共计291.28亿元，营业利润共计41.01亿元。

③通过把2018年前并没有在年度报告中披露的6项资产项目纳入报表的方式，虚增资产共计36.05亿元。

④隐瞒控股股东及关联方之间交易额共计116.19亿元。

三、康美药业财务舞弊动因分析

（一）案例企业面临多重压力

1. 行业经营压力

康美药业所在的中药行业虽然企业数量众多，营收增长迅速，但产业化起步较晚，大多数为中小企业，市场集中度低，产品同质化严重。此外，中药新药研发投入成本高昂，研发周期需要8—10年，原材料中的野生药材资源缺乏，政策保护力度加大，价格不断上涨，大宗药材价格易受供需关系和资金炒作影响不断波动。此外，受资源匮乏、产业链条长、生产技术和规范不够完善等因素影响，中药行业的产品质量也存在问题，2018年中国收回的GMP证书中，有43%来自中药行业，对此药监局也对中药企业提出了更严格的生产要求。"两票制"的药品采购政策和医保控费、药品加成取消等药品销售政策也增加了药企营业收入和营业利润的下行压力。

2. 企业经营压力

虽然自2001年上市以来康美药业一直保持良好的经营态势，2018年5月市值超过千亿元，但近年来康美药业存在存款与负债双高、现金流远低于净利润等问题。截至2019年4月30日，康美药业货币资金余额仅有10.48亿元，一年内到期的债务高达 183.27 亿元，康美药业面临现金紧缺和巨额债务的经营困境。康美药业货币资金与有息负债规模如表 9-1 和表 9-2 所示。

表 9-1　康美药业货币资金与有息负债规模　　　　　　　　　单位：亿元

项目＼年份	2014 年	2015 年	2016 年	2017 年
货币资金	99.86	158.18	273.25	341.51
有息负债	61.21	95.10	131.41	221.77
总资产	278.79	381.05	548.24	687.22
总负债	111.61	192.67	254.41	365.87
货币资金/总资产	35.82%	41.51%	49.84%	49.69%
有息负债/总资产	21.96%	24.97%	23.97%	32.27%

数据来源：巨潮资讯网

表 9-2　康美药业货币资金与有息负债规模　　　　　　　　　单位：亿元

项目＼年份	2014 年	2015 年	2016 年	2017 年
经营活动净现金流量净额	11.32	5.09	16.03	18.43
净利润	22.86	27.56	33.27	40.95
经营活动净现金流量净额/净利润	0.50	0.18	0.48	0.45

数据来源：巨潮资讯网

3. 融资压力

截至 2018 年年底，康美药业股票融资 163.4 亿元，债务融资按现金流入计算 1297.7 亿元，总融资共计 1461.1 亿元，38.62% 的股份被质押，而且融资增速远高于营业收入增速，融资规模明显远远超过了其生产运营范围，一旦资金链断裂，会导致企业亏损、投资项目停摆、投资人抛售股票等不良后果。

（二）案例企业存在舞弊机会

1. 内部控制存在缺陷

内部环境方面，康美药业控制人马兴田兼任董事长和总经理，其妻子许冬瑾兼任副董事长和副总经理，不相容职务未能得到分离，加之马兴田夫妇持有康美药业的股份共计 38.62%，呈现"一股独大"的局面，两人掌握了绝对的经营权、控制权和决策权，公司治理结构失衡，如图 9-1 所示。风险评估方面，康美药业在现金吃紧，债台高筑的同时依旧加大融资力度，这体现其风险管理及防范意识的缺失。控制活动方面，康美药业使用不实单据和凭证多记银行存款，会计系统控制活动和控制程序不完善，大量资金未经公司决策审批程序被用于关联方交易，说明关联方交易管理不规范。信息与沟通方面，康美药业对外披露的财务报告信息严重缺乏完整性和准确性，违背合法合规、真实完整等原则。内部监督方面，本应互相牵制、互相监督的董事会、管理层和股东未能相互独立，其设立的内审部门和任命的独立董事也没有及时对康美药业会计信息质量提出质疑，内部监督机制失效。

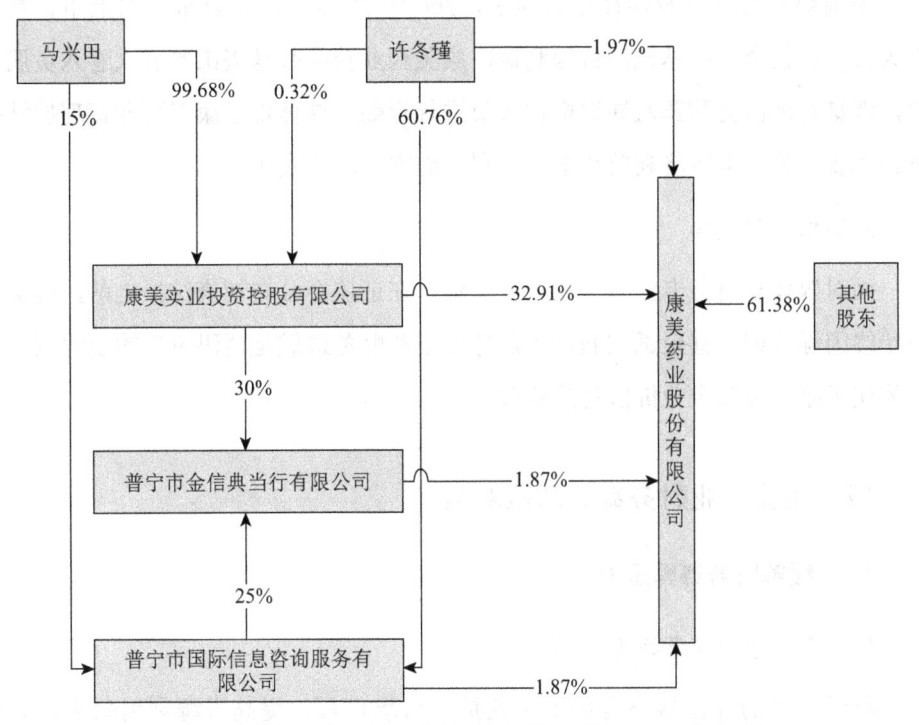

图 9-1 康美药业实际控制人控股情况图（截至 2018 年年末）

数据来源：公司年报、天眼查

2. 外部审计独立性缺失

广东正中珠江事务所已经与康美药业合作 19 年，康美药业支付的审计费用也从 2010 年的 120 万元涨到 2018 年的 640 万元，面对高额的审计费用，正中珠江很有可能铤而走险与康美药业合谋隐瞒财务舞弊。对于康美药业 2016—2018 年发生的虚增收入、利润和资产等重大财务舞弊情形，作为审计机构的正中珠江不仅毫无察觉，而且对康美药业 2016 年、2017 年出具标准无保留的审计意见报告，2018 年出具保留意见的审计报告，这体现正中珠江审计程序的失效，谨慎性和独立性的缺失。

（三）案例企业出现舞弊借口

1. 法律意识淡薄

中国裁判文书网及媒体报道显示，2000—2019 年，为谋求公司上市、参选人大代表、投资生产基地项目等利益，康美药业董事长马兴田曾五次卷入贪腐案件，涉嫌对证监会和药监局等机构人员进行行贿，这体现了康美药业管理层法律意识薄弱，为追求经济利益和个人名利不惜突破法律底线。

2. 诚信意识淡薄

面对媒体和财务专业人士的多次质疑，在证监会公布调查结果之前，康美药业始终闪烁其词，甚至试图通过"财务差错和财务造假是两码事"的说辞糊弄，这体现了康美药业企业价值观的畸形。

四、康美药业财务舞弊防范对策

（一）缓解财务舞弊压力

1. 制定科学的经营战略目标

科学有效的经营战略有利于企业扩大市场份额，提高资源利用效率，降低财务风险，缓解企业因经营不善选择财务舞弊的压力，从而推动企业健康稳定发展。康美药业应结合行业前景和自身的资源状况，明确产品和市场定位，制定科学有效的经营战略，加大对优质核心产品的研发投入力度，形成品牌效应，增强盈利能力；提高生产管理效能和资产利用效率，管控成本费用，减轻债务压力；保持合理的应收账款和存货规模，保障现金流充足。

2. 确定合理的融资规模

过多的融资会给企业带来不必要的资本成本，挤压利润空间，增加资金链断裂风险，而过少的融资则无法满足企业拓展生产规模的需要，因此融资水平要参考企业的资本结构和资金需求。此外，医药行业易受行业政策和研发技术等因素影响，资本结构是不断变动的，更需要适时调整，以满足生产经营对资金的需求。康美药业应结合自身情况，合理选择融资时机和融资规模，减少资本闲置成本，并保持合理规模的流动资金以防资金缺口，降低融资风险。

3. 建立财务风险预警机制

通过监测财务数据并建立财务风险预警系统，企业可以及时发现财务指标的异常变动，寻找财务状况异常的成因，预知并规避可能发生的财务风险，将可能发生的损失降至最低，从而减轻财务舞弊压力。从康美药业的经营特点来看，应重点关注现金流与利润的对比关系，保持合理的流动资金规模，做好货币资金收支管理。

（二）减少财务舞弊机会

1. 健全企业内部控制

在主动申请 ST 的公告中，康美药业承认其财务舞弊的背后是公司治理与内部控制的失效，因此防治财务舞弊需要健全且有效的企业内部控制制度。康美药业应该分离董事长和总经理的职权，并控制大股东在管理层的任职规模，实现权力制衡；让中小投资者提名和投票监事会和独立董事人选，并对其进行专业知识培训，保证内部监督机构正常行使职能。此外，康美药业应吸取教训，重视资金管理，完善会计控制系统，保证会计信息真实性与完整性，完善内部审计，制定相关指标进行评价评审并给予针对性的激励，增强内部控制对管理层的约束能力。

2. 完善外部监管

审计机构方面，注册会计师应保持职业怀疑，保证审计质量。结合康美药业财务舞弊的特点，审计机构应重视分析程序和关联方交易识别，关注企业财务指标横向及纵向对比是否异常，关注企业主要控制人的社会关系、重要的供应商和采购商，并实时修正风险评估结果。监管机构方面，对于进行财务舞弊的上市公司，应加大处罚力度，在行政处罚的基础上进行相关刑事责任追究，并增加金额上的处罚；对于审计工作不力的中介机构，应追究连带责任，使违规成本远大于违规收益，以儆效尤。监管机构也应整合在监管过程中发现的财务舞弊问题，建立健全财务信息披露规则、会计准则和内部控制规范等方面的监管标准。

3. 重视媒体及公众的监督

伴随互联网技术的发展，媒体监督的广泛性、快捷性、互动性等特质进一步凸显，作为信息接收者的公众不仅有更多的渠道了解相关信息，也有了更多表达自己的想法与意见的机会，成为媒体监督的一员。本次康美药业财务舞弊的揭发就是从自媒体报道开始的。由此可见，市场应当重视媒体及公众对财务舞弊的监督作用，并给予一定的法律与制度约束，促进社会监督的合法化、合理化、真实化。

（三）消除财务舞弊借口

1. 加强法律意识和诚信意识的培养

树立诚信、遵纪守法的企业经营理念和良好的企业价值观念不仅有助于增强企业内部的凝聚力，也有助于企业持续健康发展。康美药业管理层应对本次舞弊案件的处罚引以为戒，充分认识到为一己私利进行财务舞弊是不可取的行为，发挥带头作用身体力行，加强企业员工道德意识与法律意识的培养，明确相关规章制度。

2. 健全个人和企业征信体系

自 2013 年《征信管理条例》出台后，我国社会征信体系发展迅速，征信机构数量不断上升，法律法规不断完善，已经初步形成政府加市场双轮驱动的格局。消除财务舞弊的自我合理化借口，可以在现有的征信系统基础上，把企业诚信经营加入诚信档案建设，及时检测失信行为，披露失信名单，让市场交易和社会管理进入良性循环。

参考文献：

[1] 黄世忠. 康美药业财务造假延伸问题分析 [J]. 财会月刊，2019（17）：3-6+178

[2] 王曙光，董洁. 康美药业财务舞弊案例分析——基于审计失败的视角 [J]. 财会通讯，2020（23）：116-120.

[3] 余晓凤. 上市公司虚构经济业务型财务造假探析——基于 GONE 理论 [J]. 财会通讯，2021（20）：125-129.

[4] Bologna，G J and Lindquist，R J. Fraud Auditing and Forensic Accounting[M]. 2nd ed. New Jersey：John Wiley & Sons. 1995.

[5] Bologna J，Lindquist R J，Wells J T. The accountant's handbook of fraud and commercial crime[M]. New York：Wiley，1993.

[6] Albrecht，W. S.，Albrecht，C. & Albrecht，C. C.. Current Trends in Fraud and its Detection：A Global Perspective[J]. Information Security Journal：A Global Perspective，2008（17）：2-12.

十 麦克奥迪大股东掏空案例研究

刘美琳[1] 何志勇[2]

摘要： 并购是公司迅速扩张、升级产业的有效手段之一，适度的并购和合法的关联交易，在某种程度上可以降低交易成本、减少资本市场摩擦、帮助企业发展壮大；但是有些公司在大股东的操纵下，利用并购转移公司资产，损害中小股东利益，实现个人资产的大幅增值。本文选取了上市公司麦克奥迪的并购案例，揭示了大股东掏空公司的动机和过程，并提出监管部门加强外部控制、中小股东增加对公司的关注度、股权结构优化等建议，希望能够对上市公司中小股东维护自己合法权益有一定的帮助。

关键词： 大股东掏空；并购；关联交易

一、麦克奥迪案例简介

麦克奥迪全称为麦克奥迪电气股份有限公司，是一家国有控股、中外合资的混合所有制企业集团，于 2012 年 7 月上市。麦克奥迪的核心主营业务有"医疗业务""光电业务"和"智能电气业务"，并以此构建了智慧光学应用和电气能源科技应用两个业务体系，形成完整的业务链。现已发展成为一家现代化创新型高科技企业，其产销规模、技术实力和主要经济指标都处于行业前列。[1]

---

[1] 刘美琳，女，会计硕士，研究方向：会计制度与会计实务。
[2] 何志勇，男，北京印刷学院，研究方向：财务管理、公司治理。

从 2012 年上市开始，麦克奥迪在 2015 年、2017 年、2018 年分别完成三次并购交易，使大股东陈沛欣实现了公司证券化和资产的巨大增值。

二、大股东掏空过程

（一）关联交易

1. 并购过程

2015 年 1 月 9 日，麦克奥迪临时召开股东会议，并在会议上宣告通过发行股票的方式，以 6.5 亿元购买了麦迪协创持有的麦迪实业 100% 的股份。麦克奥迪的控股股东是麦迪控股，麦迪控股的实际控制人是陈佩欣，也就是说，陈佩欣间接控制着麦克奥迪，而麦迪实业的实际控制人也是陈佩欣。换句话说，麦克奥迪从它的大老板手里，花高价买了一个公司。为什么说是高价呢？麦迪实业股权评估值 6.53 亿元，最终交易价格为 6.5 亿元，而它的账面所有者权益只有 2.2 亿元，评估增值 197.37%。麦迪实业 2015—2019 年营业收入及净利润如表 10-1 所示。

表 10-1　麦迪实业 2015—2019 年营业收入及净利润　　　　单位：亿元

年份 项目	2015 年	2016 年	2017 年	2018 年	2019 年
收入	3.86	3.91	3.97	4.30	4.87
净利润	0.52	0.68	0.73	0.77	0.82

数据来源：麦克奥迪 2015—2019 年年报

从表 10-1 可以看出，虽然麦迪实业的净利润逐年稳步上升，但上升幅度并不大，如果只靠净利润，至少要 8—9 年才能实现 6.5 亿元的利润，而通过此次关联交易，直接达到了 6.5 亿元的利润增值。

麦克奥迪的主要业务是环氧绝缘件的研发、生产和销售，环氧绝缘件属于电气业务的一环，在上市后，麦克奥迪的电气业务的毛利率稳定，没有太明显的增幅。因此，为了实现经济发展，2017年8月29日麦克奥迪以5000万元人民币收购了北京科瑞博能源技术有限公司（以下简称北京科瑞博）63.82%的股份，正式进入智慧能源领域。

麦克奥迪在收购北京科瑞博时，科瑞博正处于亏损状态，并且经营性现金流量净值也为负数，证明其在存货、应收账款回款速度等方面都存在较大问题，收购时，北京科瑞博向麦克奥迪承诺了业绩，根据承诺表，如果北京科瑞博2018年亏损超过70万元，原股东需要补足差额。事实上，2018年，麦克奥迪的确收到了超额补偿款29.8万元。[2] 北京科瑞博2018—2021年业绩承诺如表10-2所示。

表10-2　北京科睿博2018—2021年业绩承诺　　　　单位：万元

年份	2018	2019	2020	2021
业绩承诺数	-70	375	858	1557

数据来源：麦克奥迪2018—2021年年报

2019年，更名为"北京麦克奥迪能源技术有限公司"的北京科瑞博实现了399万元的业绩，超出预测业绩375万，而在接下来的两年中，由于公司能源业务还处在摸索探新的阶段，再加上新冠疫情的影响，北京麦迪能源公司连年亏损。

这次并购虽然使麦克奥迪迈入了智慧能源的领域，但由于能源业务需要投入大量的时间、资本，需要不断地探索，因此麦克奥迪并不能够依靠并购直接获利，麦克奥迪的智慧能源之路还有很长。

2018年3月30日，麦克奥迪发布公告，宣称收购麦克奥迪（厦门）医疗诊断系统有限公司80%的股份。而在这次收购之前，早在2016年，麦克奥迪就以现金1.05亿元的价格收购了麦迪医疗20%的股份，麦迪医疗当时的股权估值是4.2亿元，20%为8400万元，也就是说，麦克奥迪的实际出资超出其应付价格2100万元。值得一提的是，麦迪医疗的实际控制人也是陈佩欣，也就是说，这又是陈沛欣主导的一次关联交易。

在2018年的这次关联交易中,麦克奥迪同样以现金支付的方式进行股份收购,共计花费4.32亿元。这次收购完成后,麦迪医疗成为麦克奥迪的全资子公司。在此次关联交易中,麦迪医疗的评估价值比其账面价值高出168.85%,同样实现了利润增值,而陈沛欣也再次实现了个人资产证券化。

2. 并购结果

通过三次并购,在实现公司产业升级的同时,实际控制人陈佩欣成功将自己手下的两个公司实现了证券化,并实现了个人资产的大幅增值,尤其是麦迪医疗的收购活动,麦克奥迪全部以现金支付,而现金收购可以将虚拟资本在短时间内转化为现金,陈沛欣因此迅速获得了大量现金。

但是在这个过程中,陈沛欣通过高估值收购转移了公司资产,在实现自己利润最大化的同时,也使中小股东的利益受到了很大的伤害。

(二)大股东卖壳

2019年11月15日,麦克奥迪控股股东麦迪控股、香港协励行宣布拟将其持有的合计28%的麦克奥迪股份转让给建投华科,一旦本次股份交易完成,建投华科将持有公司28%的股份,从而超过麦迪控股持有的23.31%,成为公司的最大股东。

该事件披露后,深圳交易所火速下发了关注函,就公司此次转让筹划的背景、过程、目的等诸多问题进行了追问。[3]

但该事项筹划逾三个月,最终却没有完美收官,在宣布转让仅仅三个月后的2020年2月24日,麦克奥迪再次发布披露,称由于市场环境发生变化,公司控制权转让一事暂且中止。

虽然第一次转让失败,但陈沛欣并没有放弃,在十个月之后的2020年12月20日,麦克奥迪再次发布公司控制权拟变更公告,宣布公司控股股东麦迪控股、香港协励行与北京亦庄投资控股有限公司签署股份转让协议,拟将其持有的合计约1.53亿股股份转让给亦庄投资。此次转让交易完成后,亦庄投资将持有公司 29.8% 的股权，成为控股股东。

2021 年 3 月，该笔转让完成，亦庄投资代替麦迪控股，正式成为麦克奥迪的控股股东。此时，陈沛欣在麦克奥迪的直接间接持股比例由 43.55% 下降至 13.56%。

2021 年 4 月，陈沛欣再次筹划成功，将麦迪控股和香港协励行持有的共计 10% 的股份转让给嘉竞投资和嘉逸投资，至此，麦迪控股的持股比例下降到 15.56%，而陈沛欣的持股比也下降至 5% 以下，基本上完成退出。

经过两次股权交易，陈沛欣成为最大的赢家，他共计套现约 17.94 亿元，实现了个人资产的部分债券化，极大增加了个人财富，顺利抽身。[4]

三、结论与建议

（一）结论

麦克奥迪实际控股人陈沛欣通过两次高估值并购，实现了自己的资产变现，但也使中小股东的利益产生了很大的损失。从 2016 年开始到 2019 年，麦克奥迪股价持续走低。本文采用案例研究法，研究了麦克奥迪的"大股东掏空"案例，揭露了陈沛欣在两次高估值并购中掏空的过程，这种掏空行为，会对中小股东的利益造成重大危害，同时也会打击投资者信心，从而影响企业的融资，不利于企业进一步发展。[5]

（二）建议

1. 需要加强外部监管

我国目前有多部法律法规对关联交易作出了明确规定，但对于不合规的关联交易和卖壳行为，其监管难度仍然很大，外部审计和监管部门即使会进行关注问询，但最终也很有可能被大股东"糊弄"过去。因此，监管部门要加强监管力度，对于频繁的交易条款和溢价进行及时的审计和问询，找到其背后深藏的交易目的。尤其是对于上市公司的大股东，更要加强监管，加大违规处罚力度。

2. 中小股东需要加强对公司的关注

中小股东由于信息不对称，往往只负责分红，很少关注公司的各项交易情况，这就导致大股东肆无忌惮地控制交易，为自己牟利，因此中小股东需要加强对公司的关注，及时掌握各项动态，以维护自己的合法权益。[6]

3. 优化股权结构

在上市公司中，内部一股独大的股权结构更容易产生关联交易，而中小股东往往缺乏发言权，这样往往会导致大股东掏空公司、中小股东对公司失去信心的恶性循环，因此建议上市公司优化股权结构，尽量避免一股独大，给予中小股东更多话语权。

参考文献：

[1] 刘锦璨. 大股东掏空案例研究——以麦克奥迪为例 [J]. 北方经贸，2021.

[2] 观韬. A 股惊现"双料掏空术"：前脚刚把老板的资产全部买进公司，后脚就卖壳走人 [EB/OL].（2019-12-06）. 新浪财经.

[3] 董亮，马换换. 麦克奥迪易主背后的疑问 [J]. 北京商报，2020.

[4] 明鸿泽. 麦克奥迪再度筹划易主，陈沛欣两轮转让股权套现 18 亿 [J]. 长江商报，2020.

[5] 范煜. 集团大股东掏空行为研究——以红太阳股份为例 [D]. 昆明：云南财经大学，2022.

[6] 司静怡. 基于大股东掏空视角的关联并购案例研究——以百润股份为例 [D]. 广州：广州大学，2019.

十一　恒大集团代理冲突及对策研究

尚宝兴[①]　刘寿先[②]

摘要：在房地产行业绿色发展，重视生态保护、节能减排、节约资源，注重永续发展的背景下，恒大集团内部公司治理中存在突出的委托代理问题。本文采用案例研究法，从股东与管理层、大股东与中小股东、股东与债权人的矛盾出发，分析了恒大集团公司治理上的缺陷，并为推动恒大集团在公司治理建设上提供相关对策建议：通过授予高管股票期权解决股东和管理层的代理冲突；通过调整股利政策、加强中小投资者保护制度来防止大股东侵害中小股东的利益；通过拓宽融资渠道、合理规划投资资金化解股东与债权人的矛盾。

关键词：公司治理；代理冲突；恒大集团

一、恒大集团

当前房地产市场的政策和监管环境仍处于紧缩的态势，这种态势对恒大集团的业务和规模有着不利的影响。与此同时，恒大地产负债率过高引发的财务危机使债权人经济利益受损也产生了负面影响。从内部治理结构上看，恒大集团去家族化引入职业经理人后，由于许家印家族与职业经理人存在信息不对称，职业经理人利用职权获得高额报酬谋取私利。恒大地产未来发展过程中也存在积极的影

---

① 尚宝兴，女，会计硕士，研究方向：公司治理。
② 刘寿先，男，管理学博士，研究方向：企业并购。

响因素,如在房地产行业有强大的品牌影响力、是房地产行业的龙头企业、恒大集团采取积极的措施应对外部环境带来的挑战。

二、恒大集团代理问题

(一)股东与管理层的委托代理问题

管理层作为代理人,股东作为委托人,企业所有者与经营者权责分离[1]。股东作为公司的所有者,往往需要委托管理层来管理企业。管理层付出努力,股东根据其为公司带来股价的增加的多少来支付工资[2]。两者存在增加股东财富的共同利益。委托人与代理人在实际工作中面临利益冲突。

2000年,恒大集团虽然发展势头较好,但是伴随企业的发展,其内部管理、资金出现困难。大股东认识到仅凭自身的力量难以带动整个集团的运营,于是通过内部提拔的方式结合外部引进的方式招收一批职业经理人。恒大集团引入职业经理人共经历了三个阶段[3],第一阶段是李钢加入集团,负责集团的各项管理,第二阶段,夏海钧担任恒大集团副总裁,第三阶段是恒大集团完成去家族化并成功上市。管理层的引进会带来股东与管理层之间的利益冲突,如管理层会利用自己掌握的信息优势,做违反股东利益最大化的事情。管理层希望在使股东财富最大化的同时获得更多的经济利益或权力,如管理层希望增加报酬。由恒大和万科2017—2020年董事薪资对比可以看出(表11-1),恒大高管薪资在2017年高达3.38亿元,近四年每年薪资维持在2亿—3亿元。而万科高管每年薪资仅为0.6亿元到0.77亿元。恒大集团一直为大股东派出的高级管理人员支付过高的报酬,这给了恒大管理层很高的自由度[4]。

表11-1 2017—2020年恒大与万科董事薪资对比　　　　单位:亿元

	2017年	2018年	2019年	2020年	总计
恒大董事薪资合计	3.38	2.97	2.19	2.70	11.24
万科董事薪资合计	0.63	0.77	0.63	0.60	2.63

数据来源:恒大年报、万科年报

(二)大股东与中小股东的代理问题

大股东通过隧道挖掘等方式对中小股东的利益造成侵害是企业代理问题之一。表 11-2 显示，从 2011 年到 2020 年，许家印家族的持股比例的总体趋势是上升的，持股比例最低为 63.43%，最高达到 77.47%。近 10 年，每年的持股比例均在 50% 以上。许家印家族一直以来高的持股比例，使其能够利用其所掌握的权力左右股东大会和董事会决议，委派企业的管理层，从而达到控制公司重大生产经营决策的目的。人数众多但持有股份数量较少的中小股东几乎没有权力进行生产经营决策。中小股东持有较少的股票份额，大股东会利用其掌握的信息优势做出损害中小股东利益的事情。由表 11-3 可知，2018 年恒大集团股利支付率为 48.53%，表明其实现的净利润中有高达 48.53% 的比例用于分红，有 51.47% 的比例留存公司的扩张。2019 年恒大集团股利支付率为 48.37%，净利润中有 48.37% 用于为股东分红，51.63% 用于公司以后的生产经营活动。2020 年公司的股利支付率有所下降，但仍然有 24.69% 用于为股东分红，公司的留存收益率为 75.31%。由于许家印家族占有了集团绝大多数的股份，看似高比例的股东分红，实际上是分给了许家印家族。恒大集团正是利用不合理的股利政策来掠夺中小股东的利益。许家印家族分红上拥有绝对优势，中小股东持股比例低，分红收益微小。在决策权上，大股东拥有绝对的决策权，股权分散的中小股东的权力易受到侵害。这在一定程度上增加了大股东与中小股东的利益冲突。

表 11-2 2011—2020 年许家印持股比例

	2011 年	2012 年	2013 年	2014 年	2015 年	2016 年	2017 年	2018 年	2019 年	2020 年
许家印持股比例（%）	68.11	67.79	63.43	69.66	69.66	74.20	77.17	77.47	77.41	76.76

数据来源：东方财富 Choice 数据

表 11-3　2018—2020 年恒大集团分红情况　　　　　　　　　单位：亿元

	股利支付率（%）	净利润 (HKD)	现金分红总额 (HKD)
2018 年	48.53	759.50	368.59
2019 年	48.37	374.44	181.10
2020 年	24.69	373.08	92.12

数据来源：东方财富 Choice 数据

（三）股东与债权人的代理问题

股东损害债权人的经济利益也是代理问题之一，债权人将资金借贷给公司使用，股东为了实现股东财富最大化的目标，在没有征得债权人同意的情况下私自发行新债或从事高风险的项目，使得负债比率上升，增加企业破产的可能性。著名经济学家任泽平加入恒大时指出公司存在高负债的问题，但恒大集团却一直在增加杠杆。2020 年我国颁布"三道红线"，三个标准分别是：一、剔除预收款的资产负债率高于 70%；二、净负债率大于 100%；三、现金短债比小于 1 倍[5]。由恒大集团年报数据可知，剔除预收账后资产负债率最低为 82%，均高于 70%。恒大集团现金短债比在 2017 年到 2020 年均小于 1 倍。恒大集团 2016 年到 2020 年净负债率最低为 120%，2016 年到 2020 年现金短债比均高于 70%。央行发布的三道红线标准，恒大集团全部踩上了。此时，恒大集团已经出现资金链断裂问题。2016—2020 年恒大集团三大指标如表 11-4 所示。

表 11-4　2016—2020 年恒大集团三大指标

年份	2016 年	2017 年	2018 年	2019 年	2020 年
净负债率（%）	120	184	152	159	153
现金短债比	1.5	0.81	0.64	0.61	0.47
剔除预收账后资产负债率（%）	83	84	82	83	83

数据来源：恒大年报

恒大集团实施跨界多元化战略，增加了企业的风险，恒大集团从早期的房地产开发，增加了物业投资部、物业管理部和其他业务部。其他业务部主要提供酒店服务、保险及快消品，此外，还通过子公司从事矿泉水生产及食品生产业务。根据 2020 年财报数据显示，恒大集团房地产开发部贡献了公司绝大多数的收入，收入占比达到 97.5%，物业管理服务收入占比达到 1.29%，其他业务收入占比达到 0.96%，物业投资收入占比达到 0.25%。从创造的收入看，恒大集团投资多元化的项目并没有为公司的盈利做出贡献，反而加剧了公司的财务风险。这在一定程度上增加了恒大集团股东与债权人的利益冲突。

三、恒大集团代理冲突的建议措施

（一）调整股利政策

公司在分配股利时，必须保持充分的偿债能力，公司的现金流充足是保证公司发放股利的前提。恒大集团实现净利润，就发放高比例的现金股利，却忽视了公司面临严重的财务风险，恒大集团要制定合理的股利分配政策，降低股利支付率，当分配高额的现金股利影响到公司偿债能力或者正常经营活动的时候，公司应限制发放现金股利。

（二）拓宽融资渠道

发行新股或者举债融资资本成本高，而恒大集团在融资时，往往考虑向外部资本市场发行股票、发行可转债及债务融资工具，偿还的债务中需要付出高额的利息费用，为企业带来不少的资金压力。当集团负债率过高时，股票市场会出现恐慌情绪，包括机构投资者在内的投资者会抽逃资金，出现融资难的问题。恒大集团应考虑通过内部资本市场融资，利用资本成本低的内部留用利润来缓解资金紧张的问题。

（三）规划投资资金

恒大集团的主营业务是地产开发，后来又进军与房产开发相关性不大的领域，包括金融、旅游、体育、文化、健康、快消品及高科技等多个行业为一体[6]，这个过程中集团耗用了大量的现金流但获得的收入成效微小，甚至加剧公司的财务危机。而且，盲目进入陌生领域对本就经营困难的企业来说，其投资项目的风险较大。根据范围经济理论，当两种产品出现范围经济时，共同生产可以降低成本，当联合生产两种不同产品的成本高于单独生产的成本时，就出现范围不经济，这时就应该选择单独生产[7]。所以，专业化的厂商能以较低的成本胜过联合生产多种产品的对手。这时，管理者应该将目标定位在较窄的范围，集中生产一种产品。恒大集团应该聚焦主业，或者开发与房地产开发相关的项目。

(四) 授予管理层股票期权

股票期权的授予对象一般是公司的核心高管层和核心技术人员，授予股权激励计划的目的是吸引和保留核心骨干力量，为公司创造更大的价值。为授予对象设定一定的服务期限条件和业绩考核指标，目标实现后，按照协议约定的价格授予对象可以购买一定数量的本公司的股票。恒大集团可以通过授予核心管理层一定数量的股票期权，解决管理层与股东的代理成本问题；通过给予高管一定数量的股票，激发管理层与公司共成长，从而实现公司价值最大化[8]。

(五) 完善中小股东投资者保护机制

控股股东与单独或合计持有公司股份 5% 以上股份的股东以外其他股东在利益上存在冲突时，由于控股股东股权集中，享有重大经营决策的控制权，就会出现大股东侵害中小投资者权益的现象[9]。恒大集团可以效仿美国市场对中小投资者的保护制度：如完善相关主体的信息披露制度，充分保障中小投资者充分获取信息；在司法实践上采用集体诉讼制度来降低中小投资者诉讼成本。

参考文献：

[1] 荆新. 财务管理学 [M]. 北京：中国人民大学出版社，2019：9.

[2] 刘有贵，蒋年云. 委托代理理论述评 [J]. 学术界，2006(1)：69-78.

[3] 杨宗林. 恒大集团引入职业经理人去家族化与财务绩效研究 [D]. 长春：长春工

业大学，2021. DOI：10.27805/d.cnki.gccgy.2021.000459.

[4] 叶志锋，单茜. 恒大负债之问[J]. 企业管理，2022(7)：40-45.

[5] 王婕."三道红线"政策下恒大集团财务风险案例研究[D]. 沈阳：辽宁大学，2022. DOI：10.27209/d.cnki.glniu.2022.000301.

[6] 朱淑平，戴军. 从多元化看房地产企业财务风险——以恒大为例[J]. 中国经贸导刊（中），2021(9)：94-96.

[7] 方博亮. 管理经济学[M]. 北京：北京大学出版社，2016：142.

[8] 宗文龙，王玉涛，魏紫. 股权激励能留住高管吗？——基于中国证券市场的经验证据[J]. 会计研究，2013，311(9)：58-63+97.

[9] 袁淼英. 证券中小投资者权益保护制度的构建路径[J]. 暨南学报（哲学社会科学版），2018，40(11)：57-66.

十二 东方金钰财务舞弊案例分析

——基于 CRIME 五因素理论

王涛[①] 佟东[②]

摘要：财务舞弊危害资本市场发展，损害企业自身、债权人和其他利益相关方的利益。随着我国资本市场的发展，对财务舞弊的防治和惩戒力度也在加强，新《证券法》的实施表明国家对财务舞弊事件零容忍。而本文的案例企业，是中国翡翠上市公司，却因涉嫌信息披露违法违规、财务舞弊而终止上市。本文运用 CRIME 五因素理论模型，系统地分析了东方金钰的舞弊行为，从行为人角度来看，东方金钰高管人员缺少对法律的敬畏，公司本身的股权结构存在问题。此外，东方金钰实施虚构收入、成本和利润，虚构交易以自由资金循环并隐藏关联方交易等行为来舞弊。舞弊的动因是其连年亏损，偿债压力加大，为避免退市采取了非常手段。在这一系列行为中，公司内部的控制系统未有效运行，会计师事务所和注册会计师也没有履行其职责。最终导致东方金钰的财务情况进一步恶化，损害了利益相关者的利益，也不利于资本市场的平稳运行。因此，本文建议公司内部要提高职工法律意识，完善内部控制，会计师事务所要强化审计质量，外部监管机构也要维护法律威严，加强监管。

---

① 王涛，女，会计硕士，研究方向：资本运营与财务管理实务。
② 佟东，男，博士研究生，研究方向：文化产业创新管理、传媒经济与管理、出版业转型发展。

关键词：财务舞弊；东方金钰；CRIME 理论

一、引言

2023 年 3 月 1 日，在介绍财政贯穿落实党的二十大重大决策部署情况的新闻发布会上，财政部副部长朱忠明强调严厉打击财务会计违法违规行为，严肃查出财务舞弊、会计造假等违法违规问题。2022 年财政部门对 170 多家会计事务所进行了处罚，处罚数量超前三年总和，可见国家对财务舞弊行为的治理决心。改革开放以来，上市公司数量不断增长，随之而来的是舞弊行为的复杂多样，这不仅损害了投资者的权益，也不利于资本市场的稳定健康运行。邓德军、韦迪茂认为融资需求、管理层权力和职位优势是企业财务舞弊的主要诱因[1]。管杨威、朱卫东探索了 CRIME 五因素论对识别舞弊行为良好的应用效果[2]。本文以国内第一家上市的翡翠公司——东方金钰为研究对象，分析其审计失败的原因并利用 CRIME 模型系统阐述其舞弊行为并提出防范建议，旨在探寻舞弊背后的动机，为上市公司和中介机构敲响警钟，杜绝财务舞弊此类违法违规行为。

二、东方金钰财务舞弊案例介绍

（一）东方金钰简介

东方金钰是在 1993 年 4 月通过定向募集方式成立的股份有限公司，股票代码为 600086，是中国第一家翡翠上市公司，主要供应翡翠原材料的批发、零售，文化旅游项目的开发，工艺美术品的销售等。2021 年 1 月 13 日，*ST 金钰终止上市。

如图 12-1 所示，瑞丽金泽投资管理有限公司出资 21.72%，云南兴龙实业有限公司出资 12.96%。其中赵宁对云南兴龙持股 98%，拥有绝对控股权，王瑛琰是其妻子，持股 2%；瑞丽金泽由赵兴龙持股 51%，朱向英持股 49%。综上，东方金钰的内控人基本是赵兴龙及其家属。

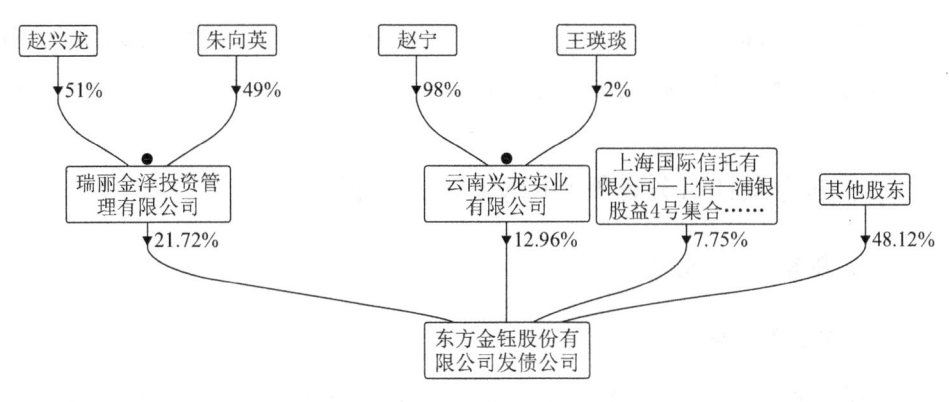

图 12-1　东方金钰股权结构

数据来源：同花顺 iFinD

（二）东方金钰财务舞弊事件梳理

赵兴龙在 2003 年成立了云南兴龙实业有限公司，并在 2005 年成为多佳股份的大股东，也就是后来改名的东方金钰；2011 年以后，东方金钰频繁资本运作。2014 年徐翔造假案被揭露，股票价格开始下跌。徐翔与赵兴龙谋和两次定向增发，成立瑞丽金泽投资管理有限公司，实现巨额盈利；2016 年 3 月，*ST 金钰撤回了非公开发行股票申请；2016 年 5 月徐翔入狱。

2018 年开始，东方金钰的债务到期一直未能清偿，银行账户及股权因合同违约仲裁而在上半年被司法冻结；2019 年 1 月，因涉嫌信息披露违法违规，东方金钰收到证监会立案调查通知书；2020 年 4 月，东方金钰收到行政处罚事先告知书；于 2021 年被认定为交易造假类财务造假，并于同年 1 月终止挂牌。2023 年广东省高级人民法院对"退市金钰"证券虚假陈述责任纠纷案作出二审判决，实际控制人赵宁被判承担全部赔偿责任，至此，退市金钰案结束[3]。

根据处罚决定书，退市金钰在 2016 年、2017 年年报和 2018 年半年报中分别虚增 1.42 亿元、2.95 亿元和 1.2 亿元的营业收入；虚增营业成本 0.47 亿元、1.1 亿元和 0.41 亿元；虚增利润总额 0.95 亿元、1.84 亿元、0.79 亿元，分别占当期合并利润表利润总额的 29.6%、59.7%、211.48%。此外，退市金钰还在 2018 年半年报中虚增了 0.77 亿元的应收账款[4]。

三、东方金钰财务舞弊 CRIME 理论分析

（一）舞弊行为人分析

1. 管理层道德缺失

前任董事长赵兴龙，人称"赌石大王"，在利益诱惑下违法、违背良心，擅自进行股票投资，为了一己私利，与徐翔合谋增发股票操控证券市场，导致公司股价暴跌。其儿子赵宁接管东方金钰后，多次因信息披露问题被监管，损害利益相关者的利益，用财务舞弊等手段隐瞒公司财务情况。而副总经理杨媛媛、曹霞接着虚构销售交易，其他高层管理人员知悉其违法行为却未检举，可见高管人员的法律意识和道德意识淡薄。

2. 股权结构高度集中

通过上述股权结构分析可见，东方金钰呈现"一支独大"的情况，其主要持股人之间有着亲密的关系。瑞丽金泽最初的实际控制人是赵兴龙，2016 年变为赵宁，兴龙实业的实际控制人是赵宁，而赵宁和赵兴龙是父子关系，东方金钰由这两者完全控制，容易出现大股东对中小股东的隧道挖掘问题。

（二）舞弊手段分析

1. 虚构收入、成本和利润

2016—2018 年，东方金钰的货币资金大幅持续减少，而翡翠成品和原料的收入、存货增加较大，东方金钰利用翡翠难以核查的特点调节毛利率。此外，东方金钰还伪造销售合同虚构营业收入，姐告宏宁在名义账户中虚构与名义自然人和名义供应商的翡翠原石交易，来提高营业收入，应收账款和利润，这些虚构行为存在的异常特征和现象是证监会查处东方金钰的重要证据。

2. 虚构交易以自由资金循环

由于审计存在实质性程序的盲点，东方金钰构建自由资金循环交易，每年虚增很少的收入比例，通过姐告宏宁珠宝有限公司控制 19 个银行账户，姐告宏宁再通过虚构采购交易将东方金钰的资金转入名义供应商账户，这些供应商再转移到名义客户手中，最终回流到姐告宏宁中，形成闭环。2016 年和 2017 年姐告宏宁虚增存货 81 818.12 万元，东方金钰选择通过姐告宏宁执行舞弊，可能是因为其不是上市公司，可以降低被审计发现舞弊的可能性。

3. 隐藏关联方交易

东方金钰以防止泄露商业机密不披露供应商和客户信息，在 2017 年收到年报问询函后才开始具体披露。通过查阅相关资料，发现东方金钰的供应商和客户之间存在问题。首先，东方金钰的销售客户上海张铁军珠宝集团有限公司和采购供应商上海大师玉雕有限公司共同控制了一家融资担保公司，双方可能存在关联关系；其次，瑞丽市尚伊珠宝有限公司的地址与姐告宏宁珠宝有限公司的地址相邻，瑞丽市莱盛珠宝店、浩宾珠宝店和渊浩珠宝店三家公司成立的时间也一样。

（三）舞弊动机分析

1. 偿债压力加大

东方金钰不仅一直扩大翡翠原石的采购力度，还从事小额贷款业务，因此导致对资金的需求量加大。东方金钰从 2016 年起外债规模就因翡翠原石需求和小额贷款公司资金需求而增大，2017 年起就从不同金额机构借款，偿债压力加大的同时东方金钰还要资产重组，为了 19 亿元的资金需求采取定增和借款的方式，但依然满足不了巨大的资金要求。东方金钰为了向市场传递利好消息，吸引投资，在偿债压力下增加了其舞弊动机。

2. 避免退市危机

上市公司若因业绩因素连续亏损就会有退市压力，一家公司被戴上 ST

的帽子就意味着其经营连续两年亏损，有退市危机，对一家公司的声誉影响很大。作为翡翠龙头企业，东方金钰2016—2018年的净利润一直在下降，虚增利润后，2018年亏损依旧高达17.18亿元，此外，其营业净利率从3.81%下降到-58.04%，为了丢掉ST的帽子，东方金钰选择财务舞弊来虚增利润。

（四）监管机制分析

1. 内部控制失效

东方金钰内部结构混乱，是典型的家族企业，利益勾结严重，董事和监事合谋参与舞弊，可见内部控制形同虚设。而赵宁不仅是东方金钰的董事长还是总裁，并且在姐告宏宇中任职执行董事和总经理，使得治理层无法有效监督管理层。此外，从2014年到2017年，东方金钰对外公布的内部控制自我评价报告均显示的是"不存在重大缺陷"，没有发现内部舞弊的事实或者可以隐瞒，内部控制如此混乱，无法防止舞弊发生。

2. 外部审计失败

2016年的大信会计师事务所以及2017年的大华会计师事务所均对东方金钰出具无保留意见审计报告，直到2018年下半年，大华会计师事务所才发表了保留意见的审计报告。会计师事务所在为东方金钰财务报表提供审计服务过程中没有勤勉尽责，出具的审计报告存在虚假记载。审计人员没有保持职业怀疑态度，在对其存货审计、收入认定的过程中，没有发现其异常行为和虚假的自然人交易，在对异常的收入、利润没有采取进一步审计措施。

（五）舞弊结果分析

1. 损害中小股东利益

当东方金钰的舞弊被发现后，股价连续跌停，东方金钰2018年年末股价为4.61元/股，2019年年末跌至2.77元/股，2020年收到证监会事先告知书的次日股价跌至1.51元/股，在变为*ST金钰后，6月30日股价跌至1.14元/股，至 2021 年 3 月 17 日退市时每股股价只有 0.16 元，公司市值仅剩 2.16 亿元。股价的下跌损害了中小股东的利益。

2. 财务情况恶化

2018 年至 2020 年，东方金钰的营业收入从 92 亿元下降到 300 多万元，2020 年所有者权益金额仅为 185 830.95 万元，净亏损 191 718.28 万元，自被证实舞弊后财务状况十分严重。东方金钰 2021 年发布业绩预亏公告，预计 2021 年年度实现归属于母公司股东的净利润将出现亏损，而主要是债务违约全年计提大额财务费用、部门债权人处置资产清偿债务产生亏损以及计提资产及信用减值等因素所致。

四、东方金钰财务舞弊治理建议

（一）公司方面建议

1. 加强高管法律道德意识

如果东方金钰的高管人员遵纪守法，加强道德修养，就不会出现舞弊的情况。企业应积极宣传法律知识，自查自纠，让员工之间相互监督。定期开展培训和法律教育工作，树立诚信意识，对违法犯罪的员工，一经查出永不录用。

2. 完善公司治理体系

建立多元化股权结构可以避免"一股独大"的问题出现，充分实现股东、董事会、监事会、独立董事及管理层之间的权责制衡。明确股东大会、董事会、监事会和经理层职责，有利于监管企业的日常经营活动。此外，加强控制环境，完善风险评估机制，以提高内控能力。通过一系列流程和规章制度健全内部控制，及时发现不符合企业正常经营的管理行为，有利于防止财务舞弊。

（二）审计和外部监管建议

1. 提高事务所审计质量

会计师事务所具有连带责任，如果被审计单位有重大问题而注册会计师未发现，会计事务所是需要承担责任的。那么，审计人员应该学习专业知识，提高实践能力和综合素质，时刻保持职业怀疑态度，勤勉尽责。并学习信息技术，利用大数据高效地审查被审计单位数据，提高审计质量。同时，审计人员要在法律规定要求下，加强沟通能力，以更好监督被审计单位，承担社会责任。

2. 加大舞弊惩戒力度

由于我国对舞弊的惩戒力度不大，一些企业总抱有侥幸心理实施舞弊行为。因此要完善法律制度，提高舞弊犯罪"门槛"[5]。例如加大对舞弊公司和负责人的处罚力度，提高执法人员的专业素养与职业道德。新的《证券法》也加大了对不履行信息披露和舞弊行为的惩罚力度。

参考文献：

[1] 邓德军，韦迪茂. 多因素联动对企业财务舞弊行为的影响——一项基于 GONE 理论的组态分析 [J]. 会计之友，2023，699（3）：69-76.

[2] 管扬威，朱卫东. 基于 CRIME 五因素论的 ST 公司财务舞弊识别 [J]. 财会月刊，2014，692（16）：12-16. DOI：10.19641/j.cnki.42-1290/f.2014.16.003.

[3] 祁豆豆，新司法解释实施后全国首例"追首恶"示范案件二审胜诉 [N/OL]. [2023-06-03]https：//news.cnstock.com/news，bwkx-202306-5070934.htm.

[4] 叶钦华，叶凡，黄世忠. 收入舞弊的识别与应对——基于东方金钰交易造假的案例分析 [J]. 财务与会计，2021（15）：36-40.

[5] 赵荣康，韩育霖. 上市公司财务舞弊治理研究——基于 2010—2021 年的舞弊样本 [J]. 国际商务财会，2023（3）：41-46.

十三 基于 COSO 框架的浦发银行成都分行内部控制问题研究

赵慧[①] 华宇虹[②]

摘要：商业银行作为我国金融业的主体，在我国经济发展中发挥着重要作用。目前我国商业银行内部控制建设已经取得了一定成效，但仍存在不少问题。如何保持良好的内部控制环境，如何建立健全有效的风险管理机制，如何完善信息交流与沟通机制等都是商业银行必须面对的问题。本文基于 COSO 整体框架，从浦发银行成都分行违规放贷案出发，分析本案件的发生原因，对浦发银行成都分行内部控制问题进行研究并提出对策建议。这对商业银行内控缺陷分析和内控体系优化研究有一定参考价值，并且有利于商业银行内部控制有效性提升，同时对商业银行内部控制体系具有一定的借鉴意义。

关键词：商业银行；COSO 框架；内部控制

一、引言

在经济全球化大背景下，金融市场各种乱象层出不穷，从被曝光的多起银行违规案件中可以发现：许多银行为了追求业务规模的快速扩张，运用非法手段弄

---

① 赵慧，女，会计硕士，研究方向：资本运营与财务管理实务。
② 华宇虹，女，博士，研究方向：财务管理、资本市场与公司治理。

虚作假以增加业绩。本文的研究对象浦发银行成都分行因进行违规放贷被罚 4.62 亿元。在浦发银行成都分行事件曝光之前，也有很多商业银行进行违规操作，如广发银行成都分行违规担保案、民生银行成都分行虚假理财案，等等。深究这些商业银行违规操作案发生的原因，可以发现大部分都是由于内部控制缺陷造成的。为此，本文针对商业银行频繁发生的交易事故现象，选取浦发银行成都分行作为案例研究对象，基于 COSO 框架深入挖掘该现象背后的成因，并着重讨论内部控制存在的缺陷，以期帮助商业银行稳定发展。

二、文献综述

针对内部控制理论方面，吴先聪等[1]以民生银行成都分行为研究对象，分析发现缺乏有效的内部控制会使得发生违规事件的可能性增加，最终导致股价下跌、市值受损等严重后果。针对商业银行内部控制的要素，唐勇军、沈惠文[2]（2014）通过采用层次分析法对人民银行成都分行内部控制项目的评价问题进行了研究，提出应将内控项目分为控制环境、风险识别评估和应对、控制活动、信息与沟通、内部控制监督五个方面，并构建商业银行内部控制体系模型。李连华[3]（2007）提出，当前我国内部控制理论的研究与我国的内部控制理论实践并不同步，且前者落后于后者，而二者只有在发展水平相当时才能有效推动我国内部控制的发展。由于中国相异于西方国家的特殊国情，我国应该在学习和借鉴 COSO 研究成果的基础上，结合自身文化体系研究出"中国特色"的内部控制理论，同时指出两条独立研究路径：（1）从内部控制规范体系的建立和实施方面入手；（2）围绕如何促进内部控制规范的执行展开。针对商业银行内部控制存在问题方面，董普[4]等（2017）认为，商业银行内部控制的五要素关联性强，其中内部环境为实现控制目标的基础，风险评估为依据，控制活动为有效方法，信息沟通为媒介，内部监督为保障。

三、浦发银行内部控制缺陷及产生原因

（一）内部环境

1. 企业文化不合理

浦发银行成都分行为了扩大业务，抢占市场份额，在发展过程中形成了激进的企业文化。这种企业文化在该银行发展初期以及成长期，对其快速发展起到积极作用。但是现阶段，激进的企业文化不再适合浦发银行成都分行，然而浦发银行成都分行管理层迟迟没有调整，这是该银行内部产生缺陷的原因之一。浦发银行成都分行的企业文化明显与现阶段的企业发展不符合，而企业文化作为内部环境最重要的因素之一，若企业无优秀的企业文化支撑，势必会对企业的发展形成阻碍，内部控制体系也会浮于表面。同时，浦发银行成都分行的内控文化宣传不到位，导致员工没有按照商业银行内部指引进行发展并且缺乏合规意识、风险意识。

2. 内部审计缺乏独立性

浦发银行成都分行并未设置审计委员会或者监事会对银行内部审计工作直接负责的部门，在银行正常运行过程中，即使发现违规操作，也必须得到高层管理人员的批准才能报告给上级银行。因此，浦发银行成都分行是由行长为代表的高层管理人员对银行内部审计直接进行管理，领导的权力没有受到第三方的有效管控。浦发银行成都分行这种特殊的内部审计制度，给高层管理人员进行违规行为提供了便利。

3. 薪酬激励政策不合理

建立科学、合理的绩效考核指标体系，有利于激励员工提高工作效率，还能对员工的工作起到引导作用。[5]从浦发银行成都分行的案例中可以发现，成都银行绩效考核制度不合理，银行内部过于强调经营业绩，导致员工忽视了内部控制制度，极其容易产生负面效应。薪酬只和经营业绩挂钩，在实际业绩难以达到目

标时，银行高层管理人员可能会进行违规操作。此外，基层员工在面对绩效考核的压力下，可能增加工作中违规操作的风险。

（二）风险评估

风险识别与风险评估是商业银行实现全面风险管理的关键前提[6]。浦发银行成都分行当前的信贷机制中，贷前和贷中的风险控制都较为严格，而疏于贷后的管理。浦发银行成都分行的贷后风险控制流程为：由贷款经理分析并整理从贷款企业获得的财务数据，以此作为依据判断该企业是否存在信贷风险。总行不仅没有强调贷后管理的重要性，也未按照要求对放出去的贷款进行抽查审计并实施风险评估程序。本次不良贷款风波的原因在于分行过分相信贷款企业送来的财务数据，以致无法准确判断贷款企业及时还贷的风险，最终导致大笔贷款无法收回成为不良贷款。

（三）控制活动

1. 控制制度不健全

浦发银行总行缺乏对分行的制约和监督不到位，导致浦发银行成都分行没有遵守关键岗位轮岗制度，让王兵在行长的职位上任职长达十余年，并且这位领导在位期间拥有较大的行政权力，为操纵利润、掩盖不良资产等违规行为提供了极大的便利。按照法律规定，商业银行的基层机构负责人最长轮岗期为 3 年，很显然浦发成都分行并未遵守这一规定。而关键岗位人员流动性降低，会在一定程度上增加企业经营风险和道德风险。此外，在浦发银行总体不良贷款率上升的情况下，浦发银行成都分行的零不良贷款率竟然没有引起中行的注意。可见在浦发银行内部控制中存在严重的执行不力的问题。

2. 越权审批

授权审批控制，是银行内部控制中的一项根本性措施。它要求企业银行对每个岗位处理业务、事务的权限进行界定，各级人员都应在权限内完成自己的职责。成都分行贷款案中，最高管理层为了达到经营业绩目标，违规处理不良贷款，有计划地不按流程进行分拆授信、越权审批并且利用保理公司进行资金空转[7]，显然违反了内部控制中授权控制的原则。

(四) 信息沟通

浦发银行成都分行此次案件中暴露出该银行信息沟通机制出现漏洞。总行在案发前没有形成全面统一的信息集成系统并且无法进行有效沟通，导致浦发银行分行高层管理人员进行长达数十年的违规操作，而总行毫无察觉。浦发银行总行通过层层传递的信息沟通方式很容易被有心之人篡改信息，加上银行内部监督机制不完善，导致传递的信息缺乏真实性和时效性。此外，这种方式很可能使得各个层级对同一事件的理解有偏差，极大程度地阻碍银行的发展。

浦发银行层层上报的信息传递方式阻碍了银行内部监督的实施。就算有员工想要举报高层高管理人员违规贷款的行为，举报信息在层层上报的过程中也会被高管拦截下来，员工很可能因此受到恶意报复。这可以解释为什么成都分行不良贷款案涉案员工数额如此庞大。

(五) 内部监督

浦发银行成都分行多年以来违规放贷，浦发银行总行一直未发现成都分行的违规行为，可以看出浦发银行对内部控制的监督不力，未能及时发现分行的违规行为并纠正。另外，从浦发银行成都分行的贷后管理环节也能看出浦发银行内部监督不到位，相关稽查制度未落实到实处。

浦发银行的一些分行并未设置监督管理机构，而是由分行内部的员工兼职代理监督工作。当监督结果与自身利益矛盾时，可能无法保证员工向上级汇报监督的真实性，因此导致浦发银行内部监督机制失效。

四、浦发银行成都分行内部控制优化建议

浦发银行成都分行违规案暴露了浦发银行成都分行内部控制存在严重缺陷，

因此建立健全内部控制体系防止此类违规事件再发生是浦发银行持续发展的关键工作。结合浦发银行的特点，内控优化可以从下面五个方面切入。

（一）加强银行内部环境建设

完善银行内部规章制度，并且建立职责明确的组织架构。不仅要完善董事会、监事会等银行管理层在内部控制中的具体职责，对于基层员工，也要明确管理人员和业务人员的工作内容，最好避免一人同时承担业务和管理工作。

内部环境的建设还需要强化内部控制文化，主要加强合规操作意识和风险识别意识。银行可以通过制定适当的考核激励制度以及定期进行员工培训，提高银行内部人员对内部控制体系的重视程度。

（二）改善风险评估方式

浦发银行成都分行可以汲取其他银行成功的经验与方法，结合自身的特点，开拓新的风险评估方式。例如，中间建设银行青岛分行采用KMV模型（估计借款企业违约概率的方法）对内部信贷风险进行评估，有助于对贷款企业的偿债能力进行分析。此外，浦发银行成都分行需要实现贷款各个环节的分离，做到部门之间、人员之间的相互制衡，以及各个部门需要做到分工明确、各司其职。

（三）设立独立性强的内审部门

在浦发银行成都分行设立内审部门，解决浦发银行成都分行没有内审部门的问题。在保证内审部门存在的情况下，还要维持内审部门的独立性与权威性。重视内部审计人员的专业能力和职业道德，不定期地对审计人员进行培训，根据企业发展使审计人员不断更新法规、知识，避免出现内部审计风险。

（四）改善信息沟通模式

浦发银行成都分行应该摒弃原先层层上报的信息传递方式，摒弃层层传达的传统模式，直接进行信息传达，确保总行领导层下达的指令能及时、准确地传达到基层分支机构，银行内部员工都能及时反馈指令执行情况，总行能从多角度、全方位地掌握银行日常经营管理中的动态情况,保证总行目标能够不打折扣地实现。

(五)加强银行内外部监督

首先,强化总行对分行的内部监督与检查,严格执行轮岗制度,加强对分行高层管理人员权力的检查,杜绝分行高层领导一手遮天、滥用职权的现象再次发生。其次,加强分支银行的合规意识,定期对分行的员工进行培训,提高内部员工的法律意识。同时,还要与监管机构积极配合,加强信息交流,保证沟通的时效性。浦发银行此次事件可以折射出四川银监局监督不力,未能对现场检查中遇到不配合的情况足够重视[8]。银行监管部门可以提高定期检查的效率,应对银行的风险实践进行全面检查,并且在工作中保持怀疑态度,规范行使监管权力。

五、结语

浦发银行成都分行的违规案件一直被学界和银行业广泛讨论。追根溯源,此次案件爆出的原因是内部控制存在缺陷。本文通过从COSO内部控制五要素出发,全面分析浦发银行事件后得出结论,商业银行在面对经济转型和金融改革的新环境,以及防范金融风险的新要求时,必须高度重视内部控制体系建设,并积极主动地完善内部控制机制。同时,银行监管机构也应与时俱进,不断改善监管制度与手段,保证商业银行稳定长足发展。

参考文献:

[1] 吴先聪,管巍.内部控制重大缺陷是市值损失的导火索吗——基于民生银行的研究[J].财会月刊,2018(11):92-100.DOI:10.19641/j.cnki.42-1290/f.2018.11.018.

[2] 唐勇军,沈惠文.基于AHP的人民银行内部控制项目评价研究[J].重庆理工大学学报(自然科学),2014,28(11):121-126.

[3] 李连华.我国内部控制理论研究及其研究路线[J].财经论丛,2007(6):63-69.

[4] 董普，李京，王琳. A 商业银行内部控制探究 [J]. 财务与会计，2017(19)：56-58.

[5] 罗汝婷. 商业银行内部控制建设探究——以农村商业银行为例 [J]. 全国流通经济，2020(19)：137-138. DOI：10.16834/j.cnki.issn1009-5292.2020.19.063.

[6] 余中福，王琦. 从浦发银行案看商业银行内部控制与风险管理 [J]. 商业会计，2018(24)：72-74.

[7] 史胡敏. 内部控制与银行信贷风险防控——基于代理成本理论的思考 [J]. 商业经济，2018(1)：18-20.

[8] 林兢，许宇宸. 银行总分行绩效目标激励管理的博弈分析——从浦发银行成都分行案说起 [J]. 财会月刊，2019(3)：33-39. DOI：10.19641/j.cnki.42-1290/f.2019.03.005.

十四　上市公司财务舞弊与内部控制研究

——以凯乐科技为例

赵倬[①]　杨春[②]

摘要：在大数据时代背景下我国经济技术得以快速发展，活跃的金融市场导致越来越多的上市公司应运而生，上市公司内部控制的失效导致公司财务舞弊的发生，而上市公司的内部控制问题是财务舞弊事件频发的主要原因。本文以凯乐科技为例，分析了上市公司财务舞弊和内部控制失效的原因。治理结构存在问题、部门权责失衡、审计程序存在漏洞、内控意识不够都是导致财务舞弊发生的原因。为了有效规避财务舞弊风险、提高内部控制效率，本文提出了一些意见和建议，希望可以帮助企业提高内部控制的有效性。

关键词：财务舞弊；内部控制；凯乐科技

一、引言

随着经济与金融市场的发展，上市公司财务舞弊事件频发。目前，国内公司内部控制工作与时俱进，中国公司内部控制也呈现出良好的发展趋势。但是上市公司内部控制失败导致企业发生财务造假的现象也层出不穷。因此，上市公司内

---

① 赵倬，女，会计硕士，研究方向：企业内部控制与审计。
② 杨春，女，讲师，研究方向：基于数据的商务决策、财务管理理论与实践。

部控制存在问题是财务造假事件频发的根源,在此基础上为了实现对财务舞弊风险的有效控制,防止内控失效成为我们需要最关心的话题,企业内部控制工作中存在的障碍和解决途径都是值得探讨的[1]。

二、财务舞弊与内部控制

内部控制的主要目的是确保公司活动的合法性及资产的安全高效使用,提供真实完整的财务信息,防止欺诈和腐败,提高工作效率。财务舞弊是指经济人在受到涉及风险和利益的利益诱惑时做出的"理性"决定。然而,经济利益本身绝不能导致财务舞弊,需要有一个有利的舞弊时机,特别是在公司内部控制漏洞方面。企业内部控制环境如果存在缺陷,往往会给财务舞弊带来可乘之机,而建立良好、完善的企业内部控制环境,对舞弊行为有很大的制衡作用,会有效地防范财务舞弊的发生。

我国企业的内部控制环境建设常常存在以下缺陷[1]。首先,公司的治理结构不合理,股东会流于形式,"一言堂"现象严重。公司对董事会、监事会和经理层各个层级的责任、权利和义务的划分流于形式,董事会为实际控制中心。还有一部分公司对各部门管理"职""权"的界定不明确、不规范,部门权责失衡,于内部控制不利。其次,公司内部的审计监督体系不全面。公司对内控制审计不够重视且认为就是简单的"纠错查漏",使得专门人才匮乏,内部控制审计部门缺乏独立性,审计意见可能会被视而不见,失去其建立的实际意义,并且监督功能弱化。

从财务造假的原因来看,这不仅是由于当前经济和法律环境的不完善,也是由于密切参与相关工作者的职业素质较低。换言之,其内部控制环境的薄弱环节是财务舞弊原因的具体表现,内部控制环境中的薄弱环节为财务舞弊创造了机会。

三、案例背景介绍

(一) 凯乐科技简介

湖北凯乐科技股份有限公司是一家成立于1993年2月28日，于2000年7月在上海证券交易所上市的专注于大通信产业和互联网领域的高科技企业。其大通信产业闭环产品主要涵盖光纤、光缆等民用和军用产品；其互联网产品涵盖"互联网+医疗"、网络安全、金融、房地产营销等多个领域。公司旗下拥有35家子公司，设有27个分支服务机构[2]。

2022年被中国证监会正式立案原因是涉嫌信息披露违法违规。其后其董事会收到证监会公函，因涉嫌信息披露违法违规，内控失效，虚假记载收入，触及重大违法强制退市情形，被要求退市。经查，2016—2020年凯乐科技连续5年虚增营收共计512亿元，虚增利润59亿元。作为凯乐科技多年财务年报审计的专业机构，中天运因发布标准无保留意见的内控审计报告而深陷凯乐科技财务造假案件，可能承担连带赔偿责任。

(二) 凯乐科技财务舞弊手段及内控失效原因

1. 凯乐科技财务舞弊手段

凯乐科技进行财务舞弊的主要手段是在专网通信业务上虚增收入和利润，这是企业最常见的舞弊手段之一。《行政处罚及市场禁入事先告知书》显示，自2016年起5年内累计虚增营收512.25亿元，伙同隋田力合作开展仅在2016年有一小部分的"专网通信"业务，仅是按照合同规定伪造相关单据，虚增业务量，但实际上没有与其相匹配的其他方面的数据，例如生产及物流。为遮盖虚增营收，公司都通过承兑保证金的形式进而对现金流量净额进行了修饰。以2018年年报为例，公司账面14.65亿元货币资金，但实际上绝大多数货币资金都受限，受限的原因是"承兑保证金"及其他保证金。[2] 这意味着，公司的销售是假的，虽然收了钱，但转手就办了承兑，实际上已经转出去了，与之对应的，公司应付账款里有高达 20 亿元的票据。而由于这些资金不能动用，公司正常的经营需要的资金周转需要银行借款，2018 年的银行借款高达 28 亿元。这导致公司利息支出非常高，2018 年高达 4.9 亿元。这是典型的存贷双高。通过期末精准的操作，保证账面银行存款说得过去，就可以在现金流量表上看到亮丽的经营性现金流量净额。

2. 凯乐科技内部控制问题分析

（1）内部控制意识不强

首先是治理结构存在弊端。一般情况下一个公司的股权结构与公司治理的结构和会计信息质量挂钩，如果权力过于集中，无法制衡，就会为管理层操纵财务报告提供便利。而凯乐科技董事长朱弟雄对凯乐科技的决策、实施拥有绝对的实际控制权，授意、指挥开展相关虚假业务，组织实施财务造假，凌驾于内控之上。

其次是企业文化。优良的企业文化，是使该公司能够长久发展的重要因素。对于凯乐科技来说，表面上是管理层忽视了对内部控制重要性的认识，深层次来看是缺乏企业文化方面的引导与培养。[3] 不仅缺乏诚信经营理念，还缺乏社会责任意识。

最后是管理层对于资本利益的短视行为。资本市场本意是为了促进长期资金的融通进而发展为社会资源配置的市场体系。而对于凯乐科技而言，管理层并没有很好地处理企业的长期利益与短期利益的平衡关系。

（2）审计程序存在漏洞且执行不到位，内部控制活动失效

从之前造假手段中我们可以明显发现，凯乐科技在销售与收款循环审计程序存在一定漏洞，其对审批、购买、验收、入库等方面业务的职责和审批权限没有进行职务分离，存在造假的风险，而且"一言堂"现象更加说明企业内部控制并未得到有效执行。可笑的是审计对这漏洞百出的方面却选择视而不见，认同伪造数据；银行函证流于形式，对于营业收入和营业成本是否匹配、成本费用是否合

理准确等内部控制流程和措施的有效性漠不关心[4]。

虽然系统性的造假不容易发现,但是凯乐科技的舞弊漏洞百出,内控成摆设,只有对于各个环节进行完善的控制活动,才能让内部控制发挥效用,摒除舞弊行为的发生。

(3)审计人员职业道德素养不足

凯乐科技的舞弊漏洞百出,内部审计部门却没有及时纠正舞弊行为、改进管理、提高效益,而且中天作为外部审计单位,连续6年为凯乐科技提供内控审计报告,始终未发现内控缺陷,如果中天能够更加重视审计证据的数量和质量,就有可能发现凯乐科技内部控制的异常现象。如果进一步调查该现象,将不会无法发现内部控制问题。这表明审计程序可能只是形式上的或者可能存在串通,缺失职业道德。

四、基于上市公司财务舞弊行为对企业内部控制管理的对策和建议

(一)被审计单位方面

1. 优化治理结构

凯乐科技存在实际控制权掌握在一人手里的治理结构问题,这也是我国大部分上市公司都存在的问题之一。所以需要在合规范围内首先将非管理人员引入董事会,以更好地代表股东行使权力和约束管理行为,并且严格执行相关内控流程。也可以建立全员约束机制,共同约束管理层行为,这也有利于企业的长期发展。因为当每位员工拥有话语权,可以献言献策时会提高员工归属感,有利于形成良好的企业氛围。[4]可以采取流动机制筛选出审核小组,对重大决策进行内部审计控制,定期更换成员。

2. 培养内控意识

众所周知,企业文化是一种价值观与信念,好的企业文化有利于最终实现企业目标价值。凯乐科技应该提升内部控制意识,建立健全企业内部控制文化,学

习相关理念，引导管理层、员工形成社会责任意识、风险意识。管理层在内控实施上十分重要，在公司的经营业绩等多方面都有不可分割的关系，所以要不断地学习，提升自身内控意识，立足公司长远利益的发展，而不是通过资本运作把企业当作敛财的工具。

3. 完善风险评估环节、控制活动缺失环节

由于内部控制存在诸多疏漏，凯乐科技在风险识别和评估方面仍存在诸多不足。为了实现风险控制的目标，凯乐科技将进一步严格控制其业务特点、出入库模式等方面。由于控制活动贯穿于企业运营的全过程，人员是关键要素，我们需要划分权力和责任，这对控制活动的整体有效性有重大影响。凯乐科技对于销售与收款环节的控制流程应进一步完善，建立不相容职务分离的控制、利用财务系统进行内部核查审计。[5]明确并严格执行审批流程，对越权审批、审批权限重合等行为进行严格惩处。

4. 提升内部审计机构独立性和权威性

内部审计的目标是实现有效的业务管理和目标。它是一项为加强管理进行的内部经济监督工作，是对企业所有内部经营活动的独立监督和评估，是为了确定企业是否有效利用经济资源、是否符合内部控制要求和经营目标。内部审计的发展不局限于财务和会计审计，而是发展为以服务为导向的咨询活动，以提高企业价值和执行商业战略。

而凯乐科技目前没有单独内部控制和审计部门，应把内部控制审计从财务部门中剥离。为了改进管理任务，应配置定期监测系统，以提高内部审查在内部控制中的作用。相关信息都应公开，在监督管理的同时，可以通过内部控制及时披露对于内部控制和审计部门的相关信息，提高独立性和权威性，这样公众对于内部审计和管理职能的效力也可以提高信任度。

（二）审计单位方面

会计师事务所的防范。在提供审计服务时，审计公司应建立和完善与公共利

益组织审计服务相关的主要审计合作伙伴的轮换机制,确保实质和形式上的独立性,并指定具有相关能力和尽职调查的项目合作伙伴和团队成员,为了防止业务内容超出能力范围,会计师事务所可以提高审计师的职业道德,更好地管理和应对审计风险,并加强对内部质量的监督[5]。

注册会计师个人防范。注册会计师在执业中应持专业怀疑和谨慎的态度。他们必须熟悉会计欺诈的动机和技巧,考虑生产力的需要。从以往关于会计舞弊的研究中汲取灵感,知悉会计造假的思路和手段。增强诚信意识,保持独立性,拒绝贿赂。

(三)监管方面

一是完善内部控制和信息披露的政策,完善内部控制机制和缺陷检测机制,建立内部控制缺陷标准。对于未披露适当性、临时性或临时性修改或更正的上市公司,监管部门应予以监督、检查和验收,直至更正。二是增加信息披露违规成本。对内部控制中的严重不足和错误仅靠警告、批评,没有重大惩罚可能难以达到想要纠正迹象,可以在行政、民事方面实施处罚,完善现有法律,加强综合制裁。强化部门负责人责任,不断提高内部控制的有效性,确保信息和内部控制的准确性。为了让投资者能够获得信息,在前台制作内部控制报告。针对上市公司延迟披露报告、未设定披露期限、无法确保及时报告质量等问题,提出相应的惩罚措施。

参考文献:

[1] 王洪泰.企业内部审计失败案例研究——以瑞幸咖啡为例[J].老字号品牌营销,2022,(21):147-149.

[2] 余思明,唐建新,孙辉东.管理层业绩目标、内部控制有效性与财务舞弊[J].预测,2020,39(3):50-57.

[3] 梅丹,王瑞雪.内部控制有效性与财务舞弊关系的实证研究——来自中国上市公司的经验证据[J].湖南财政经济学院学报,2011,27(2):113-119.

[4] 姜登友，姜宏韬. 上市公司内部控制信息披露浅析——以凯乐科技为例 [J]. 国际商务财会，2022，(24)：70-73.

[5] 吴水澎，陈汉文，邵贤弟. 企业内部控制理论的发展与启示 [J]. 会计研究，2000，(5)：2-8.

第二篇　会计与审计

十五　数据资产的确认与计量问题研究

——以城市传媒为例

白婷羽[①]　孔晓春[②]　曹东旭[③]

摘要：数据背后的价值，已经被越来越多的人重视。在数字经济时代，作为最重要的资产，"大数据资产"的价值也被更多的人看重。对于如何确认大数据资产，国内外仍然缺乏共识，相关信息也很难反映到财务报表中，这一现象阻碍了企业经济发展。本文就企业关于大数据资产的确认与计量展开研究，为企业确认大数据资产提供借鉴与建议。

关键词：数据资产；确认计量；财务报表

一、数据资产的内涵与特点

（一）数据资产的内涵

企业资料包括文字、数字、图形、曲线等抽象符号，客观记录企业在日常活动中产生的经济业务[1]。根据《企业会计准则——基本准则》中关于资产的定义，数据资产由于其价值实现和管理流通的特殊性，具有有别于传统资产确认的

[①] 白婷羽，女，会计硕士，研究方向：资本运营与财务管理实务。
[②] 孔晓春，女，管理学博士、讲师，研究方向：财务管理、国际会计。
[③] 曹东旭，男，会计硕士，研究方向：资本运营与财务管理实务。

某些内容，它是指由企业过去的交易或事项所形成的、由企业拥有或控制的、预期将给企业带来经济利益的资源。

（二）数据资产的特点

1. 数据化

通过对资源的数据化，不仅可以更好地存储资源，而且在未来加工提取和分析利用时也会更加方便，并且数据的形式多种多样，是数据资产的本质特征，可以将信息传递得更加直观有效[2]。

2. 可加工性

身处大数据时代的企业，通过收集、整理和分析数据资源，调整和改进生产经营活动，可以更方便地获取丰富的数据，并由此带来更多经济效益。

3. 时效性

在信息化时代，资讯呈现出爆炸式增长的态势，久而久之，数据也会不断发生变化。因此，数据资产并不像实体资产那样，形态、内容或价值在一个较长周期内持续不变，而是会随着时间的推移而不断起伏[3]。

4. 更新性

数据的价值受到时效性的影响，需要不断更新数据才能保持数据的价值不受影响。数据资产也是如此[4]，要修复使用过程中出现的问题并完善其功能，确保其价值的顺利转移和实现，需要附着在企业信息管理平台上，随时跟进补充和替换数据内容。

5. 个性化

企业对数据资产的需求是不一样的，同样的数据资产，对不同的企业来说，其经济价值也是不一样的，主要受企业自身战略规划、发展阶段、主要业务等因素的影响[5]。

二、数据资产的确认研究

作为拥有核心竞争力的大数据企业，更应该确认核心资产。但时至今日，无论国内还是国际，对此都缺乏普遍性的共识，应对相关的会计实务加以规范。通常认为成本资本化可以为企业带来未来的经济效益，而成本资本化并不会为企业带来未来的现金流收益。但对大数据的处理并没有统一的标准和认识，因此很可能流入企业的是与资源相关的经济利益，这是为了应对大数据资产的确认，也就是能够可靠计量资产的成本或价值，而对传统资产的确认进行比较确认的条件[6]。资产是指由企业以往的交易或事项所形成的资源，是企业所拥有或控制的，并期望为其带来经济效益的资产[7]。

（一）能够为企业所控制

大数据应该区分私有数据与大众数据。持有人经处理或清理后，可将资料作为持有人本人的资料。同时，也要区分原有数据和二级数据，涉及个人信息和中间产品流程信息，包括数位、文字、图像、语音等形式的信息，这些信息都是通过观察和实验得到的，具有虚拟性、资料性等特征[8]。企业有权对数据进行处理、删除、复制和挖掘，企业可能获得它所带来的经济附加值。

（二）未来利好企业经济预期

会计实务中，大数据资产能给企业带来的经济流入虽然难以计量，但可以肯定的是，在价值链的增值过程中，通过对大数据资源的充分挖掘与准确定位，能够大大地提高企业的资源整合和利用程度，从而促进企业的价值可靠增长[9]。例如，大数据对潜在客户的挖掘、精准的客户定位、客户需求的发现包括对产品状态的后续支持与更新等。这些都是大数据资产能够给企业带来的潜在价值服务，通过这些价值服务，来保障企业资源的精准打击和合理利用，降低企业决策风险。

（三）成本或价值能可靠地计量

就大数据资产的成本而言，主要包括平台生态链所需要的主要部件，类似固定资产的搭建，由各个系统组成，包括数据处理、原始数据积累、计量分析、数据挖掘以及必要的新颖的算法与模型。就成本而言，这些支出由于我国税务现代化的发展，都能够准确地衡量以计算价值[10]。同时，由于大数据资产的市场发展，其活跃程度也越来越高。与此同时，包括数据堂在内的多种数据交易市场、中关村数海大数据交易平台等网络平台，不断丰富大数据资产的公允价值，使得其价值也得以可靠计量。

三、城市传媒股票分析

主营图书、期刊、电子音像等出版物的出版发行和新兴媒体的开发经营，城市传媒（600229.SH）隶属于出版传媒行业。文化、市场、资本、科技要素在出版平台上聚合，具有城市特色的市场化出版模式。具有地域竞争优势和乡土亲缘，是一家极具都市特色的出版传媒公司。产品市场化程度更高，自有版权高端积累潜力放大，品牌化运作模式越来越成熟，区域影视扶持政策吸引力强。

竞争对手分别是中国出版、天舟文化、万新传媒、出版传媒。认购兴旺投资美元基金：为间接获得国内某移动互联网音响行业公司1%的股权，城市传媒于2018年5月9日发布公告称，公司拟出资不超过4000万美元认购兴旺投资管理的美元基金。兴旺投资专注于教育、文化、互联网、科技等领域的深入研究与投资，目前管理规模近50亿元人民币。城市传媒股价波动如图15-1所示。

城市传媒目前走势运行在生命线上方的强势可操作区域，该股中期占流通盘的资金筹码比例为63.11%，在主力控盘度较高的方向上依然值得看好。公司发展战略是以市场化的城市特色出版传媒模式为基础，充分利用资本市场，不断创新文化产品提供方式和实现载体，构建内容资源与新媒体、新业态相互支撑、相互融合的产品体系。它可能面临以下风险，传统出版业的效益下滑风险，如财政税收优惠政策变化风险、市场竞争不规范风险、公司转型升级不达预期风险等，这些风险都会暴露出来。

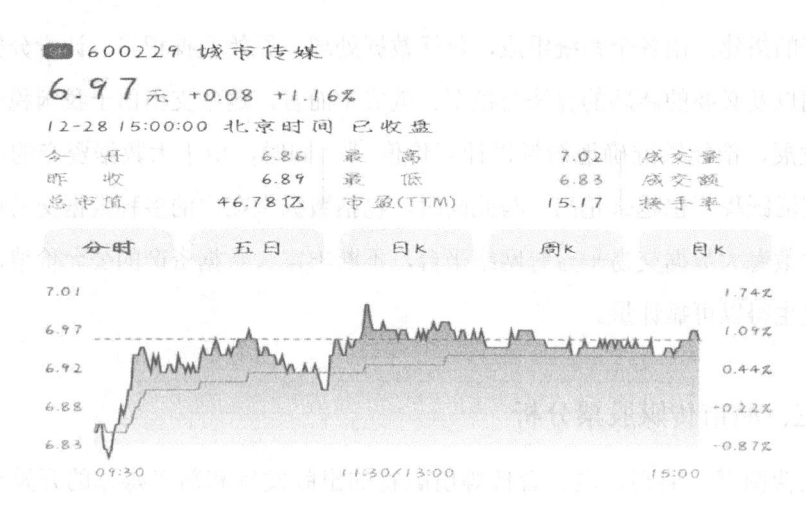

图 15-1 城市传媒股价波动

数据来源：巨潮网

四、资产的计量研究及计量方法

根据获取方式的不同，数据资产可分为三种获取途径：①外购；②主动收集资料整理、分析所得；③经过整理分析或挖掘，被动获取数据后所得。虽然收购方式存在差异，但原则上应以实际发生的收购资产支出作为初始计量基础。

可根据历史费用测算外购所获取的大数据费用。为了使数据资产达到预期目的，购买大数据资产的价格，购买一些必要的税费、手续费和其他支出应该归于所有。

对于主动搜集资料进行整理或分析所得，应以历史成本来衡量，但应注意不同阶段的特征不同，其核算方法也应与无形资产的处理方式相似，应建立相应的核算方法，对无形资产的处理方法应采用历史成本来衡量，但应注意在做账务处理时可以单独核算数据的获取阶段和研发阶段。在数据获取阶段，支付的价款以及获取中实际产生的成本作为入账成本，但是如果支出较少，也可以计入当期损益。同时，企业为交易目的而开发的大数据资产，在研发阶段的大数据资产成本中，大数据资产成本中列支了企业的采集、预处理、统计分析、挖掘等费用，而日常存储费用则在当期损益中，因此，在大数据资产成本中，日常存储费用计入当期损益。

由于被动取得的主要代价发生在资产研发阶段，因此被动收集资料整理或分析所得的费用很小，可以忽略不计。因此，在研发阶段产生的费用，与主动取得的计量方式基本相同，可以将取得阶段产生的费用计入当期损益。

由于数据的特殊性，数据资产的后续投入也会持续增加，加上数据拥有时效性，内部数据的有效性也会根据时间相对变化。后续的投入是不是资本化，取决于后续的投入是不是能够形成更大的产能的价值创造，还是更多的大数据资产的价值创造。对于符合情况的费用，应该追加计入成本。但大数据与传统无形资产不同，受时代和经济环境等因素的影响，预计使用寿命会发生变化，因此应确定为大数据资产，其使用时间存在不确定性。在摊销年限上，应该不设摊销年限，因为企业持有一些大数据资产，是为了持有待售。

（一）初始计量

一是根据企业是否在大数据交易平台上有同类数据出售，直接生产的或者通过提供第三方服务取得的数据资产的计量分别对企业生产加工数据资产进行处理：能够在大数据交易平台上取得公开报价的，以市场上出售的价格作为数据资产的初始入账成本，可以采用公允价值计量；不能通过大数据交易平台获取公开报价的数据资产，可以选择历史成本法进行计量。

二是数据资产在外收购的计量情况。通常在市场上活跃度较高、能够获得公开报价的企业外购数据资产，在数据资产的初始确认金额中可以直接使用其公允价值。若市场不活跃，则数据资产的初始确认金额应视同取得该数据资产所支付的对价。

（二）后续计量

数据资产后续计量是在使用该数据资产期间发生的相关事项，对于数据资产在使用期间尚有摊销、出租、报废等后续计量常见事项，但无上述业务处理的后续内容应包括减值准备的计提、数据资产的更新以及数据资产期末价值的变动等。原因在于：第一，数据资产不能摊销，原因在于数据资产具有更新换代的特点，其年限存在不确定性，对年限的估计不能合理进行；第二，数据资产报废是针对以实物形式存在的资产，因为它的虚拟性相对于固定资产来说是对实物资产的，所以没有数据资产报废的情况；第三，数据资产的使用权、支配权相对于无形资产来说没有法律保障，而且对方可以在租赁后进行加工利用，与出售没有本质的区别，因此也就谈不上将数据资产出租出去。

（三）期末列报

数据资产需在期末财务报表中列示披露，以充分反映企业财务状况。由于数据资产存在两种计量模式，能够可靠获取公允价值的数据资产因受市场影响而发生价值变动，按会计信息质量的可靠性要求在列报时可反映为公允价值，不能可靠获取公允价值的数据资产仍按账面价值反映。因此，本基金本报告期内未持有资产数据资产的货币价值反映在资产负债表的非流动资产项下，使数据资产得以充分列报，其非货币计量的单位、会计确认原则、会计核算方法等均在附注中进行了详细披露。

五、数据资产的披露建议

（一）数据资源费用化处理

这种做法将数据资源作为费用，这是现在实务中的主流做法。但这种方法仅仅是在准则无规之下的无奈之举，长期来看，不确认数据资源为资产，会对反映企业真实情况的财务表造成严重影响，从而使管理层在运用管理中所发挥的会计信息报告决策影响力受到削弱。首先，购入或者自生的大数据资源，以及大数据平台建设等企业行为必然将给企业带来大量的经济利益流出。但是大数据资源一旦建设成功，将为企业长期提供服务，产生效益。如果只是简单地将其作为费用化支出计入当期损益，会使企业的成本确认与当期损益配比失衡，丧失了损益确认的真实性和可靠性，从而损害了会计财务质量的真实性和准确性，不利于反映企业的真实财务状况和营运能力，也无法合理反映企业投入大数据平台建设的经济支持，忽略其可能带来的巨大效益。长此以往，会造成企业持续经营能力受损，从而导致开支过大。值得一提的是，大数据资源费用化还是资本化，这将对企业的账面报表产生较大的影响。但是，目前普遍采用的费用化手段，显然不能符合大数据经济的时代发展，可见准则未能根据经济发展对时代作出及时的反映。

（二）数据资源作为无形资产入账

大数据资产具有可辨认的特征但无实物形态，符合可辨认、非货币性资产、创造经济利益等方面的不确定性较大，因此大数据作为无形资产核算似乎是可以实现的。但是学界的分歧在于后续计量。有的学者认为可以用历史成本来衡量减值或摊销；也有学者认为，对大数据资产的衡量，后续应采用市场收益法；还有学者认为，不管是历史成本还是公允价值，都应该让企业自主选择计量方式，根据企业的实际情况来设定自己的计量方式。

（三）设置"数据资产"科目进行核算

大多数学者普遍认同将大数据资源纳入无形资产进行计量，但作为时代经济与传统无形资产迥然不同的产物，大数据资源也具有本质上的唯一性。如果简单地按照资产的物理形态把它分为传统资产和无形资产，这显然不符合经济发展的一般规律。大数据资产虽然大多没有实体性质，但也有减值摊销传统无形资产的案例。

参考文献：

[1] Laney，D. Why your company doesn't measure the value of its data assets [J]. Forbes，2021-03-26.

[2] Chen, J., Zhang, H., & Chen, Y. Accounting for data assets: A literature review and future research directions [J]. Journal of Accounting Literature, 2019, 43: 1-18.

[3] Liu, J., & Wang, Y. The accounting treatment of data assets in the era of big data [J]. Accounting Research, 2018(4): 3-9.

[4] Li, X., & Zhang, Y. The accounting recognition and measurement of data assets [J]. Accounting Research, 2018(4): 10-16.

[5] Wang, X., & Zhang, X. A study on the cognitive level of English major courses [J]. Some Journal, 2018(1): 12-15.

[6] Li, X. X. A study on the cognition of Bloom's taxonomy by English teachers [D]. Some City: Some University of Arts and Sciences.

[7] Smith, J. How to use textbook for teaching [J]. American Teaching Forum, 2011(3): 31-38.

[8] 张紫薇, 郭欣欣. 数据资产的确认与计量 [J]. 纳税, 2019, 13(2): 225.

[9] 李如. 对大数据资产确认与计量问题的研究 [D]. 西安: 西安理工大学, 2017.

[10] 秦荣生. 数字经济时代数据资产的确认与计量 [N]. 经济观察报, 2020-12-21(5).

十六　数据资产的会计确认、计量研究

——以完美世界为例

田子雨[①]　佟东[②]

摘要：随着互联网经济的高速发展，数据成为企业开展业务、发展经济的重要资源，能否有效处理数据资产，将数据资产转化为经济利益，目前已成为评估一家含有数据资产企业的重要凭据。然而数据资产目前尚未能够有效定义，从会计上来看，其确认、计量尚无明确的方法论。完美世界作为一家老牌互联网企业，其发展多年积累了大量数据资产。本文分析其数据资产的确认、计量方法，数据资产相关的经验和方法论，旨在为其他相似企业提供参考。

关键词：数据资产；完美世界；会计确认和计量

一、数据资产的定义和特点

（一）数据资产的定义

截至 2023 年 6 月，关于数据资产的定义，还没有一个统一的说法。学者叶雅珍认为，数据资产是拥有数据权属（勘探权、使用权、所有权）、有价值、可计量、可读取的网络空间中的数据集。[1] 中国信通院认为，数据资产指由企业拥

---

① 田子雨，男，会计硕士，研究方向：企业内部控制和审计实务。
② 佟东，男，硕士生导师，研究方向：文化产业创新管理、传媒经济与管理、出版业转型发展。

有或者控制的，能够为企业带来未来经济利益的，以物理或电子方式记录的数据资源，如文件资料、电子数据等。光大银行＆瞭望智库认为，从企业应用的角度，数据资产是企业过去的交易或事项形成的，由企业合法拥有或控制，且预期在未来一定时期内为企业带来经济利益的以电子方式记录的数据资源。CFI 机构将数据资产定义为公司用来产生收入的系统、应用程序输出文件、文档、数据库或 web 页面。[2] 中国资产评估协会将数据资产定义为由特定主体合法拥有或者控制，能持续发挥作用并且能带来直接或者间接经济利益的数据资源。[3]

综上所述，从广义上讲，企业拥有的所有数据资源，包括原始数据、中间数据、临时数据、数据类目体系、标签类目体系、标签类目体系方法论等都属于数据资产。从狭义上讲，数据资产是在企业过去的交易或者事项中形成的，企业拥有或控制的、能够或者预期为企业带来经济利益的数据资源。[4] 由于未经处理的原始信息等数据无法为企业决策者提供决策依据，不能为企业带来更多经济利益的流入，增加收益或是降低成本，因此本文后续讨论皆基于狭义的数据资产。

（二）数据资产的特点

基于以上对数据资产的定义，对数据资产的特点归纳如下。

非实体性：数据资产虽然不完全符合会计准则中对无形资产的定义，但其存在的形态确实是无形的，不具备实物形态，数据的传输、使用等行为不会导致数据资产发生磨损、消耗，且可无限次使用。

价值易变性：数据资产的价值受到多种不同因素的影响，包括但不限于时间、技术水平、所应用的商业模式等。数据的价值参照结合其相关性而变化，而相关性又参照结合数据消费者的不同而变化。相同的数据对于不同需求的使用者来说价值是不同的。当下高速的数据周转速度也意味着数据过时的速度快，新数据的出现可能会导致旧数据的贬值。

依托性：数据资产必须存储在一定的介质中，不能单独存在。数据资产可以以不同形式同时存在于多种介质中。

可加工性：数据资产可以被维护、更新、补充、增加、删除、合并、归集、消除冗余，也可以被分析、提炼、挖掘和开发。

可确权性：狭义上的数据资产都应该是由某企业或机构通过合法取得或者有效管理的数据源清洗加工而来的，否则不能被称作资产。企业或机构对合法取得并构建的数据资产应拥有归属权、管理权和使用权。从私下采购或非法收集的数据源加工形成的"数据资产"，应当被清查惩处。

多样性：主要体现在数据呈现形式和应用维度两个方面。数据的呈现形式非常多样化，可以使用数字、表格、图像、声音等多种形式展示，还可以结合数据库技术和数字媒体发挥其价值。不同类型的数据可以相互转换，并呈现在各种多样的形式上。在数据应用中，用户可以根据不同的需求和条件，运用数据资产，从而满足其多样化需求，不同的使用途径所产生的经济效益也会不同。

二、完美世界股份有限公司简介

完美世界股份有限公司主要从事网络游戏的研发和运营；影视制作、发行及衍生业务；综艺娱乐业务；艺人经纪服务及相关服务业务等。公司主要产品包括PC端网络游戏、移动网络游戏、主机游戏、院线业务等。

由完美世界年报可知，该企业产品涵盖多个方面，从营收占比来看，游戏可以占到85%左右，占了绝对主力地位，受众为普通民众。主要收入来源为游戏运营收入、游戏授权收入和游戏其他收入（技术服务费、游戏周边等）。与行业其他企业相比，毛利率处于同行业中游水平，具有品牌优势、独特资源护城河。

完美世界公司手握《诛仙》IP，同时旗下有金庸武侠IP矩阵，2021年游戏发布会上公司宣布与温瑞安合作，再加上与《仙剑奇侠传》IP的合作，公司拥有大量武侠、仙侠爱好者用户。根据完美世界游戏官方微博，2021年公司与光线彩条屋达成战略合作，获得彩条屋旗下知名动画IP《姜子牙》《哪吒之魔童降世》《西游记之大圣归来》的游戏改编授权。根据猫眼专业版，国产动画电影票房榜前十中，《哪吒》《姜子牙》《西游记之大圣归来》分别为第 1、2、4 名，其中《哪吒》约 50 亿元的票房排名占中国总票房榜第 4 位。另外，根据公司 2021 游戏战略发布会，公司与哔哩哔哩、艺画开天达成合作，将开发《灵笼》IP 游戏，根据哔哩哔哩的播放数据可知，《灵笼》动画累计播放量达 4.7 亿次，在该平台独占国创动画播放量第二位。再加上有下载量超 5000 万次的原创 IP《幻塔》、自研老牌 IP《完美世界》，可以认为完美世界拥有大量的游戏用户数据资产。影视剧方面凭借《楚汉传奇》《利刃出击》《绝代双骄》《七月与安生》等 IP，也累计了不少影视用户数据资产。

三、完美世界数据资产会计确认与计量

（一）无形资产（表16-1、表16-2）

表 16-1 完美世界 2021 年无形资产变化情况　　　　　　单位：元

	2021 年年末		2021 年年初		比重增减
	金额	占总资产比例	金额	占总资产比例	
无形资产	260 081 065.30	1.53%	190 485 900.47	1.08%	0.45%

数据来源：完美世界 2021 年度报告

表 16-2 完美世界 2021 年无形资产具体项目账面原值变化　　　单位：元

项目	期初余额	本期增加额	本期减少额	期末余额
版权	616 812 377.91	19 940 543.66	2 423 952.70	634 328 968.89
游戏软件	495 521 534.87	314 629 416.05	10 507 803.77	799 643 147.15
商标	43 738 087.97	619 904.15	178 383.27	44 179 608.83
引擎	14 004 408.65		212 231.76	13 792 176.89
域名	29 493 904.29		502 804.00	28 991 100.29
办公软件	78 210 437.50	20 538 575.17	297 504.61	98 451 508.06
其他	11 710 452.28		367 433.43	11 343 018.85
合计	1 289 491 203.47	355 728 439.03	14 490 113.54	1 630 729 528.96

数据来源：完美世界 2021 年度报告

(二)研发费用(表16-3)

表16-3 完美世界2020—2021年研发费用变化 单位:元

研发费用	2021年	2020年	同比增减
	2 221 245 383.23	1 589 354 518.87	39.13%

数据来源:完美世界2021年度报告

报告期内,公司在不同赛道进行积极探索与尝试,加大研发投入,对研发游戏的数量及投入较以往年度均有明显增加;同时,为了更好地激励核心研发人员,报告期内公司出台了调整薪酬政策等一系列鼓励创新的激励机制。上述措施带来报告期内研发费用的增加。

四、完美世界数据资产的会计确认

(一)游戏数据资产的会计确认

首先,完美世界制作并发行游戏的目的,就是围绕数据服务创造一种虚拟游戏,并由此获得经济利益。结合虚拟游戏数据的属性和商业模式来看,完美世界的游戏具有产生经济利益的潜力,且企业拥有其控制权,又属于非实物形态数据资源,符合会计确认的可定义性条件。

其次,完美世界拥有非常优秀的现金流和营业收入增长率,这些都源自其依托游戏的商业模式,依靠其打造的游戏数据资产,给完美世界带来正向的经济流入,并且可以通过历史成本法或公允价值法较为合理地计量经济流入的具体数值,符合会计确认的相关性和可靠性条件。

最后,结合数据资产确认的难点来看,是否会受到权属问题的限制。完美世界所拥有的元宇宙虚拟世界,完全是由公司程序员通过编写、加工、挖掘、设计、建模、整合而成的数据资源构成的,公司拥有完整的控制权,并且能够给企业带来经济利益的流入。由于游戏是完全由公司自行创作的,毫无疑问拥有其所有权，游戏具有唯一性，出售后原持有方即不可再以其游戏进行商业活动，有效避免了复制所导致的权属混乱问题。

综上所述，完美世界持有的游戏数据资产可以按照无形资产进行确认。

（二）用户数据资产的会计确认

完美世界的数据资产还有一部分来源于用户，包括但不限于用户的个人信息，用户产生的二次创作内容，用户的偏好信息。其中用户的个人信息和用户的偏好信息从定义上看，是企业将挖掘到的数据加工整合后形成的，用于提高经营效率的数据，但是这部分数据涉及用户的隐私信息，完美世界并不拥有这部分数据的所有权，受到数据确权问题的影响，不能够进行会计确认。而用户产生的二次创作内容不一定能给企业带来经济利益的流入，未经筛选前可能存在大量无意义的垃圾数据。此外，这部分内容是否属于完美世界，目前法律体系尚未明确，不能进行会计确认。

五、完美世界数据资产的计量

（一）初始计量

在初始计量时，将完美世界游戏的研发分为研究阶段和开发阶段两部分。研究阶段主要是游戏研发期间带来收益的风险与不确定性比较强的阶段，因此相关费用都应当计入当期损益；在研究工作基本完成，进入开发阶段后，完美世界游戏带来经济利益的可能性较高，可以参照一定标准，将相关费用合理地进行费用化和资本化分配。这部分费用主要包含研究人员的人工成本，研发过程中的设备折旧，技术服务费用等，对于无法判断是处于研究阶段还是开发阶段的投入，全部按照费用处理。具体会计处理如下。

发生研发支出时：

借：数据资产研发 - 资本化支出 - 费用化支出

贷：银行存款 / 累计折旧 / 应付职工薪酬

期末结转费用：

  借：研发费用/管理费用

  贷：数据资产研发－费用化支出

达到预计可使用状态时：

  借：数据资产

  贷：数据资产研发－资本化支出

（二）后续计量——预计使用寿命与折旧摊销

  在后续计量中，应当对完美世界游戏的数据资产的使用寿命进行初步判断。可以参考无形资产的判断标准进行判断：第一，自用无形资产，将企业预计使用其期限作为使用寿命；第二，有合同约定使用期限的，使用寿命确认不超过该年限；第三，根据企业成本与收益的合理性判断，确定使用寿命；第四，无法可靠估计的，视为寿命不确定的数据资产。期末，还要对预计使用寿命再次评估。对于完美世界游戏而言，作为企业自行生产的数据资产，企业可以考虑根据对其价值的估计确定预计使用时间，并以此作为使用寿命。

  当前，对于资产的折旧摊销方法主要有两种，对于数据资产而言，因为数据资产的时效性和风险性相对较高，资产价值可能会受种种因素影响导致贬值，采用加速折旧法，摊余成本较小，可以更有效地减少数据资产的风险。完美世界游戏应当考虑使用加速折旧法，并且当数据资产失去价值时，应当对其进行处置，将摊余成本转入当期损益。具体会计处理如下。

  借：管理费用等

  贷：累计摊销－数据资产

（三）后续计量——持续升级改造

  在后续计量时，完美世界游戏作为企业自行开发的数据资产，还需要持续进行后续的研发升级工作，对于这部分研发投入所付出的成本，同样应该考虑资本化还是费用化的问题，这也是数据资产与无形资产的差别。因为数据资产本身具有时效性，维持数据资产的价值需要对其数据内容进行及时更新，在保证其时效的同时尽可能地保障其价值。游戏数据资产同样如此，为了维持用户的兴趣及流量，也需要不断研发新内容，丰富建模，提高自由度，这部分建设类似于固定资产的更新扩张，可以考虑采用类似的会计处理方式，将相关成本的投入进行资本化。同时，还应当将后续研发支出与日常营运支出进行区分，对于数据资产的日常运营维护费用，应当计入当期损益。具体会计处理如下。

后续发生研发支出时：

借：数据资产研发 - 资本化支出 - 费用化支出

贷：银行存款 / 累计折旧 / 应付职工薪酬

日常运营维护费用支出：

借：管理费用等

贷：银行存款 / 累计折旧 / 应付职工薪酬

期末结转费用：

借：研发费用 / 管理费用

贷：数据资产研发 - 费用化支出

后续研发转为资产：

借：数据资产

贷：数据资产研发 - 资本化支出

（四）后续计量——资产减值

数据资产的后续处理还需要考虑减值问题。当前，部分专家学者们认为，可以采用估值模型估价对账面摊余成本进行对比以判断是否存在减值，但在实际应用中，如何找到准确的估值模型，仍是困扰数据资产资产减值测试乃至公允价值模式的重要难题。具体会计处理如下。

借：资产减值损失

贷：数据资产减值准备

参考文献：

[1] 叶雅珍.数据资产化及运营系统研究[D].上海：东华大学，2021.

[2] 薛英杰.互联网视频企业数据资产价值评估研究[D].武汉：中南财经政法大学，2021.

[3] 中国资产评估协会.资产评估专家指引第9号——数据资产评估.2019.

[4] 汪仁星.大型设备制造高新企业研发费用核算问题的探讨[J].中国农业银行武汉培训学院学报，2012(3)：71-72.

十七　互联网企业数据资产的确认与计量研究
——以巨人网络为例

张艺瀚[①]　刘寿先[②]

摘要：随着大数据时代的不断发展，互联网企业也蓬勃发展，数据的价值逐渐受到研发者重视。巨人网络作为网游行业佼佼者，拥有知名游戏以及长期互联网运营积累的用户数据，都作为巨人的收益来源，首先通过数据资产的特性和定义对其所掌握的这些资产进行确认，然后巨人的数据资产凭借已知业务进行加工整理使之后的游戏和增值服务实现价值，数据资产价值实现路径中存在高度不确定性使得本文主要采用评估法中的实物期权法进行详细初始计量计算并且介绍传统初始与后续计量。多角度分析数据资产从确认到计量整个流程。

关键词：数据资产；确认计量；价值评估；B/S 模型

一、绪论

（一）研究背景

信息化、数字化技术已经随着大数据、AI、云计算的实际应用普及到人们的日常生活与工作中，以数据经济为代表的实体经济也成为我国 GDP 的重要支柱。

[①] 张艺瀚，男，会计硕士，研究方向：会计制度与会计实务。
[②] 刘寿先，男，应用经济学博士后，研究方向：资本运营与管理实务。

现如今，互联网等信息平台已经依靠 10.51 亿人的网民规模积累了庞大的原始数据，这些数据通过挖掘整合具有极高的经济价值，而数据资产不同于传统资产，却对企业运营、发展有着革命性的影响。对互联网企业来说，通过数据信息可以提升用户体验或产品开发，也可以建立平台提供相关数据服务从而获得业务收入。有关数据的相关法律法规仍在发展，数据的确立、界定混乱，现有学术界和实务界日益关注对数据资产的确认以及价值评估，如何恰当对数据资产进行会计核算成为社会各界亟待解决的问题。

数据资产的确认与计量理论庞杂，国内的数据相关服务与交易逐渐起步，目前未形成准则性质统一的量化评估方法，而互联网企业又是数据储备多、主营业务与数据资产密切相关的主体，在衡量其资产价值时产生诸多挑战。本文通过实物期权法的 B/S 模型能够减少对数据资产历史价格的依赖并且考虑未来收益不确定性从而客观完整地评估数据资产，为其计量提供一种思路，并为巨人网络等互联网企业提供对数据资产管理的指导，通过对数据资产结合研究理论和管理模式改良，实现原始数据的挖掘，提高其增值可能与市场竞争力。

(二) 研究现状

由于互联网计算机等信息技术最早发源于国外，很多国外学者对数据资产相关的研究起步较早，数据资产概念最早是由 Raggad（1999）提出，认为将数据作为资产进行认定，并且阐述其产生的直接与潜在价值。之后 Gorostiza（2003）也开创性地结合实物期权法建立了对互联网数据资产的价值评估模型，有效地解决数据资产收益极大不确定性等问题。Even Berger 等人（2015）指出数据资产价值受数据使用条件等因素的影响，并将数据可视化等功能作为价值评估的条件之一。

我国对数据资产研究起步较晚，最早崔国钧（2006）探讨了数据资产的内涵并且将其作为无形资产的延伸。刘琦（2016）采用市场法进行数据资产价值评估。2019 年中国资产评估协会颁布《资产评估专家指引第 9 号——数据资产评估》，其中明确指出数据资产的定义是由特定主体合法拥有或者控制的，能持续发挥作用并直接或间接带来经济利益的数据资源，也就是数据形式能符合资产确认标准的资源。本文综合国内外文献对数据资产的确认标准并在 Gorostiza 的实物期权法基础上探索一个实用性更强的计量模型。

（三）业务体系

巨人网络主营业务是互联网以游戏开发运营为主的娱乐文化服务，随着公司规模日益壮大，出现过许多红极一时的游戏，游戏业务不断拓宽，从网页和 PC 端游戏逐渐延伸到手游领域，并且自主研发能力也在不断上升。巨人网络 2022 年营业收入构成如图 17-1 所示。

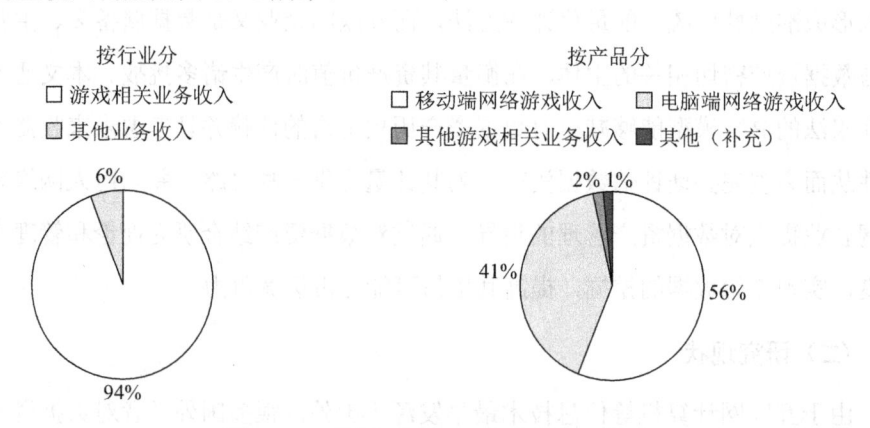

按行业分
□游戏相关业务收入
■其他业务收入
6%
94%

按产品分
□移动端网络游戏收入 □电脑端网络游戏收入
■其他游戏相关业务收入 ■其他（补充）
2% 1%
41%
56%

图 17-1 巨人网络 2022 年营业收入构成

游戏方面，"征途"与"仙侠世界"上线后就迅速爆火，"征途"在 2006 年上线就突破了 68 万名用户大关，成为中国网游一个史无前例的典范，并且在当时创新性地采用主流游戏免费、内置付费的游戏模式。2016 年将"征途"和"球球大作战"等代表 IP 移植手游移动端，成为巨人转型成功的契机。

（四）数据资产的确认与构成

首先根据现有资料的整理，国内很多企业已经意识到数据作为资产能够为企业带来的价值不容小觑，在巨人网络这样的互联网公司数据资产的重要性更是作为市场竞争力的体现，最关键的是数据资产所有权可以明确划分并且能够可靠计量确认其对企业产生的价值。巨人网络核心数据资产是较为丰富的游戏产品与稳定庞大的网络用户群体自带的信息和流量。网络数据显示，核心 IP 征途系列，截至今年 8 月移动端和 PC 端平均月活用户总计 730 万人，累计注册用户数达到了 5 亿人，积累了稳定的用户群体与口碑名誉。

二、数据资产价值评估

（一）数据资产价值实现路径

数据资产最为直接的就是游戏和附属服务，基于自主研发和对国内用户需求的长期了解，通过增值服务运营迅速占有市场吸引大量用户群体，并且沿着数据价值链进行搜集整合用户画像与用户信息，如图 17-2 所示。

整合出用户基本信息，基于消费水平分类不同群体，识别注册与充值较多的游戏与服务模块，形成准确市场定位与改进意见。帮助巨人避开营收不良、用户付费意愿低的业务，从而有效减少研发费用，规避市场风险。

提炼分析出的数据可以用于新游戏产品的研发做市场需求分析，也可用于已有的产品进行改进更新，针对不同用户群体消费习惯推送不同的充值服务。将数据分析可视化采用付费形式直接提供给用户，为用户直接提供信息价值。数据价值链的最后，数据使用和数据货币化过程中新的数据收集也在继续，从而形成自洽的是资产价值实现周期。

（二）数据资产估值方法

巨人网络作为以游戏开发运营为主营业务的互联网企业，存在大量无形资产、数字资产的研发与使用，在这过程中巨大的沉没成本和机会成本带来的高风险与高收益正是巨人网络这种企业的特征之一。因此，采用实物期权法更适合巨人网络这种互联网企业并且契合数据资产收益不确定，不确定性的大小影响数据资产的价值大小，这样类似期权的资产更为合适。郭燕青等学者于 2022 年采用实物期权法评估 360 公司的企业资产价值已经证明了该方法的有效性。

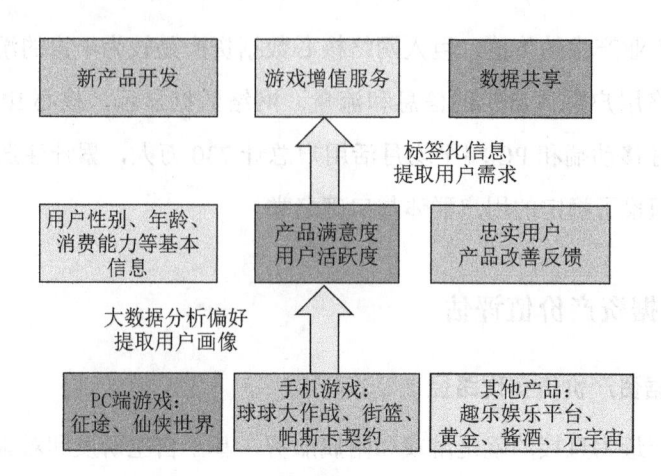

图 17-2 巨人网络数据资产价值实现路径

实物期权由金融期权衍生运用在企业资产估值上。将企业资产分为现有资产和未来投资等选择机会的潜在期权价值，结合历史财务数据对企业未来价值进行估算。主要通过 B/S 模型进行评估，虽然推导过程烦琐，但是变量较少并且计算简单，因而被新型期权市场交易者广泛采用。B/S 期权定价模型可表示为：

$$C = S_0 \left[N(d_1) \right] - Xe^{-rt} \left[N(d_2) \right] \quad (17-1)$$

$$d_1 = \left[\ln(S_0/X) + (r + \sigma^2/2)t \right] / \sigma\sqrt{t} \quad (17-2)$$

$$d_2 = d_1 - \sigma\sqrt{t} \quad (17-3)$$

公式中字母所代表的含义：

C——看涨期权的当前价值；X——期权的执行价格；S_0——表示为标的资产中企业总资产的当前价值；t——期权到期日前的时间（年）；r——连续复利的年度无风险利率；$N(d)$——标准正态分布中离差小于 d 的概率；e——自然对数的底数，约等于 2.7183。

传统估值方法中成本法直接考虑企业购置资产设备、人力、营销等各项成本，有效避免主观因素干扰资产估值，适用于企业已有的内部资产价值评估，但对数据资产能带来大量潜在收益无法评估，因此不适用。收益法也是较为流行的传统企业估值方法，但是考虑数据资产的价值变动因素复杂且体量巨大，难以对每个时期每个因素都进行事先预测，因而需要较复杂的运算。

三、数据资产计量与披露

（一）数据资产初始计量

本文因为数据资产和巨人网络的特点重点讲述评估法。数据资产因为在获得之后有很大一部分价值潜藏在未来经营之中，想要把这部分价值体现计量就需要反映这部分收益。

常见的评估法有自由现金流量法，收益现值法，实物期权法等。本文采用实物期权法的 B/S 模型进行计量计算。

根据前文提到的模型，为了测算数据资产价值，需要确定执行价格 X，而执行价格具体计算通常以投资支出为基础；利用折现法进行折现求出现值作为此模型的期权执行价格，研究此模型的学者普遍采用加权平均资本成本作为折现率计算。

$$WACC = K_e \times \frac{E}{E+D} + K_d \times (1-T) \times \frac{D}{E+D} \quad (17\text{-}4)$$

式中：K_e 表示企业的权益资本成本，K_d 表示企业的债务资本成本，E 表示企业权益资本，D 表示企业债务资本，T 表示企业的所得税税率。

其中股权资本成本 K_e 根据巨人网络过往近十年数据截至 2021 年计算为 16.36%，无风险利率为 2021 年五年期国债利率，权益资本比例为 88.85%，根据公式（17-4）加权平均资本成本作为折现率计算得出：16.36%×88.85%+3.97%×（1-25%）×11.15%=14.87%。

除折现率意外执行价格还会涉及销售费用和管理费用预测额，后文会提到，通过过去 5 年的销售与管理费用占营业收入的平均比率预测未来五年的销售与管理费用。对于营业收入的预测是根据过往营业收入的增长放缓、出现营收下降的趋势，并且巨人网络的营业收入增长速度日益趋近 GDP 增长速度，则根据现如今互联网游戏公司发展趋势和市场需求的可能性，预测未来五年增长率分别为 12%、9%、6%、3%、1% 是比较合理的。2022—2026 年巨人网络营业收入与销售、管理费预测如表 17-1 所示。

表 17-1　2022—2026 年巨人网络营业收入与销售、管理费用预测　　单位：亿元

管费比率	管理费用	年度	营业收入	销售费用	销售比率
7.67%	2.23	2017	29.07	3.56	12.25%
16.11%	6.09	2018	37.8	4.28	11.32%
9.02	2.32	2019	25.71	4.11	15.99%
10.24%	2.27	2020	22.17	3.58	16.15%
10.40%	2.21	2021	21.24	4.02	18.93%
10.68%	2.54	2022	23.79	3.55	14.92%
10.68%	2.77	2023	25.93	3.87	14.92%
10.70%	2.94	2024	27.48	4.1	14.92%
10.71%	3.03	2025	28.3	4.22	14.91%
10.71%	3.06	2026	28.58	4.27	14.94%

数据或资料来源：企业年报

执行价格的确认通常为公司未来投资机会所花费的成本，巨人网络的主营业务为游戏开发运营产出游戏与运营存储用户信息，主要的投资支出都集中在游戏前期研究开发阶段的研究费用和开发费用不符合资本化的部分以及游戏上线运营和游戏平台公测等活动产生的游戏宣发费用，因此将未来五年的管理费用和销售费用作为投入成本结合每年增加额进行事先预测作为该模型下的期权执行价格 X，其计算结果可从表 17-2 中得知。

表 17-2　2022—2026 年期权执行价格数据　　单位：亿元

年份 名称	2022	2023	2024	2025	2026
销售费用	3.55	3.87	4.10	4.22	4.27
销售费用增加额	0.47	0.32	0.23	0.12	0.04

续表

管理费用	2.54	2.77	2.94	3.03	3.06
管理费用增加额	0.43	0.23	0.17	0.09	0.03
费用增加之和	0.9	0.55	0.40	0.21	0.07
折现系数	0.8706	0.7579	0.6598	0.5744	0.5000
现值	0.7835	0.4159	0.2620	0.1207	0.0359

数据或资料来源：企业年报及锐思数据库

由表17-2可知，2021年12月31日评估基准日时的期权执行价格X=0.7835+0.4159+0.2620+0.1207+0.0359=1.6179（亿元）。

之后计算标的资产的价值，巨人网络根据其主营业务的特性，其中游戏研发和用户信息都可以看作一种潜在价值的期权，本文采取2021年年报资产负债表中的账面价值即标的资产为119.2512亿元。

选定的B/S模型对巨人网络的数据资产进行估值参数中的无风险利率选取了2021年12月发布10年期限的国债到期收益率作为无风险利率r=2.74%。

实物期权还考量公司股价波动率，巨人网络的资本结构信息通过数据库和公司年报披露显示近几年的资本结构一直较为稳定没有根本性变化，可以用标的资产波动率来代替巨人网络股价波动率。通过收集2021年每个交易日收盘价，利用EXCEL计算出年波动率σ=0.3922。

综合以上数据，计算巨人网络的数据资产实物期权。

根据下述公式，将S_0=119.2512；X=1.6179；r=2.74%；σ=0.3922；t=5代入公式求出以下数据：

$$d_1 = \left[ln(S_0/X) + (\tau + \sigma^2/2)t \right] / \sigma\sqrt{t}$$
$$= [ln(119.2512/1.6179) + (2.74\% + 0.3922^2/2) \times 5]/0.3922 \times \sqrt{5} = 5.488$$
$$d_2 = d_1 - \sigma\sqrt{t}$$
$$= 5.488 - 0.879 = 4.679$$

通过EXCEL计算$N(d_1)$=0.98，$N(d_2)$=0.99，则可以根据公式得出：

$$C = S_0\left[N(d_1)\right] - Xe^{-rt}\left[N(d_2)\right]$$

因此，巨人网络的数据资产价值为 117.8404 亿元。

除了用评估法进行初始计量，通常对资产进行初始计量还会采用历史成本法和公允价值法，因为历史成本法在实际工作中确认计量，收集平整的难度较低且可靠，是计量的常见方法，但是需要注意其能否反映数据资产的潜在价值。

公允价值法则对数据资产的成熟交易市场提出要求，并且很多用户数据带来收益能否共享、用户信息隐私是否被侵犯的商业伦理问题也让巨人网络等互联网游戏公司将用户数据直接进行交易有待商榷。

（二）数据资产后续计量

数据资产在企业持有期间会因为收益不确定而发生后续计量较大的变动，需要对其价值的变化进行连续、真实的反映，企业主要采用的后续计量方法同初始计量一样，可以用 B/S 模型在每个会计期末进行一次后续计量，也可以采用历史成本法和公允价值法。

因为巨人网络作为游戏开发运营商，如果花费大量服务器、技术、人力等成本最后上线游戏遇冷或者未能在国内成功发行，那么这部分支出应当计入损益，数据资产的价值同其他资产一样由带来的价值为衡量依据，根据初始计量的账面价值为基础进行折旧摊销。因为数据资产价值波动幅度较大甚至有可能完全失去相关价值，可以参考无形资产对寿命进行确定，确定的数据资产在使用期进行摊销，不确定的则不进行摊销而进行减值测试。

参考文献：

[1] 黄海. 会计信息化下的数据资产化现状及完善路径 [J]. 企业经济，2021，40（7）：113-119. DOI：10.13529/j.cnki.enterprise.economy.2021.07.012.

[2] 谭明军. 论数据资产的概念发展与理论框架 [J]. 财会月刊，2021（10）：87-93. DOI：10.19641/j.cnki.42-1290/f.2021.10.011.

[3] 秦荣生. 企业数据资产的确认、计量与报告研究 [J]. 会计与经济研究，2020，34(6)：3-10. DOI：10.16314/j.cnki.31-2074/f.2020.06.001.

[4] 张俊瑞，危雁麟，宋晓悦. 企业数据资产的会计处理及信息列报研究 [J]. 会计与经济研究，2020，34(3)：3-15. DOI：10.16314/j.cnki.31-2074/f.2020.03.001.

[5] 叶雅珍，刘国华，朱扬勇. 数据资产化框架初探 [J]. 大数据，2020，6(3)：3-12.

[6] 司雨鑫. 互联网企业中数据资产价值评估模型研究 [D]. 北京：首都经济贸易大学，2019. DOI：10.27338/d.cnki.gsjmu.2019.000946.

[7] 张驰. 数据资产价值分析模型与交易体系研究 [D]. 北京：北京交通大学，2018.

[8] 李雅雄，倪杉. 数据资产的会计确认与计量研究 [J]. 湖南财政经济学院学报，2017，33(4)：82-90. DOI：10.16546/j.cnki.cn43-1510/f.2017.04.011.

[9] 唐莉，李省思. 关于数据资产会计核算的研究 [J]. 中国注册会计师，2017(2)：87-89. DOI：10.16292/j.cnki.issn1009-6345.2017.02.016.

[10] 徐漪. 大数据的资产属性与价值评估 [J]. 产业与科技论坛，2017，16(2)：97-99.

[11] 张志刚，杨栋枢，吴红侠. 数据资产价值评估模型研究与应用 [J]. 现代电子技术，2015，38(20)：44-47+51. DOI：10.16652/j.issn.1004-373x.2015.20.044.

[12] 刘玉. 浅论大数据资产的确认与计量 [J]. 商业会计，2014(18)：3-4.

十八　权益法核算长期股权投资存在的问题及对策研究

周丹宁[①]　孔晓春[②]

摘要：会计制度不断发展完善，但权益法作为我国计量长期股权投资的方法之一，仍然面临许多争议，这致使诸多学者开始研究如何改进权益法。在当今全球一体化的背景下，本文首先了解了国内外相关会计准则中对于权益法的规定，紧接着阐述了长期股权投资的相关概念包括定义、特点及其核算方法，并就我国会计准则中对于权益法的相关规定进行了重点说明。随后本文提出了权益法在日常对长期股权投资进行核算时出现的问题包括权益法本身存在的理论问题，长期股权投资成本核算的问题以及金融资产与长期股权投资相互转化的问题。然后针对权益法下核算长期股权投资出现的这一系列问题展开成因分析。最后就这一系列问题从理论规范与实务操两方面提出合理化建议，这些见解不仅仅有助于权益法在理论方面的不断完善，并且能够在实际运用中不断地趋于合理化。

关键词：权益法；长期股权投资；金融资产；会计准则

---

① 周丹宁，女，会计硕士，研究方向：资本运营与财务管理实务。
② 孔晓春，女，讲师，研究方向：财务管理、国际会计、资产评估。

一、研究背景

时至今日，全球经济一体化初见雏形。伴随着20世纪90年代初中国经济不断发展，中国的经济实力日益发展壮大，各行业间的经济往来也日益频繁。随之而来的市场竞争变得愈发激烈，其中一个现象是，许多企业除了经营自己的主营业务以外，通常也会兼顾使用股权投资提高企业资金的利用率与收益率。而且投资对象不单单局限于自身行业内的大中小型企业，也涉及与自身企业相关的各个领域，其中上市公司的股权投资活动是最频繁的。当开始进行长期股权投资时核算长期股权投资就变得尤为重要了，而权益法就是核算长期股权的重要方法之一。近几年，上市公司之间的并购及重组等活动逐渐复杂和频繁，因此产生了一系列关于运用权益法核算的重点和难点问题，也引起了各界的普遍关注。所以，在当前的经济环境下，规范长期股权投资的会计核算就显得尤为重要。在企业的投资活动得到了可靠的计量和披露之后，投资者才能更好地进行决策并为企业带来更多的收益。

二、研究目的与意义

（一）目的

本文旨在从理论方面与操作层面深度剖析当今我国权益法核算长期股权投资存在的问题并提出一些合理化的建议，为各行业会计从业人员提供一些可供参考的解决方案，也为日后新会计准则修改长期股权投资权益法相关条例的方向提供一些思路，进而使得会计信息更加准确可靠，减少会计人员因规范不明确而产生的争议问题，避免不必要的争端。

（二）意义

当今金融市场复杂多变，各个行业间的长期股权投资趋于复杂，因此营造更加和谐的经济环境，规范长期股权投资的核算工作就变得尤为重要。本文结合了中国会计准则及国际会计准则中的相关规定和众多国内外研究者的研究结论，指出权益法作为国内核算长期股权投资的一种日常核算方法的理论和实际操作上存在的问题与缺陷，并尝试解决权益法核算长期股权投资存在的问题与缺陷，拓展会计从业人员对权益法的认识，也提醒规则的制定者要关注核算长期股权投资中有争议的部分，并进行讨论和完善，也有益于日后对会计准则和指南权益法相关层面进行修订。

三、权益法下长期股权投资存在的问题

（一）难以判断是否存在"重大影响"

股权投资对被投资单位是否具有重大影响是难以判断的。在近些年发展过程中，国际社会统一了标准，如果投资者具备被投资单位20%以上的表决权股份但并未超过50%，那么该投资者所起到的作用就至关重要，否则就不具备影响。但是也有如下几种情形不适合这一国际准则：第一，投资者本身就具备该公司的决策权；第二，投资者提出相关方案来促使被投资单位政策的制定；第三，投资者获取了被投资者生产经营所依赖的技术信息。除上述情形外，不仅需要考虑投资者是否会对被投资单位产生重大影响，也需要对其他具备潜在影响的投资方在表决权转换为股权之后所具备的影响力进行了解。在这一过程中，如果表决权转化为股份，那么就会在很大程度上使得投资者表决权比例增加。与此同时，其他被投资单位的投资者的表决权就会随之减少，因此该投资者会对被投资单位产生更加深远的影响。但是会计界对"为什么要以20%作为重大影响的标准"仍然无法给出合理的解释。

（二）会计处理有违谨慎性原则

要想将企业的交易活动或交易事项进行清晰反映，那就必须充分发挥会计的重要作用。这就要求企业在生产经营过程中披露出来的会计信息不仅具备可靠性，而且具备谨慎性。所以在开展会计核算过程中，会计人员不但要以实际发生的交易事项作为依据进行核算，也需要始终保持谨慎。

随着我国经济社会的不断发展，国家制定了诸多法律法规来对企业生产经营及核算等环节来进行约束。这就需要会计人员充分了解企业的收入等情况，做到实事求是。以权益法作为依据，随着被投资企业净资产的增加，那么投资者也会提升股权投资的账面价值来保障自身利益的提升。根据资产的定义，资产是指企业拥有或控制的资产，企业在过去很长一段时间内通过业务等诸多形式积淀而成的，对于企业未来经济利益的提升具有至关重要的作用。我国也对列入资产负债表中的价值进行了明确规定：一是符合资产的定义；二是符合资产确认条件。对于两项中有任意一项不符合的不能列入表中。但是在运用权益法核算股权投资时，由于长期股权投资作为确认的资产标的并不受到投资者的控制，这一点违背了"资产"的定义。而将资产纳入资产负债表则违背了会计基本准则，同时也违背了"谨慎性"和"可靠性"的原则。此外，在对投资收益等进行确认时，如果采用权益法来进行核算，则不符合会计准则中可靠性等相关要求。

（三）存在"利润操纵"的情况

杠杆化带来的股权投资标准的转换清算方法是难以避免被一些企业所利用的。其中其他综合收益就包含企业所持有的可供出售金融资产等相关科目，对利润并不产生影响。企业只可以通过杠杆作用为企业增加小额股权比例，进而实现合理避税。企业在生产经营过程中要想对自身利润进行操控，那么可以采用将权益法核算的长期股权投资变卖为金融资产的方式来达到这一目的。转换后，企业按照权益法清算中的股权比例计算投资者实现净利润的比例，在这些过程中，投资收益也会随之增加，但是其中蕴含的纳税风险也会大幅度增加，这最终会对企业的发展造成一定程度的影响。

四、权益法下长期股权投资存在问题的成因分析

（一）会计主体认定不清晰

从理论上讲，会计主体是指会计人员具体的服务单位。根据权益法的规定，

投资企业与被投资企业之间的经济性质被投资企业方视为经济实体，而企业会计报告应当反映被投资企业的权益，报告的写作要求是，日常生活中的每个"企业会议"都要在会计报告中填写。这与对"企业"会计报告的理解不符。在计量报告中，它与会计的基本概念不一致。会计核算范围不符合"自交易或事项"的要求。而根据《中华人民共和国公司法》的规定，公司作为企业法人而存在，公司法人的财产与法人财产并不一致，产权企业法人应当对公司股东的出资负责，在权益法中被投资企业的资产和收入，通过企业的资产和收入予以确认。公司股权按给定的权益法计算，并遵循资产收益等权利主张，笔者在研究过程中也发现，现阶段具备的权利也与我国现行法律规定不符，一旦出现经济纠纷，会计报告的合理性面临法律挑战。

（二）相关法律规定不健全

我们企业的经营一方面离不开对企业经营活动的相关规定，另一方面也受到国家制定的法律的约束，而为什么在国家法律如此严格的情况下，还是会有一些公司出现违法的行为呢？我认为原因大致有两种，一是公司并没有将国家的法律视为约束自己的条件，这就需要公司的经营管理层不仅自身要有相关素质，也要有挑选合适人才的能力。二是我国的法律存在一定程度上的不健全，这使得有关人员有可乘之机。例如，《中华人民共和国公司法》中对于公司法人财产和法人的财产界定就十分不明确，这就会造成企业在进行资产的核算时出现少算和故意漏算的情形出现，从而影响对成本的核算。

（三）当成本大于份额时将差额理解为商誉

在探索研究过程中还发现，如果与份额相比初始投资成本所占比例更大，就需要在长期股权投资成本中将差额引入其中。这也说明权益法对经济效益进行确认，并不需要对经济损失进行计算，因此这一方式并不符合全部情况。要想对商誉进行识别较为困难，更重要的是投资双方的实力、政府的参与程度、投资的程度都存在一定程度的不同，因此权益法调整前期投资成本时不考虑投资损失这一情况，违背了企业经济业务的本质。企业长期接受股权投资是企业的一种责任，在经济业务上应该有实质性的损失。但在权益法中对初始投资成本进行调整过程中，只需要对收益进行确认，而不需要确认损失，因此它与经济学的常识不符。

五、权益法核算长期股权投资存在问题的解决对策

（一）明确相关准则的规定

通过梳理我国长期股权投资的会计核算过程，可以看出我国长期股权投资的准则依然在不断完善。我国在实践中不断贴近国际标准的最新规定，并尽力完善本国的有关准则，尽管如此，如今依旧存在许多问题需要我们解决。首先，我国并没有构建明确的法律法规来对随意变更的投资收益的情况的计算过程进行规定。除此之外，由于公允价值法不适用于我国现阶段的发展需要，这导致我国会计信息质量一直处于较低水准，并不能够紧跟国际步伐。笔者通过一些研究发现，我国在设立会计准则过程中不能以吸收借鉴国际会计准则的精华部分为主，而应根据中国的国情，对国际会计准则中不适用于中国的内容加以修改和规范，形成适合自己国家的一套准则才是重中之重，同时由于国际会计准则也存在一些漏洞，所以我国更应该尽快找到一个本国独特的规定，并根据本国每年的经济变化加以修改，这样才能够更好地完善本国的有关经济状况。

（二）个别财务报表层面不使用权益法

在我国企业会计准则中，越来越多的企业选择使用权益法作为日常核算方法。对于权益法核算的内容，一般是在日常计算长期股权投资时规定的，这与国际会计准则存在较大差别。由于在日常核算过程中运用权益法这一理论存在较大缺陷，笔者在研究过程中对这一理论的概念进行了相关界定，在构建个别财务报表过程中将权益法引入其中并不是一个很好的方法。所以在对长期股权投资进行计量过程中，运用成本法来进行核算能够将企业的具体经营绩效进行清晰展现。而在个别财务报告层面笔者认为应该禁止运用权益法，这能够使权益法核算中存

在的一系列问题得到一定程度上的解决。但是需要注意的是，权益法不再是后续计量的方法，所以在开展计量活动过程中的时点不容易界定的问题也能够被解决。因此，废除权益法能够在一定程度上保障正常的经济发展秩序，对于企业的可持续发展也具有促进作用。

（三）将成本与份额的差额确认为损失

由于初始费用和相关人员均应享有商业信誉，所以在此过程中，并没有对经济业务的相关风险进行探究，这也导致相关人员忽视了会计信息质量中的谨慎性原则。为了使会计信息质量的谨慎性原则得到充分体现，需要企业相关的经济活动更符合经济本质，所以在存在初始投资成本与应享有份额相比更高的状况时，必须将它们的差额划分在损失的范畴，而不应该将它们划归为商业信誉。这样才更好地体现会计人员对于谨慎性的把控。

参考文献：

[1] 许昌柯，林斌. 对长期股权投资权益法核算的思考——基于"罗牛山"会计政策变更案例 [J]. 营销界，2019(25)：207-208.

[2] 咸海玉. 长期股权投资权益法在合并报表中的运用 [J]. 商讯，2021(4)：96-97.

[3] 丘翠华. 长期股权投资核算方法的转换与投资收益分析 [J]. 全国流通经济，2020(19)：172-173.

[4] 樊海波. 新会计准则下的长期股权投资核算 [J]. 财会学习，2020(33)：105-106.

十九 会计师事务所审计失败案例研究

——以 *ST 新亿为例

楚昭慧[①] 秦必瑜[②]

摘要：本文通过中国证监会对深圳堂堂会计师事务所的行政处罚决定，以深圳堂堂会计师事务所对新疆亿路万源实业控股股份有限公司（以下简称 *ST 新亿）审计失败为例，解析该案例中 *ST 新亿审计失败的原因，提出防范审计失败的措施，以提高会计师事务所的审计质量，从而提高社会审计的公信度。

关键词：审计失败；财务造假；审计报告

一、引言

社会审计是我国审计监督体系的重要组成部分，其中的注册会计师审计是我国审计环节中至关重要的一环。因为投资者们所掌握的公司信息并不全面，所以他们会更加依赖专业性强的注册会计师出具的审计报告。当审计失败事件发生时，不仅会对会计师事务所和被审计公司造成严重影响，还会让社会公众对此产生质疑，从而导致对投资市场丧失信心。由此可见，审计报告尤为重要，许多被审计公司的投资者们损失惨重就是因为审计失败事件的发生。

[①] 楚昭慧，女，会计硕士，研究方向：会计制度与会计实务。
[②] 秦必瑜，女，副教授、硕士，研究方向：会计信息分析与决策。

为避免审计失败事件再次发生，会计师事务所以及注册会计师应当从已有的审计失败案例中吸取经验教训，发现会计师事务所在实施审计过程中可能存在的问题，以及相关审计人员在操作过程中不恰当的地方，从而提高审计报告的可信赖程度。[1]

二、文献综述

审计失败的发生，会严重影响资本市场的秩序。因此，许多学者都对如何防范审计失败提出了自己的看法。王建新等（2020）认为，注册会计师应当提升自身专业素质，保持应有的职业怀疑，防范审计失败的发生。[2]孟涛（2023）以蓝山科技为例，对其审计失败后所提出的建议有要加强审计人员的专业能力和职业道德、完善会计师事务所质量控制制度以及加强监管部门监管力度。[3]胡茜（2023）以瑞华事务所审计失败案为例，从政府层面、被审计单位层面以及事务所和注册会计师层面分别提了相应的建议，认为政府应当加大处罚力度，被审计单位应当注意公司的内部控制，事务所和注册会计师应当加强内部管理、提升自身专业能力。

三、*ST审计失败案例概况

（一）*ST新亿简介

*ST新亿起初是1999年在上海证券交易所A股上市的，原是一家经营卫浴生意的公司，主要从事实业投资、矿业投资业务（不得从事金融业务）；销售煤炭、陶瓷制品、复合材料浴缸、塑料制品、普通机械、仪表仪器、装饰材料（不含危险化学品）、五金配件、厨房设备、货物进出口。但在2008年金融危机后，*ST新亿把卫浴业务转入子公司，想要将公司转型为能源企业，但转型并不成功。

（二）深圳堂堂会计师事务所简介

深圳堂堂会计师事务所（以下简称堂堂所）于 2005 年 1 月 11 日成立。公司经营范围包括：审查企业会计报表，出具审计报告；验证企业资本，出具验资报告；办理企业合并、分立、清算事宜中的审计业务，出具有关报告等。

（三）*ST新亿审计失败案例简介

2021 年 12 月 2 日，中国证监会查明 *ST 新亿存在下列违法事实：虚假记载、虚增保理业务营业外收入、虚增贸易收入、虚增物业费收入、虚增租金抵账收入、重大遗漏等。

2022 年 1 月，证监会针对堂堂所审计业务违法违规案，依法履行了听证程序，并依照相关法律作出了处罚决定。在堂堂所案中，其审计对象是上市公司 *ST 新亿，该公司这些年已经多次受到了证监会的行政处罚，目前证监会已经对其 2018 年度和 2019 年度的财务造假案依法履行了听证程序，也将会对其作出相应的处罚决定。

2022 年 1 月 7 日，证监会通报，拟依法对堂堂所作出行政处罚，"没一罚六"总计罚没 1393 万元，相关主体涉嫌犯罪问题将移送公安机关。

四、*ST 审计失败分析

（一）被审计公司层面

审计失败的原因往往是因为被审计公司存在财务造假。下面将从 *ST 新亿财务造假的动机、机会、手段三个方面进行分析，在被审计公司层面上，分析为什么会造成 *ST 新亿审计失败。

1. 动机

*ST 新亿前身为重庆四维瓷业股份有限公司，1999 年 9 月 23 日在上海证券交易所上市，最初主营各类陶瓷，包括普通陶瓷，工业陶瓷，浴缸，厨房设

备等。而在长达将近23年的上市历程中，公司几经易主，注册地流转于重庆、上海、贵州、新疆，经营业绩更是差强人意，多年处于"披星戴帽"的状态，公司简称历经S四维，四维控股，*ST四维等。2011年7月，公司主体再度更名为"贵州国创能源控股（集团）股份有限公司"，因此股票简称变为"*ST国创"。2014年，公司深陷"优道非法集资案"，爆出巨额债务。2015年6月，公司经过破产重整等系列变更，最终花落新疆，主体名称变更为"新疆亿路万源实业控股股份有限公司"。不过，更名后的*ST新亿也逐步走到了末路，各类信披违规、资金占用等问题层出不穷，历任管理层也多次受到监管层处罚。综上所述，*ST新亿为了能够继续正常经营下去而进行财务造假便有了足够的动机。

2. 机会

从证监会的行政处罚决定中可以看出，*ST新亿的内部管理职责负责人与实际控制人是一个人，这会对*ST新亿造成很大的影响，尤其是公司财务数据的真实性以及完整性。不仅如此，*ST新亿能进行如此程度的系统性造假也是因为*ST新亿主营业务空壳化越发严重，公司治理混乱。

3. 手段

*ST新亿为了提高营业收入、增加利润总额，进行了一系列的财务造假。其中，*ST新亿主要采取的手段是虚增保理业务营业外收入、虚增贸易收入、虚增物业费收入以及虚增租金抵账收入。

（二）审计事务所层面

1. 未能准确获取与识别*ST新亿关联方关系

堂堂所未能准确获取与识别*ST新亿关联方关系，导致2019年审计报告中期初与期末关联方认定口径前后不一致，进而导致*ST新亿2019年年报中其他应付款关联方交易信息披露错误。

2. 审计独立性缺失

堂堂所承诺对 *ST 新亿 2019 年度财务报表不出具否定或无法表示意见的审计报告，并约定或有费用、承诺对因签字导致的行政处罚给予赔偿、承诺支付居间费。堂堂所更改韩真源 2018 年净资产审计报告的审计意见类型，并根据相关方要求删除审计报告中重要内容，堂堂所关于 *ST 新亿 2018 年和 2019 年审计报告复核工作实际上依赖刘耀辉团队完成，违规修改审计报告内容导致出具的审计报告存在虚假记载和重大遗漏。

3. 会计师事务所质量控制存在缺陷

堂堂所复核工作流于形式，对于发现的异常没有保持职业怀疑，未执行进一步审计程序，以核实相关业务真实性，最终在相关审计人员拒绝签字、审计团队被隔离期间未完成审计程序的情况下，出具了 *ST 新亿相关审计报告。

4. 审计存在缺陷

堂堂所的收入审计存在严重缺陷，在明知 *ST 新亿收入存在舞弊或重大错报风险下，未执行充分的审计程序以核实其数据真实性即在审计中予以认可，并在审计报告日后又补充审计程序，为掩盖审计中发现的问题修改审计底稿，导致审计报告记录虚假、失真。

堂堂所的函证程序存在缺陷，在对 *ST 新亿审计的函证工作中，对亿源汇金应收账款、应付账款函证失去控制，执行 *ST 新亿其他应收款和营业外收入的函证程序时，对存在的多处异常情况未予以应有的关注，未执行进一步审计程序消除异常情况，也未将异常情况在底稿中记录，导致审计报告存在虚假记载。

堂堂所的投资性房地产审计存在缺陷，依赖评估机构中洲评估出具的评估报告，未对 *ST 新亿投资性房地产的核算获取充分、适当的审计证据，即对相关会计处理予以认可，导致未能发表恰当的审计意见。

(三) 监管部门层面

1. 监管制度不健全

*ST 新亿更名前就曾深陷"优道非法集资案",爆出巨额债务。公司从 2018 年就开始以虚增营业收入以及利润总额的方式进行造假,而作为中介机构的堂堂所却从未发现其财务造假,虽然堂堂所在这个案件中具有很大的责任,但监管部门也直到 2022 年才对 *ST 新亿造假案作出反应,这也从侧面反映出了监管制度的不完善。

2. 监管部门处罚力度不足

关于 *ST 新亿财务造假行为,证监会对新疆亿路万源实业控股股份有限公司给予警告,并处以 800 万元的罚款,这对于 *ST 新亿财务造假案所涉及的金额来说,力度并不是很大。因此,相较于涉案金额,*ST 新亿为违法行为付出的代价并不是很大,*ST 新亿的造假动机也因为造假成功后的巨额收益大大增加了。

五、防范审计失败的措施

(一) 被审计单位层面

上述审计失败的案例,很大程度上是因为被审计单位的内部控制有缺陷。因此,被审计单位的首要目标就是完善内部控制体系,从源头上进行防范,杜绝重大错报风险。其次,公司内部也要设立审计相关部门,及时发现问题、解决问题。最后,要提高公司内部财务人员的专业性,争取从源头上消除风险。

(二) 会计师事务所和注册会计师层面

会计师事务所要加强内部管理,严格把控会计师事务所质量控制制度。在招聘环节上应该进行严格的选拔,选拔出具有高素质、专业性强的人才,同时,要对审计失败的案例进行分析,加以防范,避免以后再出现同样的错误。

注册会计师要保持自身的独立性以及应有的职业怀疑，对于被审计单位内部控制异常的情况多加注意。在发生异常情况时，时刻注意被审计单位的内部控制是否是有效的。不仅如此，注册会计师还要有专业的胜任能力，不断地学习，增加知识储备。

（三）监管部门层面

健全监管制度，利用大数据等人工智能工具，及时发现公司的财务造假行为，在源头上避免公司为了增加营业收入和利润总额所进行的一系列财务造假行为。

加大对审计失败的处罚力度，在 *ST 新亿财务造假一案中，对 *ST 新亿仅给予警告，并处以 800 万元罚款惩罚，处罚金额远低于其所获得的巨额收益。基于成本效益原则，审计失败事件的发生往往是由于违法成本低造成的。因此，政府及有关部门应当逐步完善相关立法，只有增加其违法的成本，加大各个方面的处罚力度，才能有效避免财务造假行为的发生。

参考文献：

[1] 赵恒. 审计失败原因及对策分析——以瑞华事务所为例 [J]. 老字号品牌营销，2023（1）：156-158.

[2] 王建新，李中伟，李建林. 上市公司跨境业务审计问题研究——以雅百特审计失败案为例 [J]. 会计之友，2020，648（24）：8-12.

[3] 孟涛. 会计师事务所审计失败案例分析——以蓝山科技为例 [J]. 老字号品牌营销，2023（1）：87-89.

二十　瑞华对辅仁药业审计失败案例分析

单蕾[①]　黄孝章[②]

摘要：近年来，监管机构对一些会计师事务所的审计失误进行了处罚，由于这些失误，审计行业的声誉受到严重损害，投资者也很难信任审计结果。本文以辅仁药业审计失败案为例，通过对辅仁药业审计数据的研究，剖析导致瑞华对辅仁药业审计失败的内在因素，提出相应防范措施避免审计失败。通过对瑞华审计失败的分析，可为其他会计师事务所提供经验教训，从而促进行业整体的发展。

关键词：审计失败；瑞华会计师事务所；辅仁药业

一、引言

近年来，审计工作不断出现问题，康得新、辅仁药业等公司因涉嫌财务造假而受到调查，并最终被中国证监会予以惩罚。这些公司的审计机构没有及时发现和识别这类违规行为，导致这些公司的审计结果存在偏差，甚至发布了不真实的审计报告。由于审计机构的一系列失误，市场和审计行业的声誉受到严重损害，甚至有些机构被迫停止运营，进而被迫退出竞争市场。以下就瑞华在审计辅仁药业时出现的问题进行分析，并提出相应的建议，力求从本质上减少审计失败的发生。

[①]　单蕾，女，会计硕士，研究方向：会计制度与会计实务。
[②]　黄孝章，男，北京印刷学院经济管理学院教授，研究方向：企业信息化。

二、瑞华对辅仁药业审计失败案例介绍

(一) 案例概况

1. 瑞华会计师事务所简介

瑞华会计师事务所（特殊普通合伙）是首批被授权 A+H 股企业评审资质的机构，它的业务覆盖股票发售和挂牌、企业改革和企业并购等，具有二十多年的发展历史，并且受到广泛认可。同时，瑞华会聚了一批行业精英，为其专业技术力量奠定了坚实的基础。

2. 辅仁药业简介

1998 年，辅仁药业集团制药股份有限公司成立，它是一家跨越多个行业的综合性企业，致力于药业和酒业的发展，拥有完善的生产、运营、投资和管理体系，为客户提供优质的服务。公司产品涵盖了好几个领域，包括但不局限于中西药制剂、生化制药、生物制药等。

3. 案例介绍

2019 年 7 月 19 日，辅仁药业对外宣告其不能实施预先设置的 2018 年年度的现金分红方案。原计划方案的预算只有 6271.58 万元，在公司 2019 年第一季季报中，我们发现在一季度末时，公司的货币资金总额为 18.16 亿元。此外，当年该公司的业绩表现优异，收入达到 13.7 亿元，净利润达到 2.15 亿元，很难相信其不能派发低于 7000 万元的现金分红。在经过一番深入的调查后，发现辅仁药业 2019 年 7 月 19 日的现金储备只剩下 1.27 亿元，而且存在 1.23 亿元的被限制使用的资金，因此，该公司实际上只能使用 378 万元，财务造假活动开始渐渐显露。2020 年 10 月 14 日，辅仁药业的造假事件被公开披露，证明其在 2015—2018 年的财务活动中涉嫌造假，这段时间是由瑞华公司对此进行审计，并出具了标准无保留审计意见。直到 2019 年 7 月，辅仁药业仍未能按规定进行分红，这一情况才令瑞华公司在 2020 年向辅仁药业 2019 年的年报出具了无法表示意见

的审计意见。瑞华会计师事务所在这之前的审计是失败的。

（二）瑞华对辅仁药业审计中存在的问题

1. 审计师未能识别虚增资金的情况

据证监会发布消息，辅仁药业 2015—2018 年的年报中都有虚增资金现象[1]。但审计师并没有发现任何异常情况。辅仁药业虚增货币资金的手段并没有那么复杂，在关联方的资金占用方面，无实际业务支持，或相关借款协议等，仅存在于财务账簿中通过其他应收款进行挂账，直至 2019 年出现无法发放红利的情况，在后来的半年年报中，我们发现其他应收款出现了异常情况，与关联方的挂账金额相比，比年初时增长了 10 倍之多，同时货币资金较年初减少 90%，这时，账外资金已反映在报表中。而且通常情况下，都要对企业全部银行账号往来款进行仔细检查，并且以函证形式和银行进行确认对账，但这些瞒报的关联方资金往来数额如此庞大，多年来注册会计师审计时竟然没能查出，这说明注册会计师是否严格按照审计程序进行审计有待商榷。

2. 审计师未能准确评估公司对关联方的担保能力

对企业进行审计时，向关联方提供担保通常被视为一种常见的但具有特殊风险之处的行为，通常都属于审计时重点考虑的问题。为了确保企业的正常运营，并向关联方提供有力的担保，双方必须签署一份有效的协议，以确保双方的权益。该协议需要经过董事会的仔细考虑和同意，然后提交给股东大会进行批准和同意后才可以提供担保。然而，辅仁药业没有获得董事会和股东大会的批准，导致其对辅仁集团和宋河酒业的 1.4 亿元的担保未能实施，这显然是一种超越控制权的财务舞弊行为。在审计过程中，应当采取充分而适当的措施来识别关联方担保，以确保其信息已被完整披露。但瑞华的审计工作存在严重漏洞，无法及时发现关联担保所涉及的潜在风险以及未披露的担保信息，对于专业的审计机构来说，明显缺乏说服力。

三、瑞华对辅仁药业审计失败的原因分析

(一) 注册会计师没有履行其职责,缺乏职业谨慎性

在辅仁药业审计中,注册会计师的职业谨慎性未能得到充分体现,审计人员未能做到完全保持谨慎,这一现象表现为没有识别内部控制存在的重大缺陷[2]。传闻辅仁药业长期存在内部治理失范、控股股东监管缺失等问题,据证监会披露数据显示,在2015—2018年的年度报告中,所有记录均为虚假信息,这导致了信息披露方面的严重疏漏。公司内部流程审批涉及关联方交易、相关信息披露等事项,这说明它相应的内部控制长期处于失效状态。瑞华会计师事务所在2015—2018年对辅仁药业内部控制进行了审计,确认了它的运行是有效的,并给予了相应的审计意见。直到2019年其才对外发表声明称其内部控制的操作在货币资金、向关联方的担保和应收账款几个方面都是无效的,然后发表了无法表示意见。

(二) 注册会计师缺乏必要的独立性

审计人员在审计项目时,应当严格遵守审计准则,确保独立性,这是审计执业的基本要求。而且,随着审计团队中成员的职位升迁,其负责的审计工作也会变得更加艰巨,因此,他们对于独立性的要求也会更加严格。按照瑞华独立性要求相关规定,签字注册会计师只能够为特定的审计客户长期提供最高五年的专业审计服务,并且必须具备独立的检查和监督制度。靳红建担任本案的注册会计师,他曾经为辅仁药业进行过七年的审计工作,并且在2015年受到中国证券监督管理委员会的调查,这是由于他在辅仁药业2014年年报审计过程中存在违法行为。继辅仁药业财务造假被曝光后,瑞华公布2015—2018年度审计报表都是不恰当的,可见在这一持续审计期间对注册会计师独立性的监督和控制并未得到有效落实。注册会计师在监管缺失情况下逐渐失去独立性。

（三）缺乏有效的事前监管措施

审计服务是企业年报中的体检书，被社会上众多利益投资者采用，对于规范资本市场，使之得以良好、健康地运行起着必不可少的作用[3]。因此，对审计行业进行监督和管理，历来是人们普遍关心的话题。但最近几年上市公司财务造假和审计机构审计失败等现象频发，极大地削弱了广大投资者对于资本市场的信任度。尽管事后证监会和其他有关监管部门给予相应惩罚，但对广大利益投资者来说，他们所遭受的经济损失是不可挽回的。

当前审计行业监管多属事后监管，当企业财务造假不能瞒报、运营出问题时，这类问题就显现出来了，监管部门就开始立案查处，最后惩罚落地基本上就是他们财务造假后的若干年。由于事后监管的滞后，企业管理层和审计人员存在侥幸心理和违规操作，导致广大投资者无法及时止损。事后监管在一定程度上起到了"亡羊补牢"的作用，却无法从根本上杜绝企业违规行为发生。因此，实施有效的事前监管将有助于促进市场环境的健康运转。

四、瑞华对辅仁药业审计失败的启示

（一）重视培养注册会计师的专业技能，加强内部培训体系的建设

注册会计师专业胜任能力对提高审计质量和审计执业效率具有十分重要的促进作用。所以无论如何要注重注册会计师专业胜任能力的发展[4]。

首先要提高注册会计师专业知识水平和知识储备。可采取上课形式进行定期培训。培训课程应包括各种级别和各种专业，以便每个人都能选择性地学习。各分所还应结合审计人员实际制订不同培训计划，并鼓励和支持审计人员在课余时间自学考证来全面提高事务所专业知识水平。

其次要设置案例分析课程，让有经验的注册会计师为新入职职工讲课，引导和训练审计思路并注意在不同行业进行审计时的事项。还可组织有经验的注册会计师一起进行讨论，交流各自在审计行业中的经验。

（二）通过加强审计人员的责任感，来确保审计的质量和效率

审计责任感是一种必不可少的能力，它不仅能够帮助审计人员更好地完成任务，还能够促进审计质量的持续提高。

审计责任感左右着审计程序实施。严格实施审计程序对审计过程非常重要，而且有些审计项目特别是连续审计时往往不能很好地实施审计程序，审计人员为了图省事儿，常常容易忽视一些小毛病，或把审计程序化繁为简，使毛病找不到，继而影响了审计质量。

因此，为了增强注册会计师的审计责任感，我们必须建立适当的激励措施和晋升机制，并且加强对审计人员的责任感教育。事务所需要定期组织审计学习和培训活动，不断增强审计人员的责任感，并促进审计业务的长期稳定发展。

（三）重视审计责任，建立一种以追求质量为核心的事务所文化

第一，要重视审计责任的划分和追责机制的实施。定期或者不定期地抽查审计项目，对于出现问题的审计项目要统筹讨论，追究每个参加审计人员的责任，严厉惩处主要责任人，保证审计质量[5][6]。

第二，为了保证审计质量，我们必须建立一个能够反映审计质量的薪酬体系和晋升考核机制。在晋升过程中，我们应该将审计质量放在首位，并且在定薪时也需要考虑审计质量的情况。

参考文献：

[1] 周萍，项军. 上市公司审计失败现状、成因及规避措施——基于2008—2018年证监会处罚决定的统计分析 [J]. 会计之友，2020(2)：141-145.

[2] 乔鹏程. 瑞华受罚事件与注册会计师职业谨慎性反思 [J]. 财会月刊，2020(1)：99-104.

[3] 闫焕民，李瑶瑶，胡兰馨. 公司战略与会计稳健性：基于审计治理视角 [J]. 会计论坛，2019，18(2)：107-131.

[4] 施建璋. 如何避免审计失败 [J]. 中国内部审计，2018(8)：54-56.

[5] 郝玉贵，陈伊宁. 会计师事务所连续受罚与审计监管分析——以 L 会计师事务所为例 [J]. 财会月刊，2018(7)：151-155.
[6] 肖蝶，张亚兰. 会计师事务所审计失败问题及对策研究 [J]. 纳税 2019，13(17)：48-50.

二十一 金亚科技财务舞弊对高新技术企业审计的启示

李玫[①] 李宝玲[②]

摘要：近些年高新技术上市企业的财务舞弊事件频繁被爆出，除了企业自身责任外，审计应当针对高新技术企业特点抓住审计重点并提高审计质量。本文采用案例分析法选取金亚科技的财务舞弊事件作为本文的研究对象。首先对金亚科技对财务舞弊事件回顾；其次对金亚科技财务舞弊手段进行分析，提出了金亚科技审计中的存在问题；最后对高新技术企业提出审计的建议。

关键词：高新技术企业；财务舞弊；审计；金亚科技

一、引言

为了推动经济的可持续发展，促进高新技术产业的发展，我国在扶持高新技术企业方面出台了优惠政策，高新技术企业上市数量进一步增长，但同时高新技术企业出现多起重大财务舞弊事件，比如索菱实业股份有限公司、延安必康制药股份有限公司、奥瑞德光电股份有限公司、乐视网等。金亚科技经营范围属于制造业、电子信息技术服务业，是首批28家创业板上市公司之一。其金亚科技会

---

① 李玫，女，会计硕士，研究方向：资本运营与财务管理实务。
② 李宝玲，女，副教授，研究方向：电子商务、市场营销、企业战略。

计舞弊手段基本涵盖了创业板公司财务舞弊的各种方式。本文根据金亚科技财务舞弊案例给高新技术企业审计提出了可以借鉴的启示。

二、案例分析

(一) 金亚科技企业简介

成都金亚科技股份有限公司成立于1999年11月，2009年10月在深交所创业板上市，股票代码：300028。金亚科技专注于有线电视产品系统方向，经营范围主要包括：数字及有线电视相关设备、数字电视用户信息网络客户端产品；网络系统生产和销售；计算机软硬件、通信器材。金亚科技凭借完整的软硬件产品线、较强的技术创新和应用能力、丰富的项目实践经验，为中小型电视运营商提供端到端整体解决方案。金亚科技生产的多个软件产品获得10多个国家发明专利，在国内广播电视行业中名列前茅，被四川省认证为AA级的质量企业。

(二) 金亚科技财务舞弊案件回顾

金亚科技因高价收购天象股份，与企业自身价值不符而受到人们的关注和质疑，如表21-1所示，经过一系列的查证，在2015年时金亚科技承认财务舞弊，通过伪造合同、伪造银行单据、伪造材料产品收发记录等方法来虚增利润。其在IPO上市时就开始进行财务舞弊。

首先，在2009年IPO上市时，金亚科技为了满足上市条件而虚构业务、虚构客户进而伪造一系列的发货单、发票、银行回款单等。据悉，金亚科技当年IPO申报材料中虚增2008年和2009年1月到6月的营业收入，分别占当期公开披露营业收入的47.49%、68.97%；虚增2008年和2009年1月至6月利润，分别占当期公开披露利润的85.96%、109.33%。

其次，在上市之后金亚科技的业绩平平，甚至出现下滑的情况。由于金亚科技股权结构不合理，周旭辉一股独大，大大增加了决策风险。在这种状况下，金亚科技仍然在2012年选择收购了英国的哈佛国际股份有限公司（以下简称哈佛国际)股权。然而2012年欧洲出现了债务危机,因此此次收购并没有给金亚科技资金短缺带来任何的缓解,反而导致净利润大幅度下滑。

最后,由于竞争激烈,金亚科技创新速度跟不上市场变化,导致直到2014年金亚科技的业绩依旧不佳,持续亏损。为了减少退市风险,金亚科技开始虚增收入,通过虚增预付工程款来虚增净利润、虚增银行存款等。而最终于2015年因涉嫌违法证券法律法规被中国证监会立案调查,2020年被予以摘牌。

表21-1 金亚科技财务舞弊事件回顾

时间	事件
2015-2-9	周旭辉收到天象互动的股份转让协议
2015-2-13	意图收购天象互动,筹备重大资产重组方案
2015-6-3	收到证监会关于递交的重大资产重组申请的回复
2015-6-4 上午	公司对外宣称收购计划目前已到证监会审查的阶段;当日下午开盘后,股价疯涨
2015-6-4 下午	金亚科技因涉嫌违法证券法律法规被中国证监会立案调查
2015-8-31	金亚科技发布公告,通过自查发现以前年度存在重大会计差错并进行调整,公司财务造假金额大、持续时间久
2018-6-27	深交所宣布正式启动对金亚科技的强制退市机制
2020-5-14	收到深交所关于公司股票终止上市的决定,公司股票交易进入退市整理期
2020-8-3	被深圳证券交易所予以摘牌

(三)财务舞弊手段分析

1. 虚增应收账款

由表21-2可知,2010—2013年,金亚科技营业收入逐年增长,应收账款也随之增长,应收账款增长速度大于营业收入增长速度,但2014年的营业收入和应收账款均出现了小幅下降,金亚科技的应收账款周转率应该处于一个较为平稳的状态。然而查阅2014年的财务数据报表可以看出,2014年的应收账款周转率却同比实现增长,这个增长趋势显然是不合理的。

表 21-2　金亚科技 2010—2014 年营业收入和应收账款情况

年份	营业收入／万元	应收账款／万元	应收账款周转率
2010 年	21 228.51	12 507.20	1.84
2011 年	21 554.22	13 898.18	1.63
2012 年	47 649.70	20 808.03	2.19
2013 年	59 357.90	21 500.96	1.98
2014 年	55 822.95	14 869.55	2.10

数据来源：金亚科技 2010-2014 年财务报表

2. 虚增收入和净利润

关于公司的业务分期付款销售情况，"山东阳谷"项目的融资收益率达到 25.7%，"四川南充"项目的融资收益率达到 17.3%，都比同期的银行贷款利率高出许多。南充项目的合同通过阅读公司招股说明书可以看出，其是通过分期的方式收款，其包含税款的价格为 10 840 万元，取得的融资性收益金额为 14 008 万元，融资性收益比合同自身的价格高出许多，这种太高的收益不符合常理。

3. 虚构工程预付款

在分析了金亚科技所提供的自查报告之后发现，如表 21-3 所示 2014 年金亚特别调整了非流动资产项目，将金额调整到了 3.1 亿元。调整后之所以会出现资金增长是因为其子公司同四川洪山在进行一个涉及金额高达 7.75 亿元的项目。按照合同，金亚科技要拿出 40% 的工程款。金亚科技在自查报告上对付款进行了解释，称没有付款，因此对项目进行了调整。而四川洪山经营制造项目被工商部强制撤销，剥夺了经营资格，所以它无法再开设工程项目。就金亚科技当时所具有的资产总额分析，不可能投资 7.75 亿元的建设项目，因为其资产规模只有 1300 万元。因此，这是通过虚构预付工程款来弥补金亚科技因虚增收入和利润而形成的巨大缺口。

表 21-3 2014 年非流动资产调整变化表　　　　　　　单位：万元

项目	其他非流动资产		
金额	更正前	更正后	更正数
	31 048.16	48.16	−310,00

数据来源：金亚科技自查表

三、金亚科技财务舞弊审计存在的问题

（一）IPO业务审计环节不严谨

金亚科技在 IPO 上市的时候主营业务采用分期收款的方式进行销售，这种方式存在的财务风险是不能保证企业的盈利水平，而注册会计师未全面分析企业的收入模式、销售收款方式是否合理，未能在 IPO 审计时反映出高新技术企业的真实业绩。

（二）内部审计制度不规范

金亚科技周旭辉一股独大、一人担任多职导致企业的决策风险增加，造成企业的很多决策由一个人的品行和对市场的判断决定，大股东的个人决策直接影响小股东的利益和公众的利益。其企业的内部控制不规范，存在潜在的舞弊风险，而审计事务所对于金亚科技内部控制的考察制度不规范，没有更好地监督。

（三）风险评估不全面

高新技术企业的竞争激烈，虽然金亚科技上市前拥有多项发明专利，随着市场的变化，即使金亚科技 2010 年就开始在"三网合一"等创新方向进行探索，但结果却不尽如人意，并没有实质性地转型成功，金亚科技的主营业务产品数字电视产业受到 IPTV 和 OTT 网络机顶盒的冲击，业绩持续下滑。技术和收入的双重打击使高新技术企业严重受损，若不及时调整，会面临财务舞弊风险。审计没有对金亚科技创新失败进行披露，没有对舞弊风险进行全面评估。

（四）审计时未持有怀疑态度

高新技术企业需要大量的资金研发，金亚科技多次舞弊制造假业务、假单据、假章，伪造银行对账单、虚假付款单据等，都是为了制造企业繁荣的景象。深入了解高新技术企业的资金流入，在调查金亚科技主营业务的市场后，判断金亚科技面对产品落后，市场竞争压力大带来的净利润的合理性，保持审计职业的怀疑态度。根据调查，金亚科技在进行交易时，会先与客户进行串通，签订的交易合同金额远高于市场的正常价格，差额部分公司直接计入其他应收款会计科目，或者金亚科技直接通过非正常渠道予以支付。注册会计师这种情况下未着重关注。

四、金亚科技案例对高新技术企业审计的启示

（一）对高新技术企业审计重点的启示

1. 加强高新技术企业IPO审计

对高新技术企业IPO审计时更加全面。发明专利数量代表了一个公司的创新能力，为了支持以后的研发创新还要看企业的盈利能力的真实性。除了这两个核心能给企业创造价值外，根据金亚科技的案例分析，还要看公司的股权结构是否完善，监督机制设立的是否有有效性。

2. 了解市场，提升审计企业业务的真实性

首先审计人员对被审计单位的行业进行分析，对高新企业研发产品的效益，主营产品的市场份额、利润率等进行了解，大致知道高新技术企业的市场竞争力。要求审计人员充分了解高新技术企业是非常困难的，但需要审计人员对相关行业有初步的认识，可以确保合同或者收益的真实性。其次注重资金流入的真实性，提高审计人员判断章、银行单据真伪的能力，增加抽取的合同数量，增强合同的可信程度。最后是费用问题，一方面根据利润率来判断是否少计费用，另一方面是高新技术企业的研发费用的加计扣除政策，会使企业有可乘之机。

（二）对审计监管的启示

1. 提高监管和执法水平

对IPO高新技术企业严格审查，审查和监管保荐人力度需要加强，及时警示保荐人的潜在风险，对保荐人的违规违法行为应严厉惩处，确保相关申请材料的真实性。对发审委核准过程的监管需加强，零容忍相关的违规违法行为，自觉接受内部和外部的监督。提高审核的透明度。同时对上市公司实际控制人加强监督。

2. 加强审计人员的职业道德培养

金亚科技舞弊手段并不都是高明的，如虚增银行存款、预付工程款等，如果审计人员履行审计中规定的函证程序就能发现金亚科技的财务数据异常。因此审计人员的专业能力有待加强。重罚合谋舞弊的会计师事务所及其违规人员，以此提高高新技术企业的整体质量。

五、结论

国家对于高新技术企业的政策方针给予了很大支持，企业还应该从自身角度拓展发展思路。只有企业的业务能力达到一定的高度和水平，才能吸引更多的投资者为企业的发展提供更多的资金来源，进而创造更大的收益，从而使得高新技术企业能够保持长久稳健的发展。从金亚科技财务舞弊的案例分析来看，高新技术企业应该从股权结构、市场情况与资金去向三个主要方面进行重点审计，更加真实地反映企业状况。除此之外，对外部审计环境应当加强执法监督能力，提高审计人员的道德水平，创造好的审计环境。减少企业进行舞弊的机会，减少对相关利益者的损失和对市场造成的负面影响。

参考文献：

[1] 王海磊. 高新技术企业审计风险研究 [J]. 中国中小企业，2023(3)：136-138.

[2] 刘滢. 高新技术企业成本管理特点与管理策略 [J]. 中国中小企业，2022(7)：127-129.

[3] 姚美暄. 立信对金亚科技审计失败案例研究 [D]. 沈阳：辽宁工程技术大学，2022.

[4] 敬芙蓉. 高新技术企业财务管理的特点及应用 [J]. 中国中小企业，2021(12)：159-161.

[5] 刘泽慧. 高新技术企业上市公司审计风险研究 [D]. 北京：北京交通大学，2019.

[6] 陈澜. 创业板上市公司财务舞弊的透析与治理——基于金亚科技财务舞弊事件的分析 [J]. 商业经济，2019(3)：170-173.

[7] 李智. 基于CRIME理论的金亚科技财务舞弊行为研究 [D]. 昆明：云南师范大学，2022.

二十二　审计风险问题研究

——以紫鑫药业为例

刘帅成[①]　胥力伟[②]

摘要： 国内企业在资本市场不断完善的大环境推动下发展迅速，但随之而来的企业造假事件以及审计失败案例也屡见不鲜。其中，紫鑫药业是极具代表性的企业之一，分析该企业在 2011 年的财务舞弊事实发现其审计风险主要来自信息不对称以及内控制度存在问题等方面，而作为审计方应当及时发现企业内部存在的审计风险并提出合理的审计意见。

关键词： 紫鑫药业；审计风险；内控制度；信息不对称

一、引言

（一）审计风险原理

审计风险从其最基本的概念来看，可以概括为在对被审计单位审计财务报表是否存在重大错报漏报行为时，审计人员发表不恰当审计意见的可能性。然而这一概念也具有一定局限性，就目前国内经济形式而言，只针对财务报表的账项审计模式已经逐渐落后，审计模式应当顺应社会、经济环境等的变化而不断更新，

[①] 刘帅成，男，会计硕士，研究方向：资本运营与财务管理实务。
[②] 胥力伟，女，讲师，财政学博士、硕士生导师，研究方向：财税理论与实务。

内控测试为主体的制度基础审计以及更加全面的风险导向型审计更能适应目前的经济形势。然而审计的设计与实际需求不匹配的现状也只是审计风险增多的表面现象，企业在参与审计流程时遮蔽存在的问题以及为了规避风险导致的时效延迟才是问题出现的主要原因。

（二）紫鑫药业案例介绍

紫鑫药业以医药业务为主体，在创立初期主要集中于常规的药品生产、研发、销售，但因为药品特征不明显，在早期盈利能力有限，很长一段时间利润稳定增长但未超过 7000 万元。2010 年，紫鑫药业改变企业战略主攻人参医药产品，并且增发募资约 10 亿元。此后营业收入实现迅猛提升，2010 年营业收入 6.4 亿元，同比增长 151%，实现净利 1.73 亿元，同比暴增 184%，每股收益 0.84 元。2011 年上半年紫鑫药业再掀狂潮，实现营业收入 3.7 亿元，净利润 1.11 亿元，分别同比增长 226% 和 325%[1]。然而此时放眼整个行业营业收入都处于整体下滑的趋势下，紫鑫药业仍能保持优秀的业绩难免引人怀疑。而随后中国证券网爆出紫鑫药业隐瞒关联方交易，自导自演售卖，将问鼎一时的药业巨头拉下神坛。

二、审计风险成因

（一）内部控制不完善

紫鑫药业在问题出现之初就已经发现企业存在自导自演的交易，虽然明面上净利润暴增并且有关药品销售的营业收入也急剧增加，但通过调查发现，紫鑫药业暗箱构建了一个具有上中下游环节的"自买自卖"的交易链条，与紫鑫药业存在业务往来的有八家空壳公司，这八家公司实际都由紫鑫药业的董事长郭春生控制[2]。并且根据媒体报道，紫鑫药业的实际控股人为董事长郭春生，但企业的总经理、副总甚至秘书都由其一人兼任，权责划分非常混乱，可见企业内部内控制度存在严重问题。内部控制是制度基础审计模式下的重要环节，是企业内部管理者从自身出发建立的监管制度。因此，内部控制更接近于一种自我约束机制，在此机制中人为因素占据了很大部分。有效的控制制度对于组织结构划分有着严格的要求，就管理层而言，董事会、监事会、经理有各自的职权与分工，并行使相应的决策职权。而紫鑫药业完全忽略了其重要性，并且针对一项业务的执行与否应当划分授权范围，但紫鑫药业的全部业务授权无论属于何种层级的授权项目以及是否需要特殊授权的项目都由郭春生一人决定，完全陷入"内部人控制"的泥潭里。注册会计师在进行审计时并未考虑利润暴增现象可能隐藏的风险，并未根据交易链条查找出全部的相关方并对其盈利的实际情况进行严格审查。同时也并未将内部控制制度实施有效性纳入风险评估范围，当意识到紫鑫药业实际建立了相应的控制制度却未在报表中进行披露应当引起注册会计师的足够重视，出具相应的保留意见审计报告。

（二）信息不对称

信息不对称在任何需要信息作为分析基础的模式上都会存在，因为优势信息的掌握者都希望能够通过信息差来获得不对称利益[3]。信息不对称于审计中的体现为报表披露时的透明程度，企业在竞争中的保留优势信息行为变相地成为审计工作中的一道屏障。无论是何种审计模型，其审计的基础都是企业财务报表，财务报表是重要的信息来源。紫鑫药业作为上市公司，对于相关利益者具有信息公开的责任，然而紫鑫药业并未将隐藏的八个空壳公司进行披露。并且在审计人员获取资料时也进行了隐瞒，导致中准会计事务所用到的审计证据不具备真实性和客观性。

（三）分析程序风险

由紫鑫药业披露的财务报表分析来看，2010年资产类项目全部呈现迅猛增加，货币资金、应收款项、存货等数据明显存在异常，全部应当作为注册会计师的审计重点，应当回溯企业的业务往来，针对波动剧烈的项目进行仔细审查。并且紫鑫药业在当年的主要战略目标是人参产品，其作为主要存货项目在当年实现猛增，但是从市场效应来看，其并不具备此种市场反向能力，也是明显异常，却并未引起注册会计师的重视。在基本分析程序后应当进行程序符合根据异常项目进行实质性测试程序，如果按照披露的数据进行资产管理效率分析仍能发现整个行业在 2010 年的存货周转率都相对较低，然而紫鑫药业在此年后有关人参产品的存货周转率却大幅上升，疯狂进行买进，明显存在操控利润的可能，然而注册会计师也未能发现其中的问题。

三、审计风险应对措施

（一）增加信息透明度

从企业角度而言，要深刻明白不重视信息透明度带来的负面后果远超信息不对称所带来的后果。信息不对称是实时存在的，企业需要在信息源头建立坚固的共享机制，对企业内部的真实财务信息进行翔实的披露[4]。同时在应对注册会计师审计时要积极提供内控报告、数据信息、企业业务数据以及财务证据，以便于外部审计的审查，及时发现企业存在的问题，从而调整战略方向。

（二）双视角规范内部控制体系建设

从企业自身而言，重点在于体系结构的升级以及细节优化。内控制度的核心在于部门职能不重叠和监督机制的绝对独立性。在法人治理结构上建立严格的管理关系，自上而下对下级组织机构形成指导意义，这就要求每层管理层级都要具备专业能力和管理智慧。在智能部门结构上，优先保证财务管理部门的独立性，并进行职能拓展，不再仅限于基础财务业务，要深入公司治理和战略规划中。在监督机制上建立多线监管，一旦出现问题，可迅速实现多重证据查找[5]。第一，建立系统备案，对控制制度的每个环节实施进度、效果、结果、评价，全部进行备份。第二，对于环节中的实物管理部门建立盘查规划、定期盘点、登记、更新数据，将实物价值体现在账项上，实现账实一致。第三，建立专门的内控部门，要求部门成员专业素质过硬，定期对内控进行核查以及评价，并出具翔实的内控报告。

从外部审计角度考虑，在对内部控制进行测试时充分考虑可能存在的审计风险、固有风险、控制设计与执行风险来综合评判测试程度，将审计程序与这三种风险进行结合，以风险为主要导向，关注高危项目。同时在审计证据采纳方面，将企业的内控运行报告纳入参考范围，即使内控运行存在漏洞无法有效规避风险，但企业在运行报告上明显做出了披露，则注册会计师也可出具无保留意见的审计报告。

(三) 规范审计分析程序

重视异常数据，回溯到具体业务进行深度调查。针对紫鑫药业人参的存货问题，应当重视原始凭证的重要性，将实际业务发生时的发票、进货单与账面进行核对，对库存清点单的真实性进行核查并进行实地盘存，验证是否符合实际数量。在进行数据分析时放眼全行业，合理地分析紫鑫药业即使数据出现异常但可能由于注册会计师的主观判断而被忽视，而将企业与全行业进行比对则可迅速发现异常，因此需要审计人员具备较高的专业素养，能迅速形成对各个行业的全面认知，将行业特性实际运用到审计特定企业中[6]。

参考文献：

[1] 陈欢. 浅析紫鑫药业财务造假案 [J]. 当代经济，2013，324(12)：116-117.

[2] 董静. 上市公司关联方交易信息披露问题探讨——以吉林紫鑫药业为例 [J]. 知识经济，2015，367(18)：27-29. DOI：10.15880/j.cnki.zsjj.2015.18.014.

[3] 秦荣生. 审计风险探源：信息不对称 [J]. 审计研究，2005(5)：6-10+5.

[4] 雷英，吴建友. 内部控制审计风险模型研究 [J]. 审计研究，2011，(1)：79-83.

[5] 谢荣. 论审计风险的产生原因、模式演变和控制措施 [J]. 审计研究，2003，(4)：24-29.

[6] 李欣悦. 分析程序在财务报表审计中的应用研究 [D]. 合肥：安徽财经大学，2016.

二十三　掌趣科技收入审计风险识别研究

刘子珺[①]　孔晓春[②]

摘要：近年来，越来越多的人们选择通过互联网游戏来满足日常娱乐生活需要，这也吸引了投资者的关注。在一款游戏里，玩家对游戏内各种道具和代币的购买和充值是互联网游戏企业的主要收入来源，这与传统企业的利润收入存在很大的不同。因此，审计人员在对互联网游戏企业的收入审计过程中，面临很大的挑战。本文选取掌趣科技作为研究对象，识别并分析其可能存在的收入审计风险，并给出防范措施。

关键词：互联网游戏企业；审计风险；风险识别；风险防范措施

一、引言

目前，人们的生活质量不断提升，但工作压力也随之增加，因此加大了人们对于日常娱乐生活的需求。随着互联网的发展，以及电子设备的性能不断升级，互联网游戏这种对于场地和时间都没有限制的娱乐方式，为人们提供了一种便捷且廉价的选择，越来越受到人们的欢迎。中国音数协游戏工委发布的《2022年中国游戏产业报告》显示，2022年我国游戏市场规模为2658.84亿元，用户规模约为6.64亿人。但由于疫情原因对于宏观经济的影响，用户的付费意愿和消

---

① 刘子珺，男，会计硕士，研究方向：资本运营与财务管理实务。
② 孔晓春，女，讲师，管理学博士、硕士生导师，研究方向：财务管理、国际会计、资产估值。

费水平有所衰退，加之2022年我国"未成年人防沉迷"的新规执行，所以相较于2021年的数据，我国游戏市场规模同比减少306.29亿元，下降10.33%。可以说，游戏产业在我国迅速崛起，但也面临激烈的竞争。如果企业没有持续产出和维护好的游戏产品，可能将面临经营风险，出现财务造假的动机。

然而，有别于传统实体企业，审计人员在审计互联网游戏企业的过程中面临的问题可能更复杂，对于互联网企业的相关准则和审计规范也不够完善。因此，本文选取北京掌趣科技股份有限公司（以下简称掌趣科技）作为研究对象，重点关注此类企业的收入审计风险识别，指出并分析可能导致审计风险的事项，并提出防范措施。

二、企业基本情况

（一）企业简介

掌趣科技成立于2004年，2012年在深圳证券交易所创业板上市，成为国内第一家A股上市的互联网游戏公司。企业的主要业务包括移动终端游戏、互联网页面游戏及其周边产品的开发、代理发行和运营维护，成功推出多款拥有全球知名度的精品游戏，产品覆盖中国、日韩、欧美、东南亚等主流游戏市场。截至目前，企业在全球范围内发行或代理超过200款游戏产品。

（二）企业主要收入来源

1. 虚拟道具购买收入

大多数互联网游戏在下载时都不需要玩家支付任何费用，玩家只需要完成注册便可以登录游戏。但通常游戏会对体力、装备、升级速度等方面进行一定的限制，如果玩家想要获得更好的游戏体验，则需要充值游戏内的虚拟货币，再用虚拟货币在游戏内的商店中购买需要的装扮或道具。目前，这种付费方式是我国互联网游戏企业最重要、占比最大的收入来源。

2. 游戏运营商分成收入

掌趣科技的运营模式主要分为以下3种：①企业独自进行游戏研发、发行、推广、系统维护、内容更新的自主运营模式；②企业负责游戏研发、系统维护、内容更新，由外部游戏运营商负责游戏发行与推广的联合运营模式；③企业将研发成功的游戏版权完全授予外部游戏运营商的授权运营模式。

对于自主运营模式，玩家充值的金额都会直接进入企业的账户；对于联合运营模式和授权经营模式，玩家充值的金额会进入外部游戏运营商的账户，由外部游戏运营商根据游戏发行前与互联网游戏企业签订的分成合同，按照约定的分成比例定期进行收入分成。

3. 游戏内广告收入

互联网游戏企业的广告包括启动游戏时的全屏广告、游戏中页眉页脚处的横幅广告、玩家为获得免费道具所观看的短视频广告、游戏线下活动的赞助广告等。广告商会根据合同与广告的实际投放效果，定期与互联网游戏企业结算广告费用。游戏内广告收入在互联网游戏企业的收入中占比很低。

4. 周边产品销售收入

游戏周边产品大多数为实体商品，其销售方式与传统的实体企业基本一致。企业会选择热门游戏中的热门角色或道具，独立或授权给第三方商家制作成模型、玩偶、服装等实体商品，在线上平台或线下实体销售，主要受众为该游戏的玩家。

三、企业审计风险识别

（一）重大错报风险识别

1. 收入确认的时点问题

掌趣科技将游戏内的虚拟游戏道具分为消耗性道具和永久性道具。根据企业年报可知，在2020年新收入准则执行前，企业对于玩家的所有充值和购买行为，均采用的是当月即时全额确认的方式。在2020年起执行新收入准则，将消耗性道具再次细分成一次性道具和存在使用期限的道具，对于一次性道具采用当月即时全额确认的方式；对于存在使用期限的道具则采用在期限内分摊的确认方式；对于永久性道具，采取在预计游戏生命周期内分摊的确认方式。如难以区分道具的性质，则视同永久性道具进行处理。

对于消耗性道具的收入确认，玩家的购买行为和使用行为并不一定在同一时点发生，当玩家使用相关道具时才应该是收入确认时点，因此，企业目前的确认方式存在提前确认收入的风险。此外，对于上文分析的企业的3种运营模式，企业可能存在与被授权方串通，通过修改分成到账期的方式来提前或延迟确认收入以进行盈余管理，甚至篡改交易记录，使得企业的收入确认存在错报风险。

对于永久性道具的收入确认，对游戏的生命周期进行估计非常重要。根据企业年报，企业目前对于生命周期的估计方式为：在后台调取玩家历史行为数据从而给出大致估计。在此过程中所有的数据均来自企业内部，审计证据的真实性和可信性偏低，企业可能会篡改后台数据进而改变生命周期。根据企业2022年年报，审计人员主要对用户充值金额的准确性进行测试、对分摊计算的准确性进行重新计算，并未对估计方式的合理性进行评估，存在较大的错报风险。

综上所述，掌趣科技在收入确认时点上主观性较高，对利润的操纵空间较大，审计人员应当予以重点关注。

2. 虚拟商品的公允价值问题

与传统的实体商品不同，游戏中的道具属于虚拟商品，掌趣科技在旗下游戏运营的过程中，为了刺激玩家进行消费，游戏中虚拟货币的充值采用了阶段性定价的方法：玩家单笔充值金额越高，得到单位虚拟货币的支付对价越低。同时，为了吸引新人充值，游戏中存在"首次充值得双倍虚拟货币"的福利；为了保持游戏每天的日常活跃用户数量，游戏中也存在每天登录签到可获得一定虚拟货币的"月卡"。此外，每逢节假日以及游戏的开服纪念日，游戏中还会推出包含不同数量和种类道具的限时纪念礼包等促销活动。

综上所述，掌趣科技在游戏运营中所使用的各种刺激消费的方法，使得游戏内虚拟货币的公允价值确认极其复杂，并随着促销行为可能产生一定程度的波动。企业可以利用虚拟货币的特殊性、限时活动礼包的多样性，提高虚拟货币的单位价格来进行舞弊。在审计过程中，审计人员如果对于企业的收入模式没有充分了解，加之公允价值的计算和核查会占用大量的人工和时间成本，很可能导致收入确认的重大错报风险增加。

3. 游戏信息系统的风险问题

游戏企业除了在商品性质上与传统企业不同，在运营模式上也存在很大区别。通常来说，游戏企业有着线上全天候运营的特点。

由于游戏绝大多数业务在线上完成，财务数据与证据的电子化水平较高，且玩家消费存在个体交易金额小、整体交易数量多的特点，因此数据更容易被篡改，舞弊的隐蔽性较高。对于大量数据中隐藏的个别篡改行为不容易被审计人员察觉，审计证据的可靠性很难得到保证。

由于游戏全天候运行，对于网络高度依赖，在游戏信息系统安全性上，如果受到外部攻击、网络的波动、服务器硬件故障等不稳定因素，很可能对游戏中玩家历史行为数据的完整性和准确性造成影响，导致以此进行的收入时点的估计出现错误，继而出现重大错报风险。

（二）检查风险识别

1. 函证问题

在对传统企业进行收入审计时，审计人员通常会对金融机构、供应商、客户、大额项目等进行函证。但互联网游戏企业的收入来源于玩家的充值行为，有着个体交易金额小、整体交易数量多的特点，而且随着近年来我国游戏公司的"出海"战略，函证对象还会涉及其他国家或地区的用户。即使审计人员在函证过程中选取游戏中充值金额较高的玩家，能收到个人回函的概率也远远低于传统企业。这导致审计人员很难由此获得充分的审计证据，使检查风险增加。

2. 审计人员的胜任能力问题

在对互联网游戏企业进行审计过程中，审计人员不仅需要掌握会计、审计的相关知识，也需要对信息系统、互联网知识有充分了解。对于上文分析过的游戏交易金额小、整体交易数量多的特点，审计人员也需要对大数据技术有所掌握。

根据企业 2022 年年报，进行审计的会计师事务所仅利用所内 IT 专家的工作对与收入确认相关的 IT 系统和控制进行评价，并未参加后续对收入的函证过程，可能会导致一些潜在风险未被发现，增加了检查风险发生的可能性。

四、企业审计风险防范措施

（一）重大错报风险的防范措施

1. 对收入的确认时点复核

对于收入确认时点的问题，审计人员首先应当充分了解游戏内各道具的用途，按新收入准则进行分类，并将分类结果与企业系统中的结果进行比对，查看是否一致。

对于永久性道具的生命周期问题，审计人员应当采用例如 UBRM（玩家生命周期模型）和 GBRM（游戏生命周期模型）这种在游戏行业内经常使用的生命周期计算方法进行重新估计，并对企业生命周期估计的准确性展开评估和分析，验证摊销金额的准确性。

2. 重新计算虚拟商品公允价值

对于游戏内的虚拟货币会随着促销行为发生波动的情况，审计人员可以参考实体企业存货的移动加权平均法来重新计算公允价值，并与企业给出的金额相比较，从而验证虚拟商品公允价值的合理性。

对于促销行为，审计人员应该额外关注活动赠送的部分道具，检查其金额是否被准确记录和确认、是否被正确地计入"销售费用"账户中。

3. 加强信息系统审计

因为审计人员获得的大多数交易数据都来自游戏信息系统，所以对于信息系统安全有着较高的要求。为保证审计证据的真实性，在审计开始时应先对信息系统的控制进行测试，验证信息系统的安全性，确认数据的完整性，并确保数据较难遭到人为故意修改，从而降低审计风险。

（二）检查风险的防范措施

1. 优化函证程序

对于难以从游戏玩家处得到回函的问题，审计人员可以转换思路，从支付工具上入手，要求对会计年度内的充值记录进行确认，并将回函结果与公司的记录进行比对，确保收入确认的准确性。例如，目前国内电子支付的手段较为单一，因此可以向微信支付或支付宝两大支付工具函证；国外对于游戏内支付的管理更加严格，通常采用商店支付的方法，因此可以直接根据手机安卓或 IOS 系统的不同向 Google Play Store 或 App Store 进行函证。

此外，审计人员也可以通过对比游戏每日活跃人数、人均充值金额、日收入总额的变化趋势是否一致，从侧面分析相关数据的有效性。

2. 增强审计人员的专业胜任能力

目前随着互联网的飞速发展，出现了大量的互联网企业，并随着创业板实行注册制，将会有大量互联网企业考虑上市，审计这样的企业对于审计人员是很大的考验。因此，事务所应当定期组织培训，加强审计人员对于新鲜事物运行逻辑的掌握能力。与此同时，事务所应当及时培养或聘用掌握会计、审计的相关知识且对信息系统、互联网知识有充分了解的复合型人才。

五、结论与不足

互联网游戏企业由于业务模式与传统企业存在很大不同，使审计出现了很多潜在风险。本文以掌趣科技为例，指出了互联网游戏企业的收入审计过程中存在的审计风险，并给出了防范措施。由于笔者采用的是案例研究的方法，且在实务方面的经验不足，所以研究结论可能与实际互联网游戏企业的审计工作存在不同，具有一定的局限性。

参考文献：

[1] 谷寿贵. 新收入准则下掌趣科技审计风险研究 [D]. 石河子：石河子大学，2022.

[2] 曹克举. 互联网游戏业审计风险识别与防范研究 [D]. 扬州：扬州大学，2022.

[3] 陈港辉. 网络游戏企业收入审计风险研究 [D]. 哈尔滨：哈尔滨商业大学，2022.

[4] 闫浩. 网络游戏企业收入审计研究 [D]. 北京：首都经济贸易大学，2021.

[5] 刘华升. 网游企业虚拟商品收入审计风险研究 [D]. 重庆：重庆工商大学，2022.

[6] 毛睿杰. 新收入准则下网络游戏公司收入确认研究 [D]. 昆明：云南财经大学，2022.

二十四　注册制下审计失败的案例分析

——以紫晶存储为例

徐凤琴[①]　付海燕[②]

摘要：财务舞弊被曝光后总会牵连出审计失败的问题，会计师事务所因审计失败而被重罚的案例引起相关从业人员广泛关注，在审计失败中没有任何一方是赢家，企业、会计师事务所、相关利益者、行业都受到了负面影响，不利于行业的良好、有序、健康发展。紫晶存储案是一起科创板公司欺诈发行、财务造假的审计失败典型案例，本文基于注册制落地背景，以容诚会计师事务所、致同会计师事务所对紫晶存储审计失败为例，梳理审计失败的前因后果，从而提出规避审计失败的一些建议。

关键词：审计失败；欺诈发行；退市；注册制；先行赔付

一、引言

随着全面注册制的落地，市场的优胜劣汰功能进一步显现，常态化退市新格局日渐形成并更趋稳固。只有市场"有进有出"，实现优胜劣汰，我国资本市场才能实现资源的优化配置和基于公允价值的跨期定价。随着注册制全面落地，以

[①] 徐凤琴，女，会计硕士，研究方向：企业内部控制与审计实务。
[②] 付海燕，女，教授，管理学博士、硕士生导师，研究方向：传媒产业经济分析。

会计师事务所为代表的中介机构资本市场"看门人"的责任与"经济警察"的价值日益凸显。近年，监管一直强调压实中介责任，以"关键少数"为监管主要抓手，加大了对相关未勤勉尽责的中介的处罚力度。因企业管理层舞弊、企业经营失败或者审计师未勤勉尽责、独立性缺失而产生审计失败，从而会计师事务所被处罚甚至停业整顿的事件时有发生。

二、文献综述

郭颖、王雨萌（2023）基于会计师角度，认为审计失败的原因主要是会计师未保持独立性、缺乏应有的职业怀疑、审计程序不够严谨以及执业能力与职业水平有待提高。[1] 赵丽芳等（2022）总结道，"未勤勉尽责"是造成审计失败的重要共性原因。[2] 沈雁音、郑柱（2022）以瑞华所 2013—2018 年典型审计失败案例为样本，研究发现：引发会计师事务所审计失败的内因在于会计师事务所质量管控和注册会计师审慎执业不到位；外因是审计客户管理层缺乏诚信，蓄意造假，公司治理结构存在缺陷，监管部门惩处措施偏轻等。[3]

三、审计失败的因素分析

本文审计失败概念选用《高级审计研究（第三版）》的定义，审计失败，即审计师未能遵循独立审计准则，在财务报表存在重大错报的情况下，审计师出具了无保留意见的审计报告。[4] 审计失败应该包括结果失败和过程失败两个方面。

引发审计失败的原因有多种，这些不同来源的因素相互交织，使我们一时之间难以分辨，这需要我们撩起审计失败纷繁的"面纱"，认识审计失败的真实面貌。本文将从审计环境、审计客户和会计师及会计师事务所三个方面一一展开分析。

（一）审计环境

我国审计市场竞争激烈，同时存在"业务直接或变相指定"和低价抢揽业务两大问题，国际四大占据大比例市场份额，本土事务所选择价格战的方式抢业务，难免会出现"劣币驱逐良币"的情况，收费低，审计质量难以保证，增大了审计失败的可能性。

审计失败也反映了民间审计制度安排的悖论问题。从理论上讲，公司的所有者是审计工作的委托方，审计师是所有者的代理人；而在实践中，所有者往往虚化成"橡皮图章"，实际的管理决策权力在经营者手中，甚至有时经营者会建立"经理帝国"。因此，审计师与经营者之间存在一定的利益相关性，这使得审计师会陷入承接业务（生存发展）和承担资本市场"看门人"责任的两难境地，可能会影响其独立客观地发表审计意见。难逃悖论，审计行业因审计失败支付了巨额的代价以及名誉受损。

（二）审计客户

紫晶存储更换会计师事务所时间节点及事由如表24-1所示。

表24-1 紫晶存储更换会计师事务所时间节点及事由

序号	解聘事务所	聘请事务所	更换时间	更换事由
1	致同会计师事务所	容诚会计师事务	2020年3月2日	原审计团队离开致同所并加入容诚所
2	容诚会计师事务	致同会计师事务所	2021年1月	加入容诚所的原审计团队在2020年年报审计前夕"撂挑子"
3	致同会计师事务所	立信会计师事务所	2021年	公司业务发展和年度审计工作需要
4	立信会计师事务所	中喜会计师事务所	2021年12月	被出具非标准意见报告

才刚成功登录科创板，紫晶存储便宣告要更换会计师事务所，几次改聘2020年年报审计机构，最后该年年报被立信所出具非标准保留意见的审计报告，形成审计意见的基础主要是预付技术开发费及预付设备款和应收账款的可回收性问题。随着证监会2022年2月对紫晶存储正式启动立案调查，中喜所对紫晶存储2021年财报出具了无法表示意见，对公司内部控制出具了否定意见的审计报告。同时，公司独立董事均表示无法保证年报的真实性、准确性和完整性。

大多数审计失败案件对外披露是因为企业经营失败或者企业违法违规被立案，拔出萝卜带出泥，从而导致审计失败。紫晶存储董事长郑穆、公司董事罗铁威，系直接负责的主管人员；二人作为实际控制人，组织、指使公司从事欺诈发行和信息披露违法违规行为。

（三）审计师及会计师事务所

致同所因对太化股份2014年度财务报表审计时未勤勉尽责，2020年被证监会没收业务收入60万元，处60万元罚款。其审计师因存在对收入政策审计程序不到位、销售业务循环控制测试不恰当、贸易收入真实性审计程序不到位等问题，被给予警告，处5万元罚款。紫晶存储2013—2021年报审计意见如表24-2所示。

表24-2 紫晶存储2013—2021年报审计意见

报告期	审计日期	会计事务所	审计意见
2021年报	2022-04-29	中喜会计师事务所（特殊普通合伙）	无法表示意见
2020年报	2021-04-29	立信会计师事务所（特殊普通合伙）	保留意见
2019年报	2020-04-22	容诚会计师事务所（特殊普通合伙）	无保留意见
2018年报	2019-09-23	致同会计师事务所（特殊普通合伙）	无保留意见
2017年报	2019-09-23	致同会计师事务所（特殊普通合伙）	无保留意见
2016年报	2019-09-23	致同会计师事务所（特殊普通合伙）	无保留意见
2015年报	2016-04-28	致同会计师事务所（特殊普通合伙）	无保留意见
2014年报	2015-08-31	致同会计师事务所（特殊普通合伙）	无保留意见
2013年报	2015-08-31	致同会计师事务所（特殊普通合伙）	无保留意见

数据来源：同花顺iFinD

会计师事务所的质量控制是其生存发展的重要保障，如果质量控制有缺陷或者形同虚设，审计失败可能会成为家常便饭。会计师事务所的内部激励机制也发挥着重要作用，如果事务所的激励机制存在错位，产生畸形的价值追求，也会导致审计失败的发生。

四、审计失败的结果及影响

因欺诈发行，上交所依法对紫晶存储启动重大违法强制退市，这是监管部门对科创板首批欺诈发行案的亮剑，在立体惩戒机制下，将启动投资者赔偿工作。

（一）紫晶存储退市及相关人员被处罚

1. 紫晶存储退市

因欺诈发行、财务造假，紫晶存储（现为退市紫晶）成为科创板首批退市公司。上交所根据《科创板股票上市规则》的规定，对公司股票作出终止上市的决定。

2. 相关人员被处罚

证监会对于证券发行人及相关控股股东、实际控制人等"首恶"坚决严惩，全方位追责，具体处罚情况如表24-3、表24-4所示。

表24-3 对欺诈发行行为的处罚情况

序号	被处罚对象	公司职务	处罚情况
1	紫晶存储	公司	处以非法所募集资金的3%，即3068.52万元罚款
2	郑穆	董事长	作为直接负责的主管人员处以30万元罚款，作为实际控制人处以1534.26万元罚款，共计1564.26万元
3	罗铁威	董事	处以1303.55万元罚款
4	钟国裕	储董事、总经理	处以20万元罚款
5	李燕霞	董事、财务总监	处以20万元罚款
6	黄美珊	储监事、总经理助理	处以10万元罚款
7	焦仕志	副总经理	处以10万元罚款
8	魏强	副总经理	处以5万元罚款
9	杨思维	监事	处以5万元罚款
10	王炜	董事会秘书	处以5万元罚款
11	林海忠	南区销售总监	处以5万元罚款
12	丁杰	采购部经理	处以5万元罚款

数据来源：中国证监会行政处罚决定书〔2023〕30号

表 24-4　对信息披露违法违规行为的处罚情况

序号	被处罚对象	公司职务	处罚情况
1	紫晶存储	公司	责令改正，给予警告，并处以 600 万元罚款
2	郑穆	董事长	给予警告，并处以 600 万元罚款
3	罗铁威	董事	给予警告，并处以 500 万元罚款
4	钟国裕	储董事、总经理	给予警告，并处以 200 万元罚款
5	李燕霞	董事、财务总监	给予警告，并处以 200 万元罚款
6	黄美珊	储监事、总经理助理	给予警告，并处以 150 万元罚款
7	焦仕志	副总经理	给予警告，并处以 150 万元罚款
8	魏强	副总经理	给予警告，并处以 100 万元罚款
9	杨思维	监事	给予警告，并处以 100 万元罚款
10	王炜	董事会秘书	给予警告，并处以 100 万元罚款
11	林海忠	南区销售总监	给予警告，并处以 100 万元罚款
12	丁杰	采购部经理	给予警告，并处以 100 万元罚款
13	刘宁宁	子公司常务副总经理、分公司副总裁	给予警告，并处以 100 万元罚款
14	王铁林	独立董事	给予警告，并处以 50 万元罚款

数据来源：中国证监会行政处罚决定书〔2023〕30 号

欺诈发行、财务造假等资本市场违法违规操作损害相关者的权益，危及市场秩序和金融安全。上市公司要严守财务不能造假的底线，不能说假话、编故事、做假账。

(二) 中介机构成立专项赔付基金

2023 年 5 月 26 日，据中信建投证券公告，紫晶存储事件先行赔付专项基金正式设立。中信建投证券称，为保护投资者合法利益，维护证券市场稳定，作为紫晶存储 IPO 的保荐机构和主承销商以及其他中介机构，共同出资设立先行赔付 10 亿元专项基金。

注册制改革是放管结合的改革。证监会表示，将充分考虑本土资本市场发展尚不充分、中小投资者占比高、诚信环境不够完善的现实国情，加大发行上市全链条各环节监管力度。坚持"申报即担责"原则，压实发行人及实际控制人责任。加强发行监管与上市公司持续监管的联动，规范上市公司治理。以上种种信号都在督促中介机构归位尽责，加强能力建设。证监会指出，贯彻"零容忍"要求，对紫晶存储所涉中介机构开展"一案双查"。在紫晶存储案中，其对容诚会计师事务所、致同会计师事务所等中介机构启动了相关调查工作，后续将根据中介机构在相关执业行为中的勤勉尽责情况，结合其主动先行赔付以及申请证券期货行政执法当事人承诺等情形，依法进行下一步处理，紫晶存储审计失败的影响还未完。

五、审计失败的解决思路

（一）优化审计环境

任何事物的产生与发展都离不开环境的影响。优化审计环境为审计师提供一个良好的职业环境，降低外界因素对审计师的干扰，有利于减少审计失败事件的发生。政府及相关部门要完善审计市场机制，规范审计市场竞争秩序，行业协会组织要扮演好其促进行业自律、有序发展的角色，审计师及会计师事务所要正视期望差距并主动积极与社会公众沟通，尽可能消除"审计期望差距"产生的负面影响。

（二）高度关注管理舞弊，避免审计失败

管理舞弊与审计失败有较大的关联性，管理舞弊是审计师不能绕开的关注对象。在舞弊审计中，审计人员要注意识别利润最大化操纵、利润最小化操纵、现金流操纵等常见风险点，了解审阅财务报表时的常见关注点，熟悉财务报表比率分析指标，明确财务造假常见预警。对于潜在的风险，要给予充分的关注，包括高利润但缺乏现金流量；无特殊理由，同时出现高负债和高货币资金余额；营业利润和非持续性收益呈现互补性；经营业绩逐年提升，但应收账款或存货周转率持续下降；公司盈利能力和成长性明显高于同行等情况。

(三)强化会计师事务所的内部质量管理

针对强化事务所的内部质量管理的具体措施可以包括：会计师要知己知彼，谨慎选择客户，对客户的业务有全面深入的掌握，同时保持应有的职业关注和职业谨慎，把保持审计的独立性贯彻到底。事务所要任人唯贤，保证入职人员的职业素养达标，加强执业准则和职业道德规范的学习；要根据会计师事务自身特点，建立健全并严格执行质量控制制度，形成质量至上的风气。

参考文献：

[1] 郭颖，王雨萌.中兴财光华对斯太尔审计失败案例分析[J].老字号品牌营销，2023(8)：103-105.

[2] 赵丽芳，郭凯，王蕾.注册会计师勤勉尽责认定与审计失败关联问题研究[J].会计之友，2022(24)：70-76.

[3] 沈雁音，郑柱.会计师事务所审计失败防范研究——以瑞华会计师事务所为例[J].湖北科技学院学报，2022，42(4)：47-54+73.

[4] 刘明辉.高级审计研究[M].大连：东北财经大学出版社，2018.

二十五　基于职业怀疑视角的审计工作研究

张灿[①]　付海燕[②]

摘要：随着我国资本市场的不断壮大，国家对上市公司的业务规范、审计质量的要求越来越高，审计准则也提高了对审计人员的职业要求。审计人员必须在整个审计过程中保持充分的职业怀疑态度，这是提高审计质量的重要保障。本文以康美药业财务舞弊事件为例，分析康美药业审计失败的原因，剖析审计人员在审计过程中职业怀疑态度不足的具体表现，进一步讨论正中珠江会计师事务所在对康美药业进行审计过程中出现职业怀疑不足的原因，最终从事务所、审计人员、监管三个方面提出相关改进建议。

关键词：审计人员职业怀疑；审计失败；高质量审计

一、职业怀疑的内涵

职业怀疑是指注册会计师在从事执行企业审计工作时所持的一种职业心理和思维态度，职业怀疑在本质上要求注册会计师秉持一种质疑的理念。具体表现为：审计企业对审计工作的思想和行动是否采用一种高度怀疑的思维行为模式。要始终对由于审计错误或企业有关部门可能存在的徇私舞弊而导致的审计事件和

[①]　张灿，女，会计硕士，研究方向：资本运营与财务管理实务。
[②]　付海燕，女，教授，研究方向：传媒产业经济分析。

错报迹象保持高度的警惕,并运用多种审计手段,对与企业审计有关证据的真实性和准确性进行评估。

在我国,注册会计师在执业过程中,普遍存在"以人为本"的思维方式。第一,要时刻注意那些存在被怀疑有舞弊的痕迹的事情;第二,对已取得的审计资料进行充分、适当的评估。因此,对专业疑虑的认识,应当贯彻审计全流程,并对其产生影响。同时,对于确保审计工作的质量,亦是必不可少的。

二、职业怀疑的重要性

本文在对我国相关研究进行梳理与分析后认为,"职业怀疑"对于以风险为导向的审计具有重要意义。

2017年15例上市公司违规行为存在两大特征:一是审计方式与监督方式的制度化;二是对有关专业的行政人员评价工作缺乏严谨和专业的态度。审计人员缺少职业怀疑极有可能导致其审计工作失败。

要保证审计的质量,就必须有一种职业的怀疑。对注册会计师而言,永远抱有一种专业的质疑态度,是其必备的职业道德。在实际操作过程中,财务舞弊往往经过企业的精心组织与计划,舞弊的方式与手法也日趋多元化,愈加隐秘与复杂化。注册会计师只有在执业过程中保持高度的职业怀疑,才能减少被审计单位财务报表中的重大错报风险不被发现的可能性,才能保证提供高质量的审计服务,才能避免审计失败。当一个事件引发了注册会计师的怀疑时,注册会计师将扩展对审计证据的检索,并通过获得充分恰当的审计证来排除怀疑,以确保其审计的高品质,从而保证财务信息披露的高质量。

因此,坚持职业信仰与怀疑的态度,是我国注册会计师履行职责的一项基本条件,也是确保其高质量的审计工作的重要保证。能否继续保持对职业的怀疑不仅会对审计结果产生重大影响,还可能对注册会计师的职业生涯、委托方、行业以及社会产生影响。

三、康美药业案例分析

康美药业股份有限公司（以下简称康美药业）创建于1997年，资本总额为7080万元，并于2001年2月在上海证券交易所上市。康美药业是一家集医药贸易，房地产租赁，医疗器械等于一体的医药企业。康美药业公司从2006年至今，净利润大体呈现增长趋势。在2018年，该公司的市场份额达到了历史新高，一度突破了1300亿人民币。在当时是有名的"白马股"。

（一）正中珠江对康美药业的审计情况

自2001年首次公开募股IPO审计以来，正中珠江会计师事务所已连续19年与康美药业合作，为康美药业进行年报审计。这是19年以来，康美药业公司对其2018年年度财务报告进行了重大调整后，该公司首次出具非标准审计报告。需要指出的是，正中珠江在2016年和2017年对康美药业给出的审计意见均为标准无保留。但康美药业在收到中国证券监督管理委员会的问询函后，经过自我检查，并于2016年、2017年对财务报表进行了重大追溯调整，这一举动无疑完全否认了过去两年由正中珠江出具的审计报告。

（二）正中珠江对康美药业审计中职业怀疑不足的表现

审计准则对审计人员提出了更多的要求，并提出了更多的怀疑和更好的辨识错报的能力；在进行审计时，要注意那些会对审计工作产生不利影响的可疑因素。当公司的财务指标相对于同行业或以往的发展情况而言，出现了一些不正常的情况时，审计人员不应该只依靠公司所给出的解释，而是应该利用自己的专业知识和经验，做出自己的独立判断，并主动寻求有关证据来支撑。

1. 未关注到库存等明显不合理的交易安排

康美药业于2017年度将其流动资产调整至300亿元人民币，而存货则将其规模降至197亿元人民币。在调整了当年的库存之后，康美药业的总资产为65 993亿元人民币，其账面上的现金为3547亿元人民币，即53.98%的现金。

目前，我国药品市场上，同仁堂公司的存货最多，占总存货的31.6%左右，国药一致、中国医药占比分别为16.9%与21.4%，与之相比，海正制药公司的存货比例还不到10%，所以康美药业公司的存货比例很高，这显然不合常理。不过，由于公司存货过多，说明公司的存货水平不高，因此，公司的营运情况值得注意，但在公司的审计报告中却未提到公司的有关风险。因此，公司的财务报表中亦未提到公司的营运情况。甚至在康美药业被中国证监会查出舞弊事件后，正中珠江也只是对这种严重的错报做出了一个简单的说明，将自己的过错推得一干二净，并表示自己的存货之所以少报，是因为之前的会计处理问题，跟审计部门没有任何关系。

2. 未对各类毛利率异常波动执行充分的审计程序

康美药业公司以药物购销为核心营收。在2018年度，大部分同类公司的医药交易的毛利都在10%上下，但康美药业却远远超过了市场的平均毛利，超过了30%。此外，康美药业在物业、租赁、销售及医疗器材等领域，其毛利亦远远超过业界均值。康美药业表示：该公司已有很长的历史，有很好的发展前景，有很好的产业链，有很好的供给能力，在业内享有很高的声誉，而且与很多医院有很长的合作关系，省去了很多的中间环节，相应的费用比一般公司要低，毛利也比较高。实际上，康美药业公司的毛利水平已持续数年之久。仅以节约中介费用一词来说明此问题，未免过于牵强，不过正中珠江并未对此提出异议，也未否认此说法。

3. 未关注企业高存高贷异常

2015—2017年，康美药业公司的货币资金不断增长，截至2017年年末，货币资金总额已经突破340亿元人民币。两年间，公司总的货币资本与总资产占比均在50%以上。这说明康美药业公司拥有充足的现金流，其偿债能力应该很强。不过，康美药业在2018年6月已有逾15个亿的股权质押，公司的流动资本大部分依赖于债务融资。许多人都不明白，作为一家已经在医药行业存在了将近20年的大企业，它的制度健全，发展成熟，拥有巨额现金，为何要从外面借钱，而且是以极高的资本成本？对于这样反常的数据和行动，有关的审计师们早该采取行动，并追查其背后的真实成因，然而，珠江中心地区却迟迟没有行动，任由舞弊在暗地里肆虐。

四、审计人员缺乏职业怀疑的原因分析

（一）审计人员职业怀疑意识薄弱

康美药业公司的存货在公司财产中占有很大比例，但是中央珠江公司仅就这些存货进行了全面的监督。另外，由于康美药业公司的库存价格及库存损失准备几乎没有改变，所以可能是由于库存总量的急剧下降所致。这种虚假销售的库存费用，是康美药业预先确定并故意提高的。当进行审计时，注册会计师并不清楚商品的去向，也不清楚商品到底有没有存货。甚至在康美药业的2018年度报告中发生了重要的会计变更，但其所遵循的审计流程仍然与往年一般无二，对于当年高分红、高存款、高借贷等业务的不正常现象，也并未引起太多的关注。

（二）长期业务往来导致认知偏差

对于2018年康美药业的营业收入、货币资金、在建工程等，由正中珠江进行的与去年同期的审计过程大体一致。正如我们所设想的那样，一个注册会计师很有可能会根据前一年的审计过程和前一年的审计经验来执行审计。正中珠江曾与康美医药公司合作19年，对康美医药的风险评价及其他方面的判断有充分的自信。中国证监会对康美药业财务舞弊事件的披露，从一定程度上反映出了注册会计师的"过度自信"这一认识偏见。另外，正中珠江在处理康美药业的消耗性生化产品时，曾委托第三方专业人员进行现场检查，因此，如果只凭专业人员的评价就能判定其是否属实，亦有失公允。公司应当以取样、质询的形式，对搜集到的资料做出专业的评判。但是，在公司的工作文档中却没有任何有关记载，即使在文章中，也没有任何关于这方面的记载。对于"可访问性"，这样的做法显然存在一种认识上的偏差。

(三) 会计师事务所追求高速扩张

自从珠江正中于 2008 年重新上市以来，一直处于快速成长阶段，并且与广东的其他会计公司陆续合并。在对其进行的 2017 年年度的全面评估中，其拥有 93 个公开发行股票的执业资格，曾被誉为"广东第一"。但是，随着公司的迅速发展、规模的不断扩大，会计师事务所的执行能力和执业能力却没有得到显著提升。自 2013 年开始，会计师事务所受到证监会处罚的次数显著增多，会计师事务所的审计失败所牵扯的有关金额变得更大，各种影响也变得更加恶劣。

(四) 对财务舞弊与审计失败惩处力度较轻

在资本市场上，违法行为的代价很小，这是一个很大的缺陷。中国证券市场法律制度上的显著缺陷，使违法企业所承受的外在压力大为减少。康美药业的这起舞弊案，根据现行的《中华人民共和国证券法》，中国证监会对该公司的主席马兴田等六人作出了 60 多万元的处罚，并对他们实施了禁令。60 多万元的罚单只是三年间发生超过八百亿元的舞弊事件中的一小部分，而这次的舞弊事件也导致众多的投资人蒙受了巨大损失，也对整个金融市场产生了严重的冲击。在过去 10 年里，注册会计师被罚款共计 609 万元，罚款数额多在 5 万—10 万元，与注册会计师高收入相比，可以说是微不足道。

五、相关对策与建议

(一) 事务所层面

1. 落实事务所随机复查与交叉检查

加强事务所内部监管能够促进审计人员更好地利用职业怀疑。因为公司与公司间必然会有某种程度上的竞争，所以公司往往会对公司进行无差别的抽查。由于存在一些问题，被立案审查的会计机构，其名誉、名声都将受到严重的损害。

对于大型会计师事务所而言，其所受的冲击也很大，从而使其在审计过程中产生无法挽回的损害。因此，在接受审计工作之前，会计师事务所必须对审计工作进行全面、仔细的评价，并在执行工作之前，将具备一定的职业能力的注册会计师指派到特定的公司，使其能够更好地开展工作，更好地发挥自己的职业优势。同时，各大所之间应相互借鉴、相互沟通，形成良性、相互协作、相互竞争的环境。

2. 注重团队建设与人员选择

最近几年，中国地方会计公司的发展呈现出兼并和不断壮大的态势。目前，我国大型会计师事务所存在一些亟须完善的问题，这些问题为我国大型会计师事务所的执业实践提供了有利的条件。对于大中型会计师事务所而言，可以通过内部的电子化和信息化的网络进行交流和分享，使内部和外部的审计师队伍相互融合和合作。实地审计小组的职责包括：监督公司存货，审计账目，与上级沟通，进行实质性测试，编制工作底稿；内部审计小组的任务是制定审计方案，确定样本，修改草案，进行各种审计工作。这样的工作分工，既可以促进专业的工作经验的积累，又可以促进审计工作的高效进行，还可以把节约的费用用在自己的内部结构上，或者用在审计师的利益上。

（二）审计人员层面

1. 强化自身专业能力

我国上市公司自身的独立性、专业能力，以及执业能力都与其所处的环境有很大的关系。在进行这些操作时，可以借鉴如下经验：首先，在对企业进行审计之前，要对被审计单位以往的发展情况、公司的内外环境以及行业的总体情况和特点有一个全面的认识，最起码可以对高风险的地方进行有效的辨识。其次，搜集、整合并完善该系统的典型案例库，并将这些案例库按照各自的特征进行归类，并从中吸取经验教训，从而提升对可能存在的风险的辨识和防范能力。最后，根据工作特征开展专项训练，并强化一些核心注册会计师对新技术的学习，从而发现审计的死角，提升审计工作的有效性。

2. 明确职业怀疑在审计中的运用

当注册会计师拥有了足够的专业知识之后，就应该在实际工作中进行大量的实践，并对其运用进行清晰的认识。从过去因为职业怀疑不够而造成的审计失败的案件中可以看到，高风险的部门比其他部门更容易出现舞弊行为，而且造成的结果也是比较严重的。所以，在实际操作过程中尤其要重视：一是确认营业费用与营业收益的真实程度。确保企业的经营费用没有人为减少，收益没有人为提高，收益是实实在在的。二是通过对市价的准确预估，来估算被稽查企业库存的减值程度，并为其预留资金。为确保会计报告的真实、准确，需要对各项支出进行追踪或回溯，以了解各项支出在本期内的支出情况。借由在各个高风险行业中持续累积之经验，并以一种职业怀疑精神，进行高效审计，我们深信，审计质量定能大幅提升。

（三）监管层面

1. 抑制恶性竞争，净化审计市场竞争环境

近几年，不少中小型商业银行纷纷以"降价"的方式招揽顾客。面对这样的局面，有关部门应从审查者的资历、工作效率和所在企业的地理位置等方面，为其制定一个清晰的最低标准，以免出现盲目"降价"的局面。同时，中国证监会也有责任在不损害执业资格的情况下，维护并营造一个健康的会计师行业环境。通过设立具有权威性和公信力的委托代理机构和公开投标机构，可以有效地防止审计机构和审计机构的直接利益冲突。将第三方机构作为会计师事务所与上市公司之间的交易中心，在某种意义上可以帮助事务所保持其独立性，并敢于坚持充分的职业怀疑态度。

2.落实多方监督，强化惩罚力度

在我国，由于社会公众日益增多，财务造假行为的危害性已不再限于企业自身，对广大中小投资者均产生了严重的影响。审计机构是上市公司的"看门人"，其职责是无法回避的。若能将共同起诉与共同起诉相结合，将会使被共同起诉的投资者对共同起诉所造成的投资损失产生较大的影响。这一机制的确立，将极大地提高审计机构违法行为的成本，降低其失职的几率。

参考文献：

[1] 吴欣玲. 结合财务报表审计谈"职业怀疑"及应用——以康美药业为例 [J]. 绿色财会，2023，430(4)：53-56.

[2] 袁会权. 注册会计师保持职业怀疑的重要性 [J]. 上海商业，2023，530(4)：29-32.

[3] 吴国铨. 基于职业怀疑视角的审计失败问题研究 [D]. 兰州：兰州财经大学，2022.

[4] 高歌. 应对复杂会计估计有效识别审计风险 [N]. 中国会计报，2023-03-17(3).

第三篇 财务分析与财务风险

二十六 财务报表分析案例研究

——以神马实业股份为例

刘方丽[①] 胥力伟[②]

摘要：企业通过公开的财务报表披露其主要的财务信息，投资者和其他利益相关方为了做出恰当的经济决策，需要对这些财务报表进行深入的分析与评价。本文以神马实业股份为案例对象，从企业财务报表分析财务状况质量与企业竞争力分析以及企业前景预测三个方面进行研究，并对神马股份提出建议，希望对企业的健康发展有所帮助。

关键词：财务报表分析；案例研究；神马股份

一、引言

财务报表分析主要是对过去一段时间中企业经营业绩的评价，对现阶段企业财务状况的衡量，以及预测未来企业财务状态的发展状况。对企业财务报表的分析，可以帮助投资者做出有利的投资决策；帮助债权人制定有利的信用政策；同时也有利于国家财税机关等政府部门加强税收征管工作，正确进行宏观调控。

---

① 刘方丽，女，会计硕士，研究方向：资本运营与财务管理实务。
② 胥力伟，女，副教授，研究方向：财税理论与实务。

二、文献综述

财务报表分析是以报表数据为基础,以比较分析法、比率分析法、因素分析法以及趋势分析法为手段,科学合理地对企业整体状况进行分析与评价。刘碧波(2019)认为财务报表分析是财务管理活动的重要组成部分,但相对于其他财务管理活动,财务报表分析较为独立,流程更加完整;财务报表分析与财务管理活动是相辅相成的[1]。

囤秀秀、张波(2018)认为外部信息使用者可以依据财务报表分析了解企业的运营状况、监督资金流向,内部信息使用者可以通过财务数据分析企业的运营效率、财务稳定性以及可持续发展能力,了解财务状况和发展趋势,改善决策,提高经营管理水平[2]。

李启发(2020)总结道:通过财务报表分析可以揭示财务报表上每个数字所代表的经济活动,有效提升企业精细化管理水平,促进企业健康、稳定发展[3]。

周力(2013)认为财务报表分析具有一定的局限性,例如财务报表数据的不准确会直接影响分析的结果;会计政策、原则、假设的选择不同可能会造成财务信息被粉饰[4]。

综上所述,尽管财务报表分析可以为企业的经营管理以及利益相关者的投资决策提供帮助,但其有效性是以财务数据的真实准确为基础的,因此在进行财务分析的同时也应当考虑数据的合理性。

三、研究设计

(一)案例选择

神马实业股份是中国第一家生产尼龙66工业丝及帘子布的现代化企业,拥有世界先进的生产工艺和一流的技术装备,产品质量一直处于国内领先水平,且达到国际同行业同类产品先进水平。本文选择以神马实业股份为例,通过财务报表分析发现企业经营活动中值得其他企业借鉴学习的地方,以促进我国高新技术的发展。

（二）研究过程

本文首先介绍公司业务概况、行业地位以及其他表外因素。

其次对财务报表、财务状况质量与竞争力以及企业的前景预测进行分析。

最后是对本文研究的总结以及建议。

四、公司简介

神马实业股份有限公司（以下简称神马股份）成立于1993年，于1994年在上海证券交易所上市，现总市值82.28亿元。截至2022年12月31日，公司累计发行股本总数104 417.59万股，实收资本及注册资本均为104 417.59万元，公司法人代表李本斌，企业从事的业务属于化学纤维制造业。

（一）主要业务概况

神马股份有限公司属于生产销售型工业企业，主要从事尼龙66工业丝、帘子布、切片、己二酸等产品的生产与销售。

（二）公司发展及行业地位

神马股份拥有亚洲第一、世界第二的尼龙工业丝（布）生产基地，具备10万吨的尼龙66纺丝生产能力，公司的帘子布生产规模和市场占有率在世界上仅次于美国杜邦，行业龙头地位突出。公司还具备军工题材，其主导产品占据我国军需市场很大份额，"神舟五号""神舟六号"降落伞骨架材料就是由神马特品工业丝制造的。

（三）表外因素的了解

1. 控股股东

神马股份的控股股东为中国平煤神马控股集团有限公司，截至2022年12月31日，持有公司59.45%的股份，实际控制人为河南省国有资产监督管理委员会。

2. 审计报告措辞

立信会计师事务所（特殊普通合伙）为神马股份出具了标准无保留意见的审计报告。这意味着，第一，注册会计师对企业的会计处理没有重大意见分歧；第二，至少在注册会计师看来，企业的会计处理及会计信息的质量是符合会计准则要求的[5]。

五、企业财务报表分析

（一）资产负债表（表26-1）

表 26-1　资产负债表

	2022 年度报表		2021 年度报表	
	母公司（亿元）	合并（亿元）	母公司（亿元）	合并（亿元）
资产总额	193.63	273.54	204.16	258.97
货币资金	53.42	93.82	62.10	97.51
其他应收款	9.91	5.29	8.99	0.07
流动资产总额	83.61	137.80	101.34	144.18
短期借款	37.20	57.34	52.44	69.50
长期股权投资	99.72	11.35	94.33	11.35
股本	10.44	10.44	10.44	10.44
资本公积	51.73	27.03	51.73	27.03
盈余公积	4.76	4.82	4.58	4.63
未分配利润	8.56	32.72	13.33	35.02
所有者权益合计	57.49	103.77	80.08	83.39

数据或资料来源：公司年报

1. 资产的结构及规模变化

企业资产负债表显示，母公司资产总额从年初的 204.16 亿元减少到年末的 193.63 亿元；整个集团资产总额从年初的 258.97 亿元增加到年末 273.54 亿元，这表明企业可以利用的资源基本没变。合并报表中货币资金的规模 93.82 亿元远大于母公司 53.42 亿元，其他应收款的规模 5.29 亿元远小于母公司 9.91 亿元，这说明子公司留有较为充分的货币资金用于日常经营。另外，由于母公司的长期股权投资规模达 99.72 亿元，而合并报表中的长期股权投资只有 11.35 亿元，因此，母公司的对外投资基本是以对子公司的控制性投资为主。

2. 负债和股东权益的结构及规模变化

在负债方面，企业的实质性经营负债总体有所下降，表明公司的经营业务对经营性负债资源的获取能力有所下降。股本和资本公积的规模均没有发生变化，说明年度内公司既没有发行股票也没有通过送股或转股的方式增加股本。股东权益年末比年初也都有所减少，主要是因为留存收益降低，母公司下降了 4.60 亿元，整个集团下降了 2.12 亿元，这说明公司当年的盈利积累能力较差。

资产负债表的整体变化表明，集团整体正处于逐渐衰退的阶段。

（二）利润表（表26-2）

表 26-2　利润表

	2022 年度报表		2021 年度报表	
	母公司（亿元）	合并（亿元）	母公司（亿元）	合并（亿元）
营业收入	175.95	135.59	174.88	134.15
营业成本	175.92	129.92	173.57	109.92
销售费用	0.50	0.81	0.50	0.79
管理费用	2.33	5.91	1.96	5.00
营业利润	1.78	4.93	18.05	24.74
销售毛利率	—	14.84	—	29.75

数据或资料来源：公司年报

1. 母公司利润表

从营业收入和营业利润的数据对比来看，企业的营业收入增加了 1.07 亿元，营业利润却降低了 16.27 亿元。具体项目中，除了企业的营业成本比上一年有所增加外，其他项目如销售费用、管理费用等基本上与企业营业收入的变动方向一致。这意味着母公司报表上表现出来的盈利能力下降主要是母公司所售产品的毛利率大幅度下降所导致的。实际上，上一年企业的营业利润能够达到1.78亿元的规模，主要依赖于2.22亿元的投资收入（由于母公司基本上都是对子公司形成的控制性投资，因此这2.22亿元的投资收益基本上是子公司对母公司的现金分红）。

2. 合并利润表

表中显示，营业收入比上一年增加了1.44亿元，营业利润却比去年减少了19.81亿元，通过具体项目的比较我们发现，主要原因是营业成本比去年增加了20亿元。由于母公司的营业成本只增加了2.35亿元，可以推出子公司的营业成本发生了大幅增加。这很可能是由于原材料价格上涨、人工成本提高、制造费用增加等原因造成的。

从集团整体来看，销售毛利率从去年的29.75%降到了14.84%，企业盈利能力显著下降，定价能力减弱，这表明行业竞争激烈，很可能存在价格战或成本失控。

（三）现金流量图（图26-1）

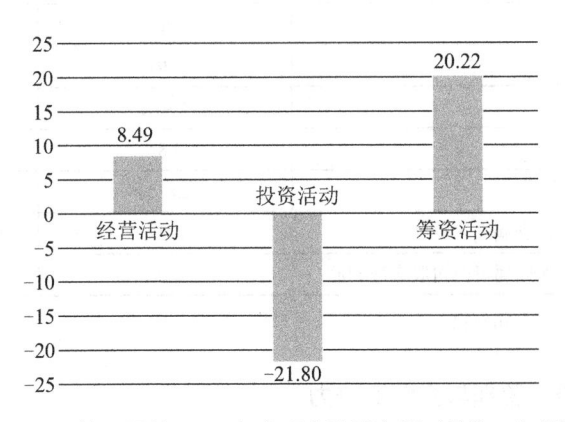

图26-1 神马股份2022年度现金流量净额（单位：亿元）

数据来源：公司年报

从合并现金流量图中可以看到，神马股份的经营活动产生的现金流量净额为8.49亿元，投资活动产生的现金流量净额为-21.80亿元，筹资活动产生的现金流量净额为20.22亿元，这表明企业是以投资为主导的企业战略，用经营活动和筹资活动获取的资金进行投资，俗称"蛮牛型"企业。

六、财务状况质量与企业竞争力分析

下面以合并报表为基础对整个集团的财务状况质量及企业竞争力进行分析（表26-3）。

表 26-3 财务摘要

项目	2022年度/亿元	2021年度/亿元
营业收入	135.59	134.15
营业成本	115.47	94.24
销售毛利率	14.84%	29.75%
存货周转速度	9.19次/年	9.23次/年
固定资产	59.71	51.00
固定资产周转率	2.45次/年	2.72次/年
销售费用	0.81	0.79
销售费用率	0.60%	0.59%
管理费用	5.91	5.00
管理费用率	4.36%	3.73%
研发费用	3.84	4.95
研发费用率	2.83%	3.69%
归属母公司所有者的净利润	4.27	21.44
扣除非经常性损益后的归属母公司股东净利润	4.06	21.07

数据或资料来源：公司年报

（一）营运资本管理与企业竞争力

从营运资本的基本结构来看，在流动资产总额的137.80亿元中，货币资金就达到了93.82亿元，具有投资色彩和可能存在投资因素的其他流动资产规模较

低，意味着企业流动资产除了货币资金以外几乎全部为经营性资产。其他应收款因规模较小可以忽略不计。从规模和自身结构来看，企业流动资产的整体质量较高。

1. 货币资金存量与短期融资管理

企业的货币资金年末为 93.82 亿元，占资产总额 273.54 亿元的 34.3%；短期借款有 57.34 亿元的余额，货币资金与短期借款的比率为 1.64，反映出企业的短期偿债能力较强，没有资金压力。流动资金占比较大，也说明企业未有效利用资金，应加强理财，增加业务开展。

2. 其他应收款质量

其他应收款规模较低，意味着企业的货币资金并没有通过计入其他应收款而被关联方长期占用，更没有形成不良资产。

3. 存货质量

关于存货自身的质量，可以从以下三个方面来评价。

①存货的周转性。数据显示，企业存货周转率连续两年超过 9 次/年。在没有和同行业其他企业相比较的情况下，单纯从周转率来看，这个速度应该是其竞争力较强、存货管理质量较高的表现。

②存货的营利性。产品的毛利率从去年的 29.75% 降到了 14.84%，说明企业存货的营利性较差。

③存货的保值性。企业 2022 年对于资产的减值准备计提的规模并不高，因此可以推断，存货自身的减值也是不多的，说明至少可以按照账面价值顺利变现，保值性较好。

(二) 固定资产质量与企业竞争力

表中数据显示，企业的固定资产周转率虽有所下降，但仍保持在较高水平。但是，由于资料有限，无法得知企业新增加的固定资产是什么时间投入使用的。

（三）无形资产质量与企业竞争力

企业年末无形资产的规模有所上升，至少说明，企业无形资产处于较为稳定的状态。同时，企业的营业收入有所增长，说明企业的无形资产与其他资产的组合可以发挥出应有的作用。

（四）盈利质量与企业竞争力

1.费用效率与企业竞争力

通过费用效率考查的企业竞争力，主要关注销售、管理和研发三者的费用率等指标的变化情况。从数据来看，企业的销售费用率基本没变，表明企业所具有的整体竞争优势较平稳；企业的管理费用率有所提升，说明企业的管理费用的有效性在降低；企业的研发费用率有所下降，说明企业的研发投入力度在减小。因此，整体上看，企业的市场竞争力在减弱。

2.利润持续性与企业竞争力

从企业年报中可以得知，2022年归属上市公司股东的净利润约为4.27亿元，而归属上市公司股东的扣除非经常性损益后的净利润约为4.06亿元，也就是说，本年的非经营性损益只约0.21亿元，不会使企业业绩产生太大的波动，但是2022年的上述净利润与上一年相比都发生了大幅下降，说明企业利润的持续性不足。

七、企业前景预测

截至目前，整个集团展示出来的企业经营活动的特征是：毛利率降低但属于合理范围，销售费用率、管理费用率比较均衡，存货周转率和固定资产周转率均保持正常水平。因此，未来，企业集团可以继续发挥自身的研发能力和营销优势，增强市场竞争力，提高产品综合盈利能力；在生产领域，可以进一步强化固定资产管理，提高固定资产利用效率；强化存货管理，最大限度降低存货存量，提高存货周转率等。

八、结论与建议

从神马股份的三大报表来看,公司拥有充分的货币资金用于日常经营,短期偿债能力较强。但是营业成本的增加使其毛利率大幅度下降,导致企业的盈利能力严重下滑,定价能力减弱,表明行业竞争激烈,很可能存在价格战或成本失控。企业可以通过设置产品组合、优化降价策略等方式有效避免价格战的不利影响。

从对企业财务状况质量与竞争力的分析来看,企业流动资产的整体质量较高;短期偿债能力较强;没有不良资产;存货管理质量较高,保值性较好;无形资产状态稳定,与其他资产的组合可以发挥出应有的作用;销售费用率基本没变,整体竞争优势较平稳。但是,流动资金占比较大,说明企业未能有效利用资金,应加强理财管理和业务的开展;管理费用率上升,企业应当优化生产流程、加强财务管理、降低人力成本或寻求政府帮助,获得税收减免、补贴等政策支持;研发费用率下降,很可能是由于企业的成本压力过大、管理不到位造成的,企业应当优化研发成本的计划,加强研发费用的管理。此外,神马股份作为以投资为主导的企业,应当加快产品研发进度,拓宽营销渠道,推广新产品,促进企业发展。

参考文献:

[1] 刘碧波. 新时代下企业财务管理中财务报表分析的重要性研究 [J]. 财会学习,2019(11):29-30.
[2] 囤秀秀,张波. 我国非营利组织财务报表分析——以壹基金和红十字基金会为例 [J]. 财会通讯,2018(19):51-52.
[3] 李启发. 浅谈企业财务报表分析 [J]. 财会月刊,2020(S1):26-31.
[4] 周力. 浅谈企业财务报表分析的局限性 [J]. 内蒙古科技与经济,2013(10):49-51.
[5] 张新民,钱爱民. 财务报表分析——理论与实务 [M]. 北京:中国人民大学出版社,2021:236-264.

二十七　基于哈佛框架的良品铺子财务分析

孙琳琳[①]　刘硕[②]

摘要：我国经济的发展以及消费结构的升级都驱动着休闲零食行业的发展，而良品铺子作为全渠道发展的休闲零食企业之一也抓住了发展机遇，连续七年在国内高端零食行业处于领先地位。本文采用哈佛分析系统，结合近几年的财务报表数据对良品铺子的财务状况进行分析，以期为同类型企业提供参考。

关键词：财务分析；哈佛框架；良品铺子

一、引言

良品铺子股份有限公司成立于2006年，总部位于湖北武汉，以精选世界30多个国家和地区的优质原材料，为广大消费者提供高端零食。目前，集团已经形成了多元化的产品组合，其产品覆盖肉类零食、坚果炒货、糖果糕点、果干果脯、素食山珍等1400多个品类，几乎满足了消费者群体在不同场景下的多元化休闲食品需求。

哈佛框架是由哈佛大学商学院的教授提出的，在目前已有的财务分析方法的基础上进行了完善。哈佛体系结构从四个层次来评估企业的商务活动，分别为战略分析、会计分析、财务分析和前景分析。通过对一家公司的财务状况进行全面

[①] 孙琳琳，女，会计硕士，研究方向：会计制度与会计实务。
[②] 刘硕，男，北京印刷学院经济管理学院副教授。

评估，为公司未来发展提供合乎情理的建议。目前，哈佛框架也被许多大企业选用，作为其财务分析的基础。

二、良品铺子战略分析

（一）宏观环境分析

食品消费需求的持续增长、消费升级、电商渠道的渗透以及年轻群体对健康的关注度提高，都驱动着休闲零食行业市场规模持续增长。目前休闲零食市场容量巨大，处于快速发展后的早期成熟阶段，且伴随着人们生活水平的提高，其年复合增长率将维持在 6.5% 左右。从品类结构来看，休闲食品包括膨化、果干、肉类、糖果、糕点等，种类繁多，且在持续更新中。当前，中国休闲食品产业的整体零售总额超过 7000 亿元，主要涵盖坚果炒货、糖果、巧克力、蜜饯、酥脆休闲食品、面包、蛋糕和糕点等品类，具有"大行业 + 小公司"的特征。Frost& Sullivan 的数据资料显示，预计在 2025 年我国休闲食品行业的零售总额将达 11 014 亿元人民币，并将以 7.3% 的速度持续稳定增长。

休闲食品的营销渠道也在不断地进行创新，并表现出了多样化的发展态势。线下渠道仍然占据了 85.9% 的份额，维持着主流渠道的地位。零食专卖店、便利店等现代渠道对传统夫妻店的市场份额进行了挤压，休闲食品营销渠道升级趋势越来越明显。

目前我国休闲零食行业整体仍处于快速成长期，但从收入结构来看，随着品牌集中度的不断提升以及食品安全问题的日趋严重，行业内头部企业占据了大量市场份额。在我国消费结构升级、食品安全意识提升以及年轻群体对健康和品质要求不断提高等因素的推动下，我国休闲零食行业将继续保持稳健增长。

（二）内部环境分析

良品铺子是一家食品公司，主营业务是休闲食品开发与销售，公司以"好食材、好味道"为理念，以"良品"为核心，致力于为消费者提供高品质的休闲食品。

良品铺子采用全渠道的营销战略，到给出具体时间节点为止，已经在全国增设超过3000家实体店铺。除了自己的店铺外，它还在天猫、京东、淘宝、当当等第三方平台上建立了自己的线上店铺，让自己的店铺能够在线上和线下同时运作，以便更好地提升自己的库存。

良品铺子对公司的数字化管理进行了大量的投资，利用信息技术和网络数据对公司的产品进行了合理的配置，提升了公司上下游供应链的质量，为公司的供应链管理和平台的运作提供了有效的帮助。

三、良品铺子会计分析

会计分析是根据企业的财务报告提供的会计信息应用会计分析技术的一种分析过程。本文将从良品铺子的营业收入与营业成本两个方面进行分析。

2020—2022年，良品铺子的营业收入与营业成本均呈现上升趋势如表27-1所示。2021年度营业收入与营业成本上升幅度较大，这主要是由于新冠疫情的影响导致原料成本上升和对于休闲零食需求增加。2022年度营业成本增长0.13%，几乎可以忽略不计，这一定程度上体现了良品铺子公司对于上游的议价能力，由于营业收入增长1个百分点，但营业成本几乎没有增长，这从侧面说明良品铺子对于上游供应的把控能力较强。

表27-1　良品铺子2020—2022年度经营指标变动

项目	2022年	同比	2021年	同比	2020年
营业总收入/亿元	94.40	1.24%	93.24	18.12%	78.94
营业总成本/亿元	91.70	1.37%	90.46	20.73%	74.93

资料来源：良品铺子2020—2022年报整理

四、良品铺子财务分析

财务分析是企业行使管理职能的重要环节，对企业一定期间的财务状况与经营成果进行分析，可以为财务报表使用者进行决策提供可靠依据，同时对于企业的经营业绩评价、计划决策制订、战略调整以及员工考核等方面都有重要作用。

（一）偿债能力分析

1. 短期偿债能力分析

由表 27-3 可以看出，良品铺子公司流动资产占总资产的比率较高，公司流动资产、流动负债在 2020—2022 年变化不大，均在 2021 年有所上升，在 2022 年又有所下降。

从表 27-2 中可以看出，公司 2020—2022 年流动比率均大于 1，符合其食品零售业的特点。公司速动比率在 2020—2022 年比较稳定，保持在 1 左右，从速动比率在 2021 年小于 1 来看，公司的存货储存较大。

表 27-2　良品铺子短期偿债能力分析表

指标 \ 年份	2022 年	2021 年	2020 年
流动比率	1.45	1.32	1.61
速动比率	1.08	0.95	1.32

资料来源：东方财富网

表 27-3　良品铺子公司资产负债表　　　　　单位：亿元

项目 \ 年份	2022 年	2021 年	2020 年
货币资金	13.54	17.47	19.80
流动资产	35.63	40.44	33.67
非流动资产	14.73	13.86	8.17
总资产	50.36	54.30	41.84
流动负债	24.51	30.72	20.91
非流动负债	1.87	2.04	0.08
总负债	26.38	32.76	20.97
实收资本（或股本）	4.01	4.01	4.01
未分配利润	12.17	9.69	8.50
所有者权益	23.98	21.54	20.85

资料来源：良品铺子公司 2020—2022 年度财务报表

良品铺子公司从短期来看债务问题不大，有较大的负债空间。

2. 长期偿债能力分析

表27-4显示出良品铺子公司的资产负债率在近3年都维持在50%左右，说明公司总资产中负债与权益成分基本上各占一半，风险较小。从行业水平来看，公司的资产负债率处于较低水平，长期偿债压力较小，相关债权人的权利与利润增加。这意味着一个项目的利润有任意的平衡，投资的方向不是由利润决定的，项目投资决策也存在缺陷。

表27-4　良品铺子长期偿债能力分析表

指标 \ 年份	2022年	2021年	2020年
资产负债率	52.38%	60.33%	50.15%
权益乘数	2.10	2.52	2.01
产权比率	1.10	1.53	1.01

资料来源：东方财富网

（二）盈利能力分析

公司近3年的净资产收益率都在13%—18%波动，数值水平如表27-5所示；但从整体来看，净资产收益率呈现下降趋势，可能是由于行业竞争激烈以及公司盈余积累不断增加推高分母导致。

公司毛利率水平较高，近三年都维持在27%左右，在食品零售业中处于较高水平。

公司净利率水平也处在较为平稳的水平，净利率均值在3.6%，远低于毛利率水平，主要是公司宣传销售费用投入较大的原因。

表27-5　良品铺子盈利能力分析表

指标 \ 年份	2022年	2021年	2020年
净资产收益率	14.86%	13.18%	18.18%
总资产收益率	6.39%	9.64%	14.56%

续表

指标 \ 年份	2022 年	2021 年	2020 年
毛利率	27.57%	26.77%	26.89%
净利率	3.54%	3.03%	4.36%

资料来源：东方财富网

（三）营运能力分析

从表 27-6 可以看出，良品铺子公司的存货周转率数值比较稳定，近三年都维持在 7 次左右；存货周转水平有所下降，或与 2023 年春节提前相关。

表 27-6　良品铺子营运能力分析表

指标 \ 年份	2022 年	2021 年	2020 年
总资产周转率 / 次	1.80	1.94	1.97
存货周转率 / 次	6.68	7.80	7.26
应收账款周转率 / 次	13.54	18.28	25.51

资料来源：东方财富网

公司应收账款周转率在 2020—2023 年呈下降趋势，说明应收账款的回收速度变慢，可能与前文提到的存货储存较多相关。

从总资产周转率水平来看，整体波动不大，但整体呈下降水平。

（四）成长能力分析

由表 27-7 可以发现，2021 年的营业收入增速与归属净利润、扣除净利润增速之间呈现出反方向变动的关系，即出现了"增收不增利"的困局。而 2022 年又出现了相反的情况，究其原因是公司节省了部分开支。

表 27-7　良品铺子成长能力分析表

指标 \ 年份	2022 年	2021 年	2020 年
营业总收入同比增长 /%	1.24	18.11	2.32
归属净利润同比增长 /%	19.16	-18.06	0.95

续表

指标 \ 年份	2022 年	2021 年	2020 年
扣非净利润同比增长 /%	1.46	−25.15	0.57

资料来源：东方财富网

五、结论与对策

在产业层面上，我国的食品零售业已经逐渐进入快速发展阶段。食品零售业的"门槛"较低，伴随着一批又一批的中小食品加工业和流通企业的出现，市场竞争日趋激烈。但是，目前我国食品零售业面临着成本、低利润、商品滞销等一系列问题，因此，为了在激烈的市场竞争中求得生存，必须进行改革与创新。从一个国家的角度来说，保证粮食安全已经成为一个重要的社会问题。在促进各个产业高质量发展的有关政策的支撑下，粮食零售业的经济得到了持续发展。

良品铺子公司的偿债结构仍需完善，在保持合理的短期偿债能力的同时相应地提高资金利用率，最大限度地发挥资本的流动性及货物的特点，以获取更大的利益，提高公司的价值。良品铺子公司的营收近百亿元水平，但是净利率却只有3%左右的水平，主要是由于在销售营销、扩张店面等方面开销过大，建议管理层将钱花在刀刃上，适当让利给消费者，提高客户黏性，细化品类打造。

良品铺子公司应该持续推进全渠道销售策略，线上渠道与线下门店充分结合，优化产品布局，注重数字信息整合，提高公司的供应链管理和平台运作水平。

参考文献：

[1] 龚媛，杨翊章. 基于哈佛框架下的格力电器运营管理分析 [J]. 中国商论，2023（1）：163-165.

[2] 孔德宇. 基于哈佛框架下的云南白药财务分析 [J]. 现代商业，2022（21）：78-80.

[3] 王乾坤. 基于哈佛框架下的乳制品企业财务研究分析——以光明乳业为例 [J]. 商场现代化，2022（10）：164-166.

[4] 宋祥，张博. 哈佛框架下良品铺子财务分析 [J]. 商讯，2021（32）：46-48.

二十八　比亚迪公司的财务风险分析与防范

闫雨睛[①]　华宇虹[②]

摘要：新能源属于国家重要战略布局产业，因此对于新能源领域的风险把控至关重要，尤其是财务风险。本文以新能源行业中位于龙头地位的比亚迪公司为例，分析其存在的财务风险问题。主要从财务风险的广义层面入手，即筹资风险、投资风险和营运风险，分析比亚迪公司存在的财务风险问题，并究其原因，有针对地提出合理化建议，以促进行业健康发展。

关键词：财务风险；比亚迪；风险管理

一、引言

在全球经济飞速发展的过程中，煤、石油等矿产燃料的大量耗用，造成了严重的环境污染和能源枯竭问题，新能源作为可替代的可再生能源，成为全球共同的目标。同时，我国在"十四五"规划中提出新能源汽车发展和绿色发展，促使汽车制造业急切向新能源汽车方向转型。在此背景下，新能源汽车行业进入了飞速发展的时代。由于越来越多竞争者的出现，同时面临电池技术缺陷、政府补贴退坡等因素，公司盈利得不到保障，但还需要不断地投入资金开发市场和技术改进，这使企业面临许多财务风险，因此有必要对其进行深入研究，加强财务风险防范。

---

① 闫雨睛，女，会计硕士，研究方向：资本运营与财务管理实务。
② 华宇虹，女，教授、博士、北京印刷学院研究生导师。

二、文献综述

1995 年，Ross, Westerfield, Jordan 出版《公司财务基础》，提出财务风险狭义概念，认为财务风险是由于企业采取负债方式融资引起的，当企业无法偿还到期债务时就产生财务危机[1]。Cherry Preston D & Asebedo Sarah（2022）认为管理层应考虑公司经营活动的整个流程，对企业的融资、投资、经营等全方位、多角度识别，降低财务风险发生的概率[2]。刘恩禄、汤谷良（1989）认为应该按照财务活动的内容将财务风险分为四类：筹资风险、投资风险、运营风险和收益分配风险[3]。Alexander 等（2015）认为影响企业财务风险的因素为内外部共同的作用，内部在于管理决策，外部在于外部环境[4]。Chakraborty（2015）认为资本结构对财务风险有着直接作用[5]。孟凡亚（2021）从现金流量维度的视角着手，认为企业需要加快构建现金流量反馈体系，及时在企业的各个生产经营环节中发现财务问题，便于企业察觉并采取相应措施，有效降低企业的现金流量风险，防止掉入财务困境中[6]。Adelina（2016）提出融资方式多元化可以薄摊财务风险，从战略上降低财务风险[7]。黄敏（2018）建议通过不断拓宽筹资、投资渠道，保障企业经营现金流入量，转换公司盈利模式等方式控制互联网企业财务风险[8]。李波（2021）认为在企业的财务风险中要关注企业的应收账款风险，对应收账款采取必要的措施，防止应收账款坏账风险[9]。周常英（2018）认为企业要紧跟市场环境的变化方向，先优化内部把控再找到高效结合风险管理的方法，达到共赢，促进企业平稳有序发展[10]。

三、比亚迪基本情况

比亚迪股份有限公司（以下简称比亚迪），于 1995 年在深圳注册成立，2002 年在香港主板上市，2011 年在深交所主板上市。比亚迪公司依托较低成本、先进科技和优异产品，在全球新能源汽车领域的行业位于领导地位。比亚迪公司业务涵盖新能源汽车及传统燃油汽车在内的汽车业务、手机部件及组装业务、二次充电电池及光伏业务，并积极拓展城市轨道交通业务领域。公司的主要产品为以新能源汽车为主的汽车业务、二次充电电池及光伏、手机部件及组装等相关产品。本文主要研究新能源汽车业务。

四、比亚迪财务风险及原因分析

企业生产经营的内外部环境错综复杂，影响因素较多，有较大的不确定性，会影响企业的发展，所以企业要有敏锐的防范意识，应对财务风险，及时灵活进行战略调整。本文以财务风险的广义角度，即筹资、投资、营运三个方面分析比亚迪公司面临的财务风险。

（一）筹资风险

汽车行业普遍需要投入大量资金进行产品制造，而新能源行业对技术的要求更高，需要不断进行创新，所需的资金规模高于传统汽车行业。为满足大量的资金需求，需要进行筹资，从而增加了企业不能到期清偿债务的风险。本文从筹资方式和偿债能力两方面分析比亚迪面临的财务风险。

1. 筹资方式

由表28-1可以看出，比亚迪公司2018—2022年（除2021年）的筹资活动现金流入主要来自银行借款，借款筹资额占总筹资额的比例大部分高于70%。2020年和2022年筹资净额为负数，主要由于未能吸收投资和发行债券。

整体来看，筹资活动现金流量净额与筹资活动的现金流入趋势保持一致，整体上下起伏较大，这将严重影响企业资金需求。同时比亚迪公司的筹资方式单一，过于依赖银行借款，企业面临较大的还本付息压力，一旦偿债能力跟不上，将面临资金链断裂的风险。

表 28-1　比亚迪公司 2018—2022 年筹资活动现金流量

项目/亿元	2018 年	2019 年	2020 年	2021 年	2022 年
筹资活动产生的现金流量净额	39.17	66.1	-289.07	160.63	-194.89
其中：吸收投资收到的现金	0.11	0.02	28	373.14	5.08
取得借款收到的现金	529.65	584.78	406.34	328.72	276.36
发行债券收到的现金	141	200	20	—	—
其他活动收到的现金	—	8.18			30.31
筹资活动现金流入	670.76	797.96	454.34	701.86	311.75

数据来源：同花顺

2. 偿债能力

（1）短期偿债能力

本文选取 2018—2022 年流动比率、速动比率分析比亚迪的短期偿债能力。

由表 28-2 可以看出，比亚迪 2018—2022 年的流动比率和速动比率整体上先升后降。流动比率在 2022 年急速下降，远低于正常值，表明企业资产的变现能力较差，不能按时偿还债务的风险较大，导致企业面临财务方面危机，信誉也会遭受损失，影响公司的正常生产经营活动。

表 28-2　比亚迪短期偿债能力

	2018 年	2019 年	2020 年	2021 年	2022 年
流动比率	99%	99%	105%	97%	72%
速动比率	60%	67%	67%	65%	42%

数据来源：同花顺

（2）长期偿债能力

本文通过资产负债率这个指标反映企业偿还长期债务的能力。

如表 28-3 所示，比亚迪公司的资产负债率指标在近五年均在 60% 以上，在 2022 年高达 70% 以上，而资产负债率的标准一般在 50%，说明其长期偿债能力较不稳定。总体来说，比亚迪公司的长期偿债能力较弱，面临的财务风险较高。

表 28-3 比亚迪长期偿债能力

	2018 年	2019 年	2020 年	2021 年	2022 年
资产负债率	68.81%	68%	67.94%	64.76%	75.42%

数据来源：同花顺

综上所述，比亚迪公司过度依靠短期借款从而导致短期偿债能力较弱，企业资产的变现能力弱，无法偿还债务的风险较高，而资产负债率高于50%的正常水平，总体反映比亚迪的偿债能力较弱，存在一定程度的筹资风险，有必要通过自身的发展和调整来控制风险水平。

（二）投资风险

比亚迪为增大市场占有率，采用扩张型战略，不断加大产品外观设计和性能研发方面的支出，但这些投入都必须承担一定的投资风险。本文从投资项目和投资效益两方面分析。

1. 投资项目

由表 28-4 可以看出，比亚迪公司的整体投资方向为固定资产和无形资产，而且对内的投入呈逐年递增状态，尤其是 2022 年对固定资产的投入同比增长115.42%。同时比亚迪公司也开始注重对外投资，在近两年交易性金融资产和长期股权投资比重快速上升。但投资活动的现金流入量不是很稳定，在 2020 年达到最高水平，升降起伏较大。投资活动流入量与投资活动流出量的差额较大，其净流量近几年均呈负值。对于比亚迪来说，投资回收期较长，连续扩张虽然可使市场份额占比增加，但面临的风险更大。

表 28-4 比亚迪公司投资结构

投资项目 / 亿元	2018 年	2019 年	2020 年	2021 年	2022 年
固定资产	436.79	494.43	545.85	612.21	1318.80
在建工程	96.84	106.75	61.12	202.77	446.22
无形资产	113.14	126.50	118.04	171.05	232.23

续表

投资项目/亿元	2018年	2019年	2020年	2021年	2022年
长期股权投资	35.61	40.60	54.66	79.05	154.85
交易性金融资产	0	0.34	0	56.06	206.27
投资活动现金流入小计	61.76	24.01	188.18	127.22	133.11
投资活动现金流出小计	204.07	232.82	332.63	581.26	1339.07
投资活动产生的现金流量净额	-142.31	-208.81	-144.44	-454.04	-1205.96

数据来源：同花顺

2. 投资效益

由表 28-5 可以看出，比亚迪公司的销售净利率一直处于上下波动不稳定的状态，表明企业的盈利能力不稳定。净资产收益率和总资产报酬率同样是一升一降的趋势，且起伏较大，并且数值处于较低水平，资产利用效率不高。

结合表 28-6 和表 28-4 总体来看，虽然近几年对外投资的投入一直在增加，但效果却不理想，收益大多为负值，处于亏损状态。

表 28-5　比亚迪公司 2018—2022 年投资效益

指标	2018年	2019年	2020年	2021年	2022年
销售净利率/%	2.73	1.66	3.84	1.84	4.18
净资产收益率/%	5.05	2.88	7.45	4.01	16.13
总资产报酬率/%	3.93	2.85	4.94	2.33	5.21

数据来源：同花顺

表 28-6　比亚迪公司 2018—2022 年对外投资收益

指标	2018年	2019年	2020年	2021年	2022年
投资收益/亿元	2.48	-8.09	-2.73	-0.57	-7.92

数据来源：同花顺

综上所述，比亚迪公司近几年处于扩张的状态，不断扩大整体规模，但目前而言投资的投入成本远超过带来的收益，给企业造成的投资风险压力较大。即使加大投资力度，投资收益也不一定可以扭负为正，因而，受不确定因素的影响，对外投资存在一定的风险。

(三) 营运风险

一般来说，资产的周转天数短，可以进行更多的产品周转，获得更多的销售收入。本文选取比亚迪总资产周转率和营运资金分析其营运风险。

如表28-7所示，企业的总资产周转率总体呈上升趋势，说明资产的流动性有变好趋势，资产的使用效率关乎企业的发展速度，企业需要进一步提升资产周转速度。企业的营运资金为流动资产减流动负债，从表中可以看出除2020年营运资金为正数外，其他几年均为负数，这体现出比亚迪公司的营运状况不佳，在一定程度上存在经营风险。

表28-7 比亚迪公司2018—2022年营运状况

	2018年	2019年	2020年	2021年	2022年
总资产周转率/次	0.70	0.65	0.79	0.87	1.07
营运资金/亿元	-13.58	-10.62	51.74	-51.94	-925.41

数据来源：同花顺

(四) 比亚迪公司财务风险成因

1. 筹资风险成因

通过上文对筹资风险的分析发现，公司的资本结构中，自有资金占筹集资金很小一部分，大部分依赖外部借款，尤其是短期借款，这表明借款期限结构不合理，但在2022年有缓解的趋势，2022年短期借款51.53亿元、长期借款75.94亿元。同时，债务筹资方式较为单一，这些因素共同导致筹资风险的发生。

2. 投资风险成因

投资缺乏科学性。比亚迪对内投资，主要投入在固定资产上，扩大企业的规模。但由于现有市场环境压力较大，如政府对于新能源的补贴退坡，竞争对手增加等，比亚迪需要慎重考虑是否放缓企业扩大规模的步子。同时，对外的投资项目分析不足，对于合营企业、联营企业的投资连年亏损。新能源汽车在零部件方面有重大变化，因此在投资时要进行谨慎科学的分析，否则会给企业带来较大的投资风险。

3. 经营风险成因

从上文分析可以看出，比亚迪公司的营运风险主要体现在营运资金不足。究其原因可能是流动资产基数较小、增长慢，而流动负债基数大于流动资产。同时由于整个新能源行业净利率呈下降趋势，整体的盈利能力不足也给营运资金链带来压力。此外，企业享受的税收优惠力度降低，消费市场出现短暂的疲软期，增加了营运风险。

五、比亚迪财务风险的控制措施

（一）实现多元化融资

多样的融资渠道能够分摊企业的融资风险。比亚迪公司可以提高债券在负债中的占比，或者采取公开或非公开的方式发行股票，增大企业的股权资本。同时，也可以考虑资产证券化的方式，这样可拓宽融资渠道，降低企业的债务筹资比例，减少筹资风险。同时，比亚迪企业也要优化资本结构，把握企业的筹资数量，另外结合大环境形势掌握筹资时机。

（二）科学审慎分析投资可行性

不管是对内部投资还是对外部投资都需要慎重考虑项目的经济可行性，结合企业的状况、外部经济环境和国家的政策趋势，科学分析其盈利能力，以及回报周期。组建投资小组，必要情况下可以请专业的投资公司进行指导分析，制定详细的投资方案，判断可能出现风险提前的状况并加以防范，避免给企业造成损失。同时，比亚迪近几年在固定资产方面的投资较大，对此应当做出一些策略调整，将资金应用在有优势的主营业务上，以提升企业实力。

（三）强化资金营运管理

比亚迪公司应当重视营运资金的管理，对于资金储备能力较差，应加强对应收账款和存货的管理。针对应收账款管理需要完善收款制度，如建立客户信用评价体系，但也不能对应收账款制度太过苛刻。提高应收账款周转率，降低风险。存货方面虽然比亚迪公司近几年有一定把控力，还是应该注意设置合理的存货数量，既使存货不会挤压，也不会出现供不应求。

参考文献：

[1] Ross. Fundamentals of Corporate Finance[M]. New York：McGraw-Hill Higher Education，1995：233-260.

[2] Cherry Preston D，Asebedo Sarah. Personality traits and long-term care financial risks among older Americans[J]. Personality and Individual Differences，2022(2)：192.

[3] 刘恩禄，汤谷良. 论财务风险管理 [J]. 北京商学院学报，1989，31(1)：50-54.

[4] Alexander J，Nei M C，Embrechts P. Quantitative risk management：concepts，techniques and tools[M]. Princeton university press，2015：30-81.

[5] Chakraborty I. The effect of business risk on capital structure of indian corporate firms：business groups vs stand-alone firms[J]. Global Economic Review，2015，44(2)：237-268.

[6] 孟凡亚. 基于现金流量的企业财务预警研究 [J]. 中国注册会计师，2021(10)：70-73.

[7] Adelina D P，Yuanyuan S．Financial risk identification and control of cross border merger and acquisition enterprises[J]. Audit Financiar，2016，14(144).

[8] 黄敏. 互联网企业财务风险控制研究 [J]. 财会通讯，2018(14)：109-112.

[9] 李波. 上市公司财务风险控制存在的问题及完善对策 [J]. 财务与会计，2021(22)：64-65.

[10] 周常英. 企业财务风险的识别与内部控制对策 [J]. 财会学习，2018(17)：83-84.

[11] 鲍骏. JH汽车股份有限公司财务风险分析与控制研究[D]. 合肥：安徽大学，2018.

[12] 陈国钢. 企业风险管理与责任会计体系[J]. 财务与会计，2022(8)：21-26.

[13] 丁淑芹，薛鑫. A通信设备制造公司报表风险识别与应对研究[J]. 财务与会计，2022(6)：54-58.

二十九 基于 GONE 理论的上市公司财务舞弊分析

——以辅仁药业为例

严之钰[①] 华宇虹[②]

摘要：辅仁药业因 2019 年"分红爽约"事件，引起大众的广泛关注，中国证监会也随之展开相关调查，发现辅仁药业存在多项违规行为。在借鉴和综合国内外研究成果的基础上，本文用 GONE 理论来研究辅仁药业财务舞弊事件，并探究辅仁药业财务舞弊的操作手段以及舞弊原因，最后给出相应的解决措施。

关键词：财务舞弊；辅仁药业；舞弊动因

一、引言

医药制造业作为事关民生的主要产业，国家向来十分重视，并将其写进了"十四五"发展规划中。然而医药上市公司的信息披露、公司治理、内部控制等方面存在重大缺陷，为财务舞弊提供了机会，如果不加以规范，将会给资本市场造成重大危害。本文对辅仁药业财务舞弊事件进行了分析，旨在引发大众对于财务舞弊的思考，从而促进资本市场的进一步完善。

[①] 严之钰，女，会计硕士，研究方向：财务管理、资本市场。
[②] 华宇虹，女，教授、博士、北京印刷学院研究生导师。

二、文献综述

国内外学者对财务舞弊都有诸多研究，因此产生了诸多理论。Bologna（1993）等提出 GONE 理论，这一理论将舞弊的诱因分为贪婪、机会、需要和暴露[1]。美国注册舞弊审核师协会创始人 Albrecht 于 1995 年提出舞弊三角形理论，这一理论从机会、压力和借口三个方面来分析财务舞弊，主要依据是财务指标，该理论缺陷在于没有分清舞弊的内因及外因。Rezaee（2002）提出 CRIME 理论，从舞弊行为人、舞弊手段、舞弊激励、监管机制及结果这 5 个方面来分析。Wolfe，Hermanson（2004）则提出充分考虑合理性、激励、机遇等方面的问题，考查能力及基本因素和特征。

本文采用 GONE 理论来进行分析。因为该理论是目前为止被应用最广泛且最有效的理论之一。

三、辅仁药业舞弊过程介绍

*ST 辅仁（股票代码：600781）全称为辅仁药业集团制药股份有限公司，其于 1996 年 12 月 18 日 IPO 上市，主营业务为医药制造、研发、批发和零售业务。

辅仁药业财务舞弊事件起源于 2019 年 7 月 16 日，辅仁药业公布了 2018 年的分红方案，称将派发现金红利 6271 万元，但是三天后辅仁药业又发布公告称公司发放现金股利困难，这与之前对外公布的业绩报告存在矛盾，由财报可知辅仁药业 2019 年第一季度营业收入 13 亿元，净利润为 2.17 亿元，货币资金为 18 亿元。所以当天上海证券交易所对辅仁药业再次发函询问，辅仁药业回复分红方案无法实现，因为现有资金仅 377 万元。此消息一出，辅仁药业股价跌停，上交所再次发布问询函，询问辅仁药业是否存在表外债务、逾期债务、关联方资金拆借等情况。2019 年 7 月 26 日，辅仁药业被证监会立案专项调查，下达了行政处罚决定书，表明辅仁药业存在财务信息虚假记载、非经营性资金占用问题等违规行为。

四、基于 GONE 理论的辅仁药业财务舞弊分析

（一）贪婪维度

贪婪的含义是渴望而不知满足，需求没有得到满足。企业经营者为获取非法利益就会做出一些不当行为。在辅仁药业舞弊事件中，高管的道德水平低下以及错误的价值观念会导致舞弊情况的发生。董事长朱文臣带头参与财务舞弊，不仅通过关联方掏空公司资金，而且签署文件《重组报告书》来掩盖不法行为，欺骗外界投资者。而董事长朱成功、朱文亮以及财务总监赵文睿、朱学究在虚假财务报表上签字，独立董事张冰雁在任期内未保持独立性，签署了一期虚假财报。

（二）需要维度

需要维度是财务舞弊的最关键因素。财务舞弊的产生原因大多是不合理的，比如融资需要、提升股价等要求。2015—2018 年，辅仁药业一直存在虚增资金的情况，其手段为不披露非经营性资金占用情况，其目的就是稳定股价。因为企业的业绩往往与股东的利益挂钩，辅仁公司为了向投资者展现良好的经营业绩，通过隐瞒关联交易的手段虚增公司的收入，吸引更多的融资。

历年虚增资金数目如下：2015 年货币资金虚增数为 6380 万元；2016 年虚增货币资金 7200 万元；2017 年虚增货币资金 46 710 万元；2018 年虚增货币资金 133 663.28 万元，且这四年的虚增数目都占当年财务报告期末净资产 10% 以上。但这些事项开始并没有人注意到，直到 2019 年分红事件被爆出，证监会对辅仁药业展开调查，才发现这一严重财务舞弊现象。

（三）机会维度

机会维度是指企业管理者存在增加财务造假成功率且不被发现的办法。辅仁药业的股权结构非常不合理，朱文臣拥有绝对控制权，其商业版图如图 29-1 所示。朱文臣对辅仁集团持股 97.37%，从而绝对控制辅仁集团。

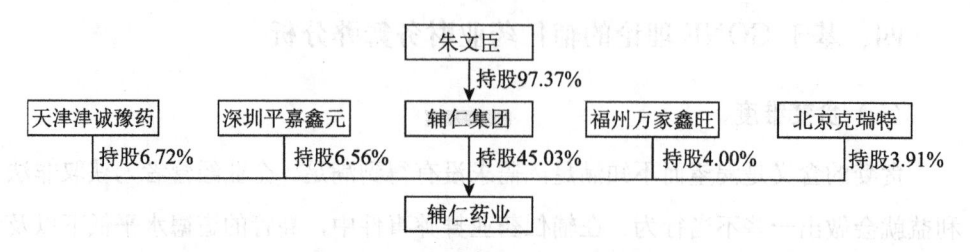

```
                          ┌─────────┐
                          │  朱文臣  │
                          └─────────┘
                         持股 97.37%
                              │
┌──────────┐  ┌──────────┐  ┌─────────┐  ┌──────────┐  ┌──────────┐
│天津津诚豫药│  │深圳平嘉鑫元│  │ 辅仁集团 │  │福州万家鑫旺│  │北京克瑞特 │
│持股6.72% │  │持股6.56% │  │持股45.03%│  │持股4.00% │  │持股3.91% │
└──────────┘  └──────────┘  └─────────┘  └──────────┘  └──────────┘
                              │
                          ┌─────────┐
                          │ 辅仁药业 │
                          └─────────┘
```

图 29-1 辅仁药业商业版图

在这种股权结构下，控股股东和中小股东的委托代理矛盾日益显著。而在日常经营决策中，由于中小股东没有太多的话语权，大股东往往会忽略中小股东而直接作出相关决策。而中小股东如果想对经营决策内容进行监督，其付出的成本远大于收益，因此中小股东往往会放弃这种监督权，这也是辅仁药业控股股东肆意侵占大额资产的原因。

（四）暴露维度

暴露维度是指舞弊被发现和被惩罚的可能性。辅仁药业在 2015 年至 2018 年连续 4 年年度报告中存在关联方非经营性资金占用、虚增货币资金的情况，并且在 2018 年年度报告为关联方提供违规担保并隐瞒这一事实，涉及的总金额为 1.4 亿元。辅仁药业不及时披露巨额债务导致定期报告存在虚假记载、重大遗漏的行为，最终使得其被证监会处罚。但是与这些上亿元的造假金额相比，证监会对辅仁药业及其高管合计罚款仅为 590 万元，其中朱文臣仅被罚款 150 万元，舞弊金额与罚款金额之间的差距巨大，导致辅仁药业在财务舞弊中越发猖獗。

五、治理对策

（一）改善股权结构，解决一股独大的问题

如果需要解决股权结构集中于一人的问题，就必须通过各种渠道吸引新的投资者来分散股权，其中最为关键的是吸引机构投资者及战略投资者。因此可以通过使机构投资者及战略投资者成为第二大股东的方式来分散股权，使各个股东之间可以相互制衡，共同参与企业经营决策，但同时也要具有长期战略眼光，吸收的投资者应当是和企业经营目标相一致的，而不是选择短视的、只想赚钱的投资者。如果有机会的话，可以选择一些有管理经验或先进技术的投资者。

另外，员工持股的方式，可以有效避免股权过度集中的现象，也可以增加员工对于公司的认同感，进而有效增进企业的凝聚力和向心力，这对于企业的发展来说是有利的。

（二）加强内部控制

辅仁药业内部控制的缺失是导致其财务舞弊情况时常发生的重要原因，因此有效改善辅仁药业的内部控制情况势在必行。可以通过以下几个方面进行改善。

1. 提高管理层及员工对内部控制的必要性认知

管理层对于内部控制的重视程度，将直接影响企业的未来发展状况。所以企业管理层应当通过多角度去研究内部控制制定策略，从而为企业制定行之有效的内部控制制度，并且通过一系列措施强化内部控制；而员工则应当在管理层的领导下积极学习内部控制的相关制度。

2. 在业务活动中积极落实内部控制制度

在实际操作过程中，管理层应当积极披露内部控制相关信息，这样可以减少企业的舞弊心理，同时强化员工的责任心，也有利于内外部监管部门进行监督检查和反馈，更重要的是会在消费者的心里树立良好的企业形象，这是一个良性循环的过程。

另外，公司应当强化对外借款的审批流程，对公司资金的运作要做到实时监控，对借出的款项进行合理的风险评估，从而有效减少坏账、烂账等情况的发生。明确公司员工的职权划分，明确员工应承担的相关责任，强化监管部门的监管职责，凡事按照规章制度办事，禁止违规现象的发生。加强企业内部审计制度，完善内部审计流程。

（三）完善公司治理结构

目前，辅仁药业急需解决家族式董事会、监事会所带来的职权不明晰现象，需要对职位及人员名单进行相应调整，以保证监事会能够真正发挥作用，而不是成为董事会的傀儡，如此才能有效避免上市公司控股股东随意占用资金的情况。董事会应当考虑到中小股东的相关利益，应当减少控股股东内定的股东人数，也可以任命独立董事，使其发挥应有的监督职能。

参考文献：

[1] Bologua G. J., Lindquist R. J. &Wells J. T. The accoutant's handbook of fraud and commercial crime[J]. Jone Wiley&Sons Inc, 1993: 20-81.

[2] Albrecht Steve, Wernz W., Williams L. Frand: Bring the Light to the Dark Side of Business[M]. New Tork Irwin Inc, 1995, 22(3): 15-52.

[3] 刘佳琳，王雁书. 基于 CRIME 理论的财务舞弊案例分析——以康美药业为例[J]. 国际商务财会, 2023, (07): 50-53.

[4] 周克金. 财务困境下的上市公司资金管理内部控制问题探讨——以辅仁药业为例[J]. 江苏经贸职业技术学院学报, 2021(1): 31-34.

[5] 施金龙，韩玉萍. 基于 GONE 理论的上市公司财务舞弊分析[J]. 会计之友, 2013(23): 98-100.

[6] 娄权. 财务报告舞弊：理论假说与经验证据[J]. 当代财经, 2003(7): 100-102.

[7] 刘桂艳，鲁永雎. 企业内部控制失效的表现、成因与对策[J]. 财务与会计, 2000(12): 26-28.

[8] 黄晨曦. 基于 GONE 理论的财务舞弊案例分析——以辅仁药业为例[J]. 经营管理者, 2023(3): 86-87.

[9] 曹玉敏，李雅凡. 基于舞弊三角理论的辅仁药业财务舞弊案例研究[J]. 国际商

务财会，2022(18)：38-41+46.
[10] 徐冉辉，瞿慧. 基于风险因子理论的财务舞弊研究——以辅仁药业为例 [J]. 中国市场，2022(27)：72-74.
[11] 蔡岩松，李梦洁. 上市公司财务舞弊案例分析 [J]. 合作经济与科技，2021(17)：144-146.
[12] 尹思齐. 企业资金活动内部控制案例研究——基于辅仁药业的案例研究 [J]. 老字号品牌营销，2022(9)：176-178.
[13] 汪心悦. 上市公司财务造假案例分析——以 ST 辅仁为例 [J]. 中国管理信息化，2021，24(5)：31-33.

三十　玖龙纸业有限公司财务分析

张锐[①]　孔晓春[②]

摘要： 企业的财务报表扮演着十分重要的角色，投资者通过对企业财务报表的分析，决定是否进行投资；管理层通过财务报表了解公司经营中存在的问题并提出适合公司发展的公司战略。本文先对玖龙纸业有限公司进行介绍，然后根据2020—2022年财务报表中的财务数据进行分析，从而了解玖龙纸业的财务状况，最后根据财务数据所反映出的问题对玖龙纸业有限公司提出合理建议。

关键词： 财务报表；玖龙纸业；财务比率

一、玖龙纸业发展历程介绍

玖龙纸业有限公司成立于1995年，目前已经逐步发展成为我国造纸行业的龙头企业。玖龙纸业主要经营、研发、生产各类型牛卡纸、白色瓦楞芯纸、专用涂布白色灰底的黑白板纸等。玖龙纸业的经营管理模式为其实现产品生产一站式服务的目标打下了基础，进而实现对点生产各种客户所需的多种精美包装产品。玖龙纸业总部设在中国广东省东莞市，新的研发和技术生产制造基地设在天津，在2009年6月建设完成并对外开放开始运营。其业务范围区域广阔，基本已经涉及整个中国地区。除此之外，本公司主要通过中国内蒙的中外合资有限公司专

[①] 张锐，女，会计硕士，研究方向：资本运营与财务管理实务。
[②] 孔晓春，女，讲师，研究方向：财务管理、国际会计、资产评估。

业从事优质高效率的中国本色特种木浆研发生产和出口销售，并向四川乐山进行扩张，使其专业生产各类高品质价格的本色特种纸和本色竹木木材浆。

玖龙纸业集团最大持股人是张茵女士，她在20世纪90年代来到中国东莞市并进行企业投资，最后建造了属于自己的造纸厂，她从此开始了自己的专业包装产品生产，并且在美国政府的同意下建立了美国中南控股公司，进而在美国境内生产和销售可以回收的废纸产品。

二、玖龙纸业财务报表分析

（一）资产负债表分析

从表30-1可以了解到玖龙纸业2020—2022年资产总额呈上升趋势，2022年资产总额为10 708 082.40万元，2022年与2021年相比增加了1 490 837.5万元，同比增加了16.17%，相比于2021年下降了0.3%，说明玖龙纸业的总资产规模在逐年扩大，但其增长速度在变缓。这三年，玖龙纸业资产负债表中流动资产的交易性金融资产、预收款项及其他应收款和存货呈现出逐年增加的趋势，现金及其等价物呈下降趋势，这说明玖龙近几年存货有所积压，变现能力变差，资金流动性差，2022年可能是受到了疫情的影响，导致商品卖不出去，积压在库，无法变现。从表30-2可以看出非流动资产中联营公司权益、固定资产、商誉、无形资产和递延所得税资产也逐年增加，其固定资产变多，可能企业有扩大规模、订单增多的需求。

表30-1　玖龙纸业有限公司2020—2022年流动资产　　　　单位：万元

项目	2020年	2021年	2022年
现金及现金等价物	555 950.80	1 003 105.90	965 434.40
交易性金融资产	6330.10	7763.30	7953.30
预收款项及其他应收款	203 770.50	312 642.10	393 403.80
存货	524 572.40	821 449.20	1 217 010.00

数据来源：同花顺

表 30-2　玖龙纸业有限公司 2020—2022 年非流动资产　　　　单位：万元

项目	2020 年	2021 年	2022 年
联营公司权益	10 195.30	17 542.30	24 807.70
固定资产	5 853 263.00	6 019 847.00	7 066 966.70
商誉	14 669.40	14 669.40	15 510.60
无形资产	180 531.50	181 697.70	18 390.20
递延所得税资产	5177.40	8045.40	15 414.60

数据来源：同花顺

从表 30-3 可知 2020—2022 年，玖龙的流动负债从 1 648 896.60 万元增加到 1 819 147.70 万元，而非流动负债从 2 203 426.10 万元上升到 4 138 402.10 万元，2022 年流动负债虽然下降了 23.99%，但非流动负债增长了 89.44%，远远超过了流动负债的下降幅度，这说明玖龙需要扩大生产规模并且有大量存货积压，导致对资金的需求比较大，并且财务风险在逐年增加。玖龙公司近三年的所有者权益在逐年增加，它的增加主要是未分配利润和归属于母公司所有者权益的增加，说明该企业具有一定盈利能力[1]。

表 30-3　玖龙纸业有限公司 2020—2022 年负债及所有者权益　　　　单位：万元

项目	2020 年	2021 年	2022 年
流动负债	1 648 896.60	2 393 170.80	1 819 147.70
非流动负债	2 203 426.10	2 184 506.40	4 138 402.10
所有者权益	4 079 639.50	4 639 567.70	4 670 532.60

数据来源：同花顺

（二）利润表分析

从表 30-4 看出玖龙纸业 2022 年营业收入 6 453 810.20 万元，较 2021 年增加 296 404.2 万元，增长幅度为 4.59%，但其营业成本却在下降，营业成本较 2021 年下降了 766 310.5 万元，这说明玖龙纸业近几年的利润较好。毛利呈现下降趋势，且 2021—2022 年大幅度下降，从 1 169 094.30 万元下降到 699 188 万元，说明玖龙公司的市场供求有所变化，需要有开拓市场的意识和能力以及成本管理水平。玖龙公司的其他收入在逐年增加，营业利润在 2021—2022 年出现断崖式下跌，从 854 173.4 万元到 358 711.2 万元，其原因主要是财务费用和融资成本有所增加，营业利润虽有下跌，但仍然有不错的利润空间。

表 30-4 玖龙纸业有限公司 2020—2022 年利润表　　　　单位：万元

项目	2020 年	2021 年	2022 年
营业收入	5 134 119.00	6 157 406.00	6 453 810.20
营业成本	−4 231 389.60	−4 988 311.70	−5 754 622.20
毛利	902 729.40	1 169 094.30	699 188.00
其他收入	61 926.90	75 519.10	96 809.50
财务费用	−75 771.50	−63 599.90	−71 129.60

数据来源：同花顺

（三）现金流量表分析

从表 30-5 可以看出玖龙公司 2020—2022 年的经营活动现金流总体呈下降趋势，尤其是 2020 年到 2021 年呈现断崖式下跌，从 894 870.70 万元下跌到 251 676.70 万元，同比下降 71.88%。2021—2022 年经营活动现金流虽有上升趋势，但涨幅较慢，同比仅上涨了 20.41%，但其来源并不是营业资金的变动，而是折旧与摊销。其近三年的投资活动现金流净额也处于亏损状态，且亏损越来越大，主要是其借款在不断增加；但融资活动在不断扩张，从 2021 年的 762 951.30 万元到 2022 年的 892 062.30 万元，说明其融资能力较强，但支付给股东的利息逐年下降，说明企业处于不盈利的状态。现金及其现金等价物的净额也处于亏损状态，其现金流量主要靠经营活动和融资活动。

表 30-5 玖龙纸业有限公司 2020—2022 年现金流量表　　　　单位：万元

项目	2020 年	2021 年	2022 年
经营活动现金流量净额	894 870.70	251 676.70	303 049.60
投资活动现金流净额	−450 707.50	−563 561.30	−1 232 155.40

续表

项目	2020年	2021年	2022年
融资活动现金流量净额	−722 290.60	762 951.30	892 062.30
现金及其现金等价物净增加额	−278 127.40	451 066.70	−37 043.50

数据来源：同花顺

三、玖龙纸业财务比率分析

（一）玖龙纸业偿债能力分析

1. 短期偿债能力分析

从表30-6可以看出，玖龙纸业2020—2022年的发展流动比率分别为1.12、1.20、1.79，2020—2022年的数值都低于企业合理流动比率2，但其数值却在逐年增加，说明企业的偿债能力逐年增加，债务偿还能力越来越好。

表30-6 玖龙纸业2020—2022年短期偿债能力分析表

指标	2020年	2021年	2022年
流动比率	1.12	1.20	1.79
速动比率	0.80	0.86	1.12
现金比率	0.34	0.42	0.53

数据来源：同花顺

2020—2022年玖龙纸业公司的速动比率分别为0.80、0.86、1.12。2022年速动比率比前两年高并且大于1，前两年在0.8上下浮动，通过分析速动比率和流动比率可以得知玖龙纸业发展的短期偿债能力较好。2020—2022年的现金比率都比较高，2022年达到0.53，说明企业变现能力较强，企业具有一定的支付能力并且在不断增强，短期债务偿还的风险有所降低。

2. 长期偿债能力

从表30-7可知，2020—2022年玖龙纸业的资产负债率分别为48.57%、

49.66%、55.64%，近三年公司的资产负债率都大于 45%，并且资产负债率在逐年增加，这说明企业的总资产中有 1/2 左右都是通过负债筹集的，这表明玖龙企业在长期偿债能力方面存在风险，但企业资产的应用性比较好，该企业有在扩大生产规模，开拓市场。

表 30-7 玖龙纸业 2020—2022 年长期偿债能力分析

指标	2020 年	2021 年	2022 年
资产负债率 /%	48.57	49.66	55.64
产权比率 /%	54.01	47.08	87.11

数据来源：同花顺

2020—2022 年玖龙纸业的产权比率相对稳定在 1 之下，2020—2022 年产权比率分别为 54.01%、47.08%、87.11%，且 2022 年的比例增幅较大，反映出玖龙纸业公司的长期偿债能力在这一年有所减弱，债权人需要承担的风险比较大，与此同时也意味着收益高。

(二) 玖龙纸业盈利能力分析

从表 30-8 可以看出玖龙纸业近三年的销售净利润率、销售毛利率、总资产报酬率都出现先增后减的情况，且都在 2021 年达到最大，分别为 11.64%、18.99%、10.21%，随后便大幅下降，由这些财务数据可知玖龙企业正处于不断下降的状态，企业的净收入还不是很稳定，可能是定价过低或者成本过高，从而导致企业的盈利能力在 2022 年大幅下降，预计玖龙纸业将在 2024 年的盈利能力会有所好转。

表 30-8 玖龙纸业 2020—2022 年公司盈利能力分析表

指标	2020 年	2021 年	2022 年
销售净利润率 /%	8.24	11.64	5.13
销售毛利率 /%	17.58	18.99	10.83
总资产报酬率 /%	7.85	10.21	3.81

数据来源：同花顺

(三)玖龙纸业营运能力分析

从表 30-9 可以看出,玖龙纸业近三年的存货周转率和总资产周转率呈现先增后减的趋势,且在 2021 年达到最大,分别为 7.41 次、0.72 次,说明企业的存货周转速度变慢,即存货在企业待得时间久了,存货的营运能力在下降,这可能是受疫情的影响,总资产的周转率也在变慢,可能是受到了流动资产周转率的影响,流动资产的周转率下降会使得总资产的周转率变慢,也有可能是流动资产在企业中所占比例有所下降,导致公司的周转率变慢。这说明企业应收账款不能及时收回,发生坏账的可能性更大,这不利于企业资金的流动。

表 30-9 玖龙纸业 2020—2022 年公司营运能力分析表

指标	2020 年	2021 年	2022 年
存货周转率 / 次	6.53	7.41	5.65
应收账款周转率 / 次	11.97	11.23	11.41
总资产周转率 / 次	0.64	0.72	0.65

数据来源:同花顺

四、结论和建议

(一)结论

玖龙纸业 2022 年的短期偿债能力在增强,短期债务偿还的风险在降低,但其长期偿债风险能力在下降,但公司到期清偿债务利息的能力是比较强,在支付债务利息方面没有什么困难,公司发生财务偿还危机的可能性不大,但公司负债较高,公司可能会有一定的财务风险[2]。企业的营运能力较 2021 年有所下降,反映企业管理人员的经营管理和利用资金能力有所降低,但是相对于同行业仍具有一定的优势[3]。公司 2022 年的盈利能力比 2021 年的情况较差一点,但该年份的总体盈利还算比较好,玖龙纸业近三年的财务状况比较正常,总体发展处于稳定的状态。

(二）建议

玖龙纸业要进一步提高资金使用效率，加大各类资产的周转速度，从而提高公司的营运能力。为了避免财务风险，建议公司加强应收账款制度的管理，改变信用政策，加大催收的力度，当然应收账款与企业的赊销政策息息相关，因此公司需综合内外部各项因素来考虑赊销比例是否合理。加强存货管理，减少存货积压，降低冻结在存货上的营运资金；企业继续挖掘潜力，扩大规模，提高产品市场占有率，提高资产的使用效率[2]。企业要时刻注意大小环境的变化，提防因环境变化而导致的财务风险，并且加强内部管理，保持合理的负债比例，提高经营效率，保持企业的可持续发展。

参考文献：

[1] 黄金金.上市公司财务报表分析——以双汇发展为例[J].农村经济与科技，2023-06-29.

[2] 王倩.上市公司财务报表分析——以黑牡丹（集团）股份有限公司为例[J].中国市场，2021(16)：2. DOI：10.13939/j.cnki.zgsc.2021.16.162.

[3] 吴三荣.上市公司财务报表分析——以浙江景兴纸业股份有限公司为例[J].商，2012(7)：96-97.

三十一　中石化内部控制实施效果分析

——基于财务数据分析的研究

王秀棋[①]　关晓兰[②]

摘要：本文是一项基于财务数据分析的研究，旨在分析中石化内部控制实施的效果。通过建立适当的指标体系，使用财务数据分析方法并基于此对中石化内部控制实施效果进行了深入探究，发现中石化集团内部控制存在的问题，并提出提高集团内部控制实施效果和稳定性的具体对策建议。研究结果表明，集团内部控制实施效果是集团稳定运营的关键因素之一，需要按照一定规律进行有效管理和改进。本研究将为中国石油化工集团有限集团改进内部控制提供具有价值的参考意见，同时也对其他行业和集团实施内部控制具有一定的借鉴作用。

关键词：财务数据；中石化；内部控制

一、引言

（一）中石化集团简介

中国石油化工集团有限集团（以下简称中石化）于1983年成立，公司的前身是中国石油化工总公司[1]。中石化集团是拥有全球最大规模、设备最先进的炼

[①] 王秀棋，女，会计硕士，研究方向：会计制度与会计实务。
[②] 关晓兰，女，北京印刷学院经济管理学院副教授、硕士生导师、管理学博士，研究方向：信息化理论与方法、网络生态、舆情治理。

油化工综合基地之一,并且开展了多项技术和服务创新,针对不同的市场需求提供了定制化的解决方案,是全球化工企业和可再生能源领域的领导者之一。但随着集团发展规模和业务范围的不断扩大,集团内部控制实施成为维护集团安全和稳定运营的重要手段。

(二)中石化内部控制现状

中石化内部控制自2003年开始建设、试行,2005年正式实施,其内控工作经历了"认识内控、认同内控、对标内控"的稳步发展历程[2]。并且中石化与国际接轨,在国内没有较为成熟的经验时取其精华、去其糟粕,根据自身的管理模式和特点科学有效地初步建立了内部控制体系[3]。其内部控制体系,以风险为导向,并且与集团的管理模式相统一,适应集团内部的组织架构[4]。中石化内部控制体系的运行,取得了明显的效果。

(三)基于财务数据分析的内部控制效果研究综述

基于财务数据分析的内部控制效果研究是近年来研究的热点之一。财务数据作为公司整体经营情况的一个重要体现,对于衡量内部控制的实施具有很大意义。在内部控制实施方面,财务数据分析可以从多个维度入手,以发现潜在问题和提供有价值的参考。同时,财务数据分析也可以为内部控制的进一步优化提供指导,比如通过对财务数据的分析,来确定哪些控制措施效果较好、哪些方面需要持续改进。综上所述,财务数据分析作为衡量和优化内部控制实施效果的有效手段,在管理实践和学术研究中均有重要地位。

二、中石化财务数据分析及评价

(一)中石化现金流量情况分析

1. 中石化经营活动现金流量情况(表31-1)

中石化采用了预算控制、财务共享服务、风险控制等措施来提高管理效率和效益，使得中石化的经营活动现金流量在过去几年内保持了比较稳定的上升趋势。尤其是在2021年时经营活动现金流量上涨了约40%，部分原因是由于中石化通过优化客户服务和管理模式，提高了其炼油、化工、销售等业务的盈利水平。

表31-1　中石化经营活动现金流量情况

年份	2022年	2021年	2020年	2019年	2018年
经营活动现金流量/亿元	904.3	1,226.2	920.8	851.4	1,175.6

数据来源：公司年报

2. 中石化投资活动现金流量情况（表31-2）

表31-2　中石化投资活动现金流量情况

年份	2022年	2021年	2020年	2019年	2018年
投资活动现金流量/亿元	-228.9	-230.6	-252.6	-345.5	-483.1

数据来源：公司年报

中石化在投资方面注重资产优化和资金的高效利用，特别是通过数字化和信息化技术的运用，减少不必要的资本支出和投资，加强对投资方向和投资项目的管理和监管。因此，中石化的投资活动现金流量在过去几年内表现出逐步减少的趋势。

3. 中石化筹资活动现金流量（表31-3）

表31-3　中石化筹资活动现金流量情况

年份	2022年	2021年	2020年	2019年	2018年
筹资活动现金流量/亿元	319.6	-18.4	263.8	423.3	176.9

数据来源：公司年报

中石化在着眼于公司发展的同时，也注重风险管理和内部控制，加强了融资监管和风险评估,并优化和调整资本结构,避免产生过大的财务支出和筹资活动现金流量。特别是在 2021 年中石化针对不同的融资需求制订了不同的融资计划,通过优化融资方式和结构降低了融资成本,并增强了公司的资本实力。

通过对中石化的以上分析,可以看出该公司在现金流量管理方面表现较为良好,现金流量与净利润的比例较为合理,表明其财务状况和经营管理较为稳健。但是,在 2019 年,中国证监会曾对中石化予以行政处罚,并指出该公司在财务报告中存在多个问题,其中提出中石化企业未按照要求披露资金占用情况和经营活动中产生的现金流量情况。这意味着中石化在记录和披露现金流量方面存在缺陷,说明企业与内部审计、财务组织和决策机构间信息共享不够、管控流程不合理或未充分有效。

(二)中石化财务结构分析

1. 中石化资产负债率情况分析(表31-4、表31-5)

表 31-4　中石化长期负债数据

年份	2022 年	2021 年	2020 年	2019 年	2018 年
长期负债 / 亿元	1455.07	1387.88	1329.95	874.92	874.92

数据来源:公司年报

表 31-5　中石化资产负债率数据

年份	2022 年	2021 年	2020 年	2019 年	2018 年
资产负债率 /%	56.48	57.32	58.55	57.32	56.48

数据来源:公司年报

以上数据显示,中石化的资产负债率在过去 5 年中呈逐年下降趋势,整体方向较为稳定。2019—2022 年,长期负债的规模增加了近 60%,这与公司的扩张、投资活动等有关。但高额的长期负债会给公司带来更大的偿债压力和财务风险,尤其是在经济下行、行业政策收紧等情况下,公司有可能难以偿还债务,从而影响经营和发展。因此，也体现出了中石化内控上的问题，说明中石化财务风险控制不足以及资金管理不善、资产负债率过多、资产配备不均衡等情况。

2. 中石化流动比率、速动比率分析

从上述数据可以看出，中石化的流动比率在这五年中波动较小，总体保持在 1.2 左右，呈现出稳定的态势。这说明中石化在短期借款到期时具备足够的偿付能力，具有较好的偿债能力。中石化的速动比率在过去几年虽然波动较小，但总体上呈现出逐年下降的趋势。在 2022 年，中石化的速动比率约为 0.56，说明中石化在偿付突发事件时的能力相对较弱，需要加强内部控制和管理措施，以提高其流动性、缓解财务风险。

表 31-6　中石化流动比率、速动比率数据

年份	2022 年	2021 年	2020 年	2019 年	2018 年
流动比率	1.22	1.23	1.26	1.34	1.41
速动比率	0.38	0.42	0.39	0.46	0.57

数据来源：公司年报

3. 中石化存货周转率分析

从表 31-7 可以看出，中石化的存货周转率在过去 5 年中有所波动，但整体呈下降趋势。存货周转率的下降可能反映了中石化存货管理存在问题，包括存货量过多或过少、库存周转不及时等。因此，也体现出中石化在存货管理以及内部控制制度存在相应的问题。

表 31-7　中石化存货周转率数据

年份	2022 年	2021 年	2020 年	2019 年	2018 年
存货周转率／（次／年）	12.71	12.17	11.81	12.20	13.13

数据来源：公司年报

4. 中石化应收账款周转率分析

从表 31-8 可以看出，中石化 2018—2022 年的应收账款周转率逐年下降，说明中石化的应收账款回收效率在一定程度上有待提高，存在账款回收滞后和坏账问题。因此，中石化在应收账款管理和内部控制方面的问题需要解决。

表 31-8　中石化应收账款周转率数据

年份	2022 年	2021 年	2020 年	2019 年	2018 年
应收账款周转率 /（次 / 年）	5.06	5.17	5.57	5.79	6.33

数据来源：公司年报

（三）中石化经营成果分析

1. 中石化毛利率分析

从中石化 2018—2022 年的数据来看，毛利率整体上呈现比较稳定的态势，未出现较大幅度的波动。其中，2019 年毛利率出现了小幅上升，主要是由于国际油价上涨和官方制定的油价指导价格上调，使得中石化销售商品价格上升，同时中石化也通过优化管理和降低成本来提高毛利率。随着疫情的爆发和全球原油需求的下降，中石化的毛利率在 2020 年和 2021 年出现了小幅下降，但在 2022 年有所反弹。总体来说，中石化依然保持着较为健康的毛利率水平。

表 31-9　中石化毛利率数据

年份	2022 年	2021 年	2020 年	2019 年	2018 年
净利润 /%	6.7	6.6	6.3	7.9	6.9

数据来源：公司年报

2. 中石化净利润分析

通过表 31-10 我们可以看出中石化的利润增长速度已经明显放缓，并且其净利润于 2019 年和 2020 年出现了较大幅度的下滑。这主要是由于 2019 年的油价上涨为中石化带来了较高的财务收益，但在后续的全球疫情爆发和油价波动等因素的影响下，中石化的经营业绩受到了一定的冲击。这说明企业内控方面的风险管理不够到位，中石化内部控制能否有效识别和管理风险，并且在掌握复杂的市场环境导致的风险变化和竞争挑战上的能力仍要提升。如果风险管理不够到位，就可能增加企业的经营风险，从而影响公司净利润表现。

表 31-10　中石化净利润数据

年份	2022 年	2021 年	2020 年	2019 年	2018 年
净利润/亿元	486.4	397.8	348	572.8	627.1

数据来源：公司年报

三、中石化内部控制存在的问题

中石化虽然已经对内部控制的风险形成了较为完备的内部控制体系，并且具有相应的应急管理能力，但通过前面的数据分析发现中石化内部控制方面依然存在一些问题。

（一）内部控制制度不够规范，信息交流滞后

中石化集团在记录和披露现金流量方面存在缺陷，企业与内部审计、财务组织和决策机构间信息共享不够、管控流程不合理或未充分有效。公司内部控制制度更新滞后、部门之间信息沟通不畅等情况存在，企业内部控制制度的规范性有待加强。

（二）资金以及资产管理不善

中石化的长期负债增加与公司内部资金管理不善有关。财务管理和预算管理能力不足、资产负债过多、资产配备不均衡等情况，导致企业投资错位、长期负债规模加大等问题。

（三）内部控制执行不到位，风险管理应对不足

公司内部管理水平仍要提高，要加强对应收账款的管理、加强与合作伙伴之

间的沟通。并且，公司应对风险的管理并未实现全面化、到位化，各成员单位在风险防控方面起到的作用不明显。

（四）存货管理不当

中石化存货周转率下降就是因为原材料、成品等存货管理不当导致的。公司在制订存货采购计划时，忽视市场变化和客户需求，就会导致存货积压和成本上升，降低存货周转率。

四、对策建议

针对中石化内部控制存在的问题，提出了以下对策建议。

（一）完善集团内部控制制度，加强内部交流与协调

建立、完善内部控制制度体系，规范业务流程和内部管理，提高内部控制制度的科学性和系统性，避免制度漏洞和制度执行不到位的情况，确保内部控制制度规范。加强内部交流与协调，完善内部流程规范和信息共享的机制，增加部门间的沟通，为战略和财务决策提供更好的咨询和支持。通过团队建设，增强内部合作和信任，提高企业的内部控制管理水平，从而提高集团内部控制制度的规范性以及可实施性。

（二）加强资金监测与预警，完善资产配置管理

建立内部控制体系，通过内部控制审计等方法，加强对资金运转的监控、评估，发现问题及时解决，掌握市场变化的风险信息，提前预警风险。并且建立科学、合理的资产配置管理制度，编制更加务实的资产配置计划，科学调节资产、资金等配置比例，推动能够创造较大利润的项目优先布局，同时加强资本运作，优化投资结构。从而有效解决资金管理不善、资产配备不均衡和长期负债规模加大等问题，提高财务、预算和投资管理水平，增强企业的偿债能力和风险防范能力，实现可持续经营和长期发展。

(三)提高内部控制的执行能力和风险管理水平

进一步深化内部控制体系，将风险控制纳入内部控制的全过程中，强化对关键风险的监管与控制，加强对应收账款回收制度和账务核算的监督和管理。健全内部控制标准，规范管理流程，建立完善的信息系统，促进内控系统有效运行。通过优化风险管理流程、落实内部控制体系、激发员工风险意识、建立有效的评估机制、引导各成员单位参与风险防控等措施，提高内部控制的执行能力和风险管理水平，更好地应对复杂的市场环境与竞争挑战，保持企业的可持续发展。

(四)加强市场信息监测，完善存货采购计划

集团应加强对市场信息的监测和分析，提高对原材料和成品需求的掌握，对市场变化以及客户需求进行及时响应，避免存货积压和浪费现象的发生。制订科学、合理的存货采购计划，根据市场和客户需求进行合理的物料储备和采购，科学调节物料和零部件储备库存，减少库存成本和存货积压，提高存货周转率，从而达到节约成本、提升质量、提高库存周转率的目的，促进企业的稳定发展。

五、总结

本文基于财务数据分析的研究方法，对中国石化公司的内部控制实施效果进行了深入分析和探讨。通过对中石化公司内部控制机制的梳理和分析，以及对其财务数据的深入挖掘，提出了中石化公司内部控制实施的若干问题点和建议。

笔者认为在未来的研究中，应该进一步深入研究和探讨集团内部控制的实际操作问题，并且针对新的发展趋势和变化，不断改进和完善集团内部控制制度和机制。实施内部控制，对集团实现发展目标、提高生产经营效率的意义是十分重大的。中石化在内部控制探索的道路上，已经走了十多年，其内部控制体系在框架的搭建、具体执行、与业务流程的紧密配合上，所制定的规章制度都可圈可点。

参考文献：

[1] 张峻. 管理会计在我国企业应用中存在的问题及对策——以中石化为例 [J]. 投资与创业，2023(7)：90-92.

[2] 刘婵. 关于加强石化集团内部控制的探讨 [J]. 现代经济信息，2012(4)：51-52.

[3] 白致珑. 中石化内部控制分析 [J]. 知识经济，2017(3)：30.

[4] 郝明. 内部控制实施问题研究 [D]. 哈尔滨：哈尔滨商业大学，2014.

三十二 山东胜通集团债券违约案例研究

侯燕祥[①] 佟东[②]

摘要：近几年，我国证券市场的地位日益突出。与股权相比，因债务融资的融资费用和融资的杠杆效应，公司更愿意利用债务融资。但是，从2014年的首次债务拖欠开始，出现了大量的债务违约事件。这对我国证券市场的正常运作造成严重冲击。本文以山东胜通公司为案例，剖析了其债务违约问题产生的原因、背后存在的商业伦理问题以及对相关利益方的影响，并提出相应的建议。旨在更好地了解债券市场中存在的风险和挑战，加强企业商业伦理意识，以促进市场的健康发展。

关键字：债券违约；商业伦理；山东胜通集团

一、引言

根据 Wind 数据统计，2022年我国各类债券发行总额为61.45万亿元，截至当年底，中国内地债券市场总存量已增至141.31万亿元，增幅为10.99万亿元[1]。2020—2022年我国共有89家企业发生了债券违约事件，违约债券规模约1586亿元。然而，债券违约会降低投资者信心、引发市场恐慌，还可能产生区域风险传导，从而阻碍债券市场的健康发展。因此，对债券违约事件出现的原因

---
① 侯燕祥，女，会计硕士，研究方向：资本运营与财务管理实务。
② 佟东，男，讲师，研究方向：文化产业创新管理、传媒经济与管理、出版业转型发展。

进行深度剖析，发现其背后存在的商业伦理道德问题，并针对这些问题制定相应的对策，可以降低甚至避免债券违约事件的出现，这对现有的债券市场的稳定和可持续发展至关重要。

二、案例介绍

（一）山东胜通集团简介

山东胜通集团股份有限公司（以下简称山东胜通集团）创建于一九八七年，是一家专业生产钢帘线、金属加工机械产品和玻璃钢产品的企业，主要从事电子设备、金刚石和硬质合金复合片的加工和销售，目前有员工 5000 人。公司有一百多种具有独立知识产权的高技术，以及一百多种国家专利。企业荣获"中国民营企业 500 强""山东企业 100 强"等荣誉。

（二）债券违约事件介绍及处罚

根据公开资料显示，自 2011 年以来，胜通集团已在证券交易所债券市场和银行间债券市场累计发行了 136.5 亿元的债券。2013—2017 年，山东胜通集团连续 5 年财务造假，累积虚增利润 119 亿元。2019 年 3 月，法院接受了胜通集团的破产重组申请，其间，胜通集团及其子公司多笔债务到期，无力支付款项而造成违约事件。

国海证券和粤开证券在 2021 年 9 月 30 日晚间发布公告，指出 9 月 29 日收到了中国证监会的立案告知书。中国证监会认为其在胜通集团发行债券承销业务中存在未勤勉尽责的问题，根据相关法律法规，中国证监会决定对公司进行立案调查。

2021 年 12 月，由于山东胜通集团公司在债券承销业务中存在违法行为，发行人被中国证监会处以警告、罚款等行政处罚。同时，由于涉及多起胜通集团公司债券违约相关民事诉讼案件，计提的预计损失增加，发行人预计负债较上年末增加 1.93 亿元。

山东胜通集团被证监会给予警告并处以 60 万元罚款。对相关负责人的处罚如下：对公司实际控制人兼直接负责的主管人员王秀生给予警告，处以 90 万元罚款；对董事王忠民和董本杰给予警告，分别处以 20 万元罚款；对事件其他直接负责人李国茂和刘安林给予警告，分别处以 10 万元罚款。此外，对涉胜通集团财务造假案四家中介机构及相关负责人给予了相应处罚。

三、导致山东胜通集团债券违约的原因

（一）信用评级机构反应迟钝

信用评级机构在金融市场中扮演着至关重要的角色。它们的作用是评估债券发行人的信用风险，并为投资者提供有关债券违约的潜在风险和预期回报的准确信息。2017 年，山东胜通集团的信用评级为 AA+ 级；2018 年 6 月 25 日，大公评级对胜通集团的主体评级是 AA+ 级，同年 12 月，调整为 A 级。2019 年 3 月，山东胜通集团被法院受理破产重组。信用评级机构并未及时对山东胜通集团做出正确的信用评价等级，没有起到及时的风险警示作用[2]。

（二）持续的业务扩张和在建工程

持续的业务扩张和在建工程需要大量的资金投入，如果企业在扩张和工程管理方面存在不当决策和控制，可能导致项目延期或成本超支问题，加大资金压力。而山东胜通集团主要通过发行债券来募集资金，容易造成短债长投、企业经营风险增加。此外，发行债券需要支付一定的利息和手续费，会加大企业的财务负担。盲目的扩展行为也是影响山东胜通集团债券违约的重要原因。

（三）主营业务恶化

自 2018 年以来，山东胜通集团因部分子公司的盈利能力和经营现金流能力下滑，出现了部分债务逾期和涉诉情况，部分子公司股权被冻结，偿债能力持续恶化。此外，胜通集团还面临对外担保代偿风险的增加，对其财务状况和偿债能力产生不利影响。

四、存在的商业伦理问题及违约事件的影响

（一）存在的商业伦理问题

①虚假宣传。山东胜通集团在发行债券时存在虚假宣传，夸大了自身的实力和信用状况，误导了投资者对债券的风险认知。

②财务造假。如果山东胜通集团在债券发行前或发行后进行了财务造假，掩盖了真实的财务状况，这涉及欺诈投资者和违反道德和法律的行为。

③不诚信行为。如果山东胜通集团明知无力偿还债券本金和利息，却仍然发行债券并未按时偿付，这涉及不诚信的行为，损害了债券投资者的权益。

④缺乏透明度。山东胜通集团可能缺乏透明度，未能及时披露与债券违约相关的信息，使得投资者无法及时了解相关风险，违反了信息披露的商业伦理。

这些商业伦理问题不仅损害了债券投资者的利益，也对整个债券市场的信任和稳定性造成负面影响。监管机构和投资者应该加强对企业的尽职调查和风险评估，同时企业应该遵守商业伦理道德，诚信经营，保护各利益相关者的权益。

（二）债券违约事件的影响

1. 对企业的影响

①企业再融资困难。债券违约严重影响企业的信用度，其在金融市场上的声誉和借款能力将大幅下降[3]。这将使企业在未来再融资时面临艰难的局面，银行和其他投资者可能会对企业的借款申请持谨慎态度，提高借款"门槛"，甚至拒绝提供融资支持。

②业务受限。债券违约所导致的资金流失会对企业的运营产生直接影响。企业面临资金流动性压力，无法按时支付供应商贷款和员工工资，无法继续正常的业务运营，最终导致山东胜通集团破产重组。此外，债券违约事件可能会降低企业的竞争力，从而降低销售额和市场份额。

2.对其他利益相关者的影响

①对银行的影响。银行为了避免更多企业如山东胜通集团般发生违约事件,确保银行资金的安全,会进一步收缩信贷规模,提高对目标企业的评估审核标准。

②对债权人的影响。个人债券投资者,由于持有的数量有限,较难被重视,凭借自己的力量去维权又会耗费大量的时间和精力。然而,对于机构或企业投资者来说,凯迪生态违约的巨额金额很可能会对自身的财务状况产生不利影响,对资金流动性造成冲击[4]。山东胜通集团债券违约事件的发生,根本原因是没有充足的资金支持日常生产经营和偿还债务,不论是个人还是单位机构,其利益均将受到损害。

五、建议与启示

(一)积极与政府沟通,获取政策支持

通过与政府积极沟通、合作,企业可以了解相关政策要求,避免违反规章制度。同时,也能让政府了解企业的需求和国外相关行业的政策,进而创造一个良好的行业发展环境。在利用国家相关产业政策的同时,企业也应抓住发展机遇,利用政策的支持来提升盈利水平[5]。

(二)规范债券市场监管制度和有效的预警机制

监管层应该根据我国具体情况,调整市场监管标准和机构,完善信用评级制度。各监管机构之间应建立信息共享平台,以减少调查时间、降低监管成本、提高效率。债券市场不断市场化,监管机构需要适度创新以满足市场化需求[6]。

(三)投资者加强自我保护意识

多样化投资组合,避免过度集中投资于某一特定债券或债券类型。此外,我们还需要密切关注市场动态,并根据市场变化灵活调整投资策略。这样做可以最大程度地降低投资风险并获得更好的回报。

六、结论

山东胜通集团债券违约案例是一起引起广泛关注的事件，本文分析了山东胜通集团债券违约事件的原因及存在的商业伦理道德问题，揭示了该事件对企业及其他利益相关者的影响，并提出相关建议。债券违约会危及企业的生存，企业应做好债券违约的后续处置，降低负面影响。

参考文献：

[1] 王迪. 浅析我国债券违约风险及防范对策研究 [J]. 现代营销（上旬刊），2023（5）：34-36.

[2] 王孟花. 上市公司债券违约风险的识别与评估研究 [D]. 成都：西南财经大学，2021.

[3] 周圣. 上市公司债券违约的成因及影响分析 [D]. 南昌：江西财经大学，2021.

[4] 李文婧. 永煤控股债券违约预警及对策建议 [J]. 合作经济与科技，2022（18）：127-129.

[5] 汤婧. 上市公司债务违约及风险防范 [D]. 广州：广州大学，2019.

[6] 汪珺超. 凯迪生态债务违约及风险应对的研究 [D]. 昆明：云南财经大学，2022.

第四篇 企业战略与行业研究

三十三　比亚迪新能源汽车发展对策研究

孟玲旬[①]　秦必瑜[②]

摘要：无论社会如何发展，新兴科技始终引领各行各业的发展，由于环境保护意识的提高以及我国新能源汽车发展战略的引领，新能源汽车作为汽车行业的新发展潮流，影响了汽车行业的消费结构。随着越来越多的企业参与到新能源汽车的竞争行列中，比亚迪作为我国新能源汽车行业的龙头企业，面临的竞争逐渐加剧。基于此，本文以比亚迪为例，从宏观环境和行业环境的视角对比亚迪在新能源汽车行业所处的战略环境进行分析，并用 SWOT 分析工具对比亚迪面临的优势、劣势、机会和威胁进行总结和探讨，得出新的背景下比亚迪新能源汽车的发展战略，并提出合理建议。

关键词：战略分析；新能源汽车；战略选择；SWOT 分析；比亚迪

一、引言

比亚迪股份有限公司（以下简称比亚迪）于 1995 年在广东省深圳市成立，公司成立初始以生产二次充电电池起步，后进入锂离子电池行业，并取得了较大的发展，2003 年比亚迪进入汽车行业并于 2008 年全面进入新能源行业。比亚迪

[①] 孟玲旬，女，会计硕士，研究方向：资本运营与财务管理实务。
[②] 秦必瑜，女，副教授，研究方向：会计信息分析与决策。

由于不断进行技术研发创新，以及长期发展电池、电机、电控以及整车等服务的技术优势，成为我国新能源汽车行业的龙头企业。

企业的发展对策是企业发展的宏观指导策略，引领着企业的发展方向，因此，发展战略的制定尤为重要。新能源汽车行业作为新兴行业一直处于爆发式增长阶段，比亚迪作为我国新能源汽车行业的龙头企业具有很强的代表性，另外，比亚迪于2022年宣布停止燃油车整车生产，聚焦新能源汽车业务发展，成为全球首家停产燃油车的车企。因此，对比亚迪进行发展对策研究具有重要的理论意义和现实意义。

二、比亚迪新能源汽车战略环境分析

本文首先通过PEST分析对比亚迪新能源汽车所处的宏观环境进行深入分析。其次利用波特五力模型从五个方面对比亚迪新能源汽车发展战略的行业竞争态势进行分析。最后通过SWOT分析法总结比亚迪在新能源汽车领域发展的优势、劣势、机会和威胁，为企业提供有效的发展建议。

（一）宏观环境分析

1. 政治环境

《国务院办公厅关于印发新能源汽车产业发展规划（2021—2035年）的通知》指出，发展新能源汽车是我国从汽车大国迈向汽车强国的必由之路，是应对气候变化、推动绿色发展的战略措施。2023年，国家发展改革委、国家能源局制定并发布了《关于加快推进充电基础设施建设更好支持新能源下乡和乡村振兴的实施意见》，可以看出国家对新能源汽车的助推发展，我国的"十四五"规划也明确提出了加快壮大新一代信息技术、新能源、新材料，发展战略新兴产业的重要性。一系列的优惠措施和大力发展政策使得新能源汽车行业的发展得到更有力的保障。

2. 经济环境

首先，针对汽车市场的经济环境进行分析，根据中国汽车工业协会发布数据，2022 年我国汽车产销量分别完成 2702.1 万辆和 2686.4 万辆，同比分别增长 3.4% 和 2.1%，发展势头减缓，但总体发展还是向上的。其次，分析新能源汽车的市场行情，由图 33-1 可知，我国新能源汽车的销售持续增长，新能源汽车的消费市场良性发展。最后，2022 年我国 GDP 总量为 121.02 亿元，同比增长 3%，居民的购买力有所增加，疫情过后，人们的购买意愿增加，消费市场复苏，有利于新能源汽车行业的发展。

图 33-1 2013—2022 年新能源汽车销量及增长率

数据来源：中国汽车工业协会

3. 社会环境

人类社会的发展进程加快，能源的过度消耗导致环境破坏以及各种病毒细菌的滋生，人们越来越认识到可持续发展以及卫生安全的重要性，因此新能源顺势而生，新能源汽车的出现为我们提供了一种节约能源和保护环境的新方法，再加上新能源汽车与传统燃油汽车相比更加经济，因此受到大众的喜爱并快速发展。疫情过后，人们更加认识到环境卫生的重要性，因此新能源汽车的发展潜力巨大。

4. 技术环境

新能源汽车的充电桩并未普及，充电桩的分布密度很大程度上会影响人们对新能源汽车的购买需求。充电桩的分布影响了新能源汽车的市场分布，中低线城市以及农村地区并未普及新能源汽车发展的必要设施充电桩，充电桩的分布密度低也导致新能源汽车的里程焦虑。所以在基础设施建设上，我国新能源汽车产业仍面临巨大的挑战。虽然我国新能源汽车的技术水平处于世界前列，新能源汽车行业发展迅猛，但新能源汽车的市场化发展仍然面临严峻的挑战。新能源汽车的关键技术电池、电机和电控等方面的发展影响着新能源汽车的市场化进程。由于电力系统支撑者系能源汽车的运行动力，但电池的充电速度、补充电力的方法仍然没有完善，以至于新能源汽车的汽车性能未能达到传统燃油汽车在持续运行方面的便捷和高效，其续航能力和便捷方法仍有待进一步完善。

(二) 行业竞争态势分析

1. 现有行业竞争者的威胁

由于比亚迪专注于新能源汽车的发展，就现有的新能源汽车市场总体情况来看，比亚迪新能源汽车占领了我国大部分的市场份额，具有较强的竞争能力。能够与比亚迪形成竞争格局的企业，主要包括特斯拉、上汽、广汽、吉利、奇瑞等国内外汽车品牌，其中特斯拉作为海外知名品牌在我国市场份额的提升给比亚迪带来了较大的竞争压力。

2. 新进入者的威胁

首先，比亚迪在国内新能源汽车市场已经占有很大份额，品牌影响力较大。其次，比亚迪生产的新能源汽车由于具有核心技术上的优势，很难被取代。最后，新能源汽车的研发投入较大，新进入者需要较多的研发投入以形成自身产品的核心竞争优势，面临较大的财务风险。因此，比亚迪新能源汽车的新进入者威胁较低。

3. 替代产品的威胁

由于传统燃油车发展历史悠久，在产品性能和认可度、普及程度等方面具有较大的优势，新能源汽车行业作为新兴汽车种类，基础设施并未完善，产品性能还有待提高，但由于自身独特的环保性能，以及向智能交通工具的转变，新能源汽车也有一定量的"粉丝"，且发展势头正猛，所以新能源汽车具有一定的发展优势，但传统燃油车的替代威胁仍是巨大的。

4. 购买者的议价能力

购买者由于新能源汽车的经济性和新能源车的特点而购买新能源汽车。但从目前新能源汽车的造价来看，其制造成本不低于传统的燃油车，仅随着政策对新能源汽车的补贴导致新能源汽车的价格对消费者来说可以接受，但新能源汽车后续产生的电池更换以及后续保养维护价格挑战了消费者对新能源汽车价格的接受度。综上所述，购买者对新能源汽车的议价能力相对较高。

5. 供应商的议价能力

比亚迪作为从电池行业起步发家的企业来说，早已在新能源汽车的核心部件电池、电机和电控方面形成了雄厚的技术积累，掌握了行业具有较强竞争力的核心技术，对比亚迪来说，关键部件的供应可以通过自身的产品制造实现，因此供应商的议价能力较弱。

（三）SWOT模型

1. 优势

（1）技术优势

比亚迪具有在全球范围内遥遥领先的技术研发团队和科技创新能力，并且具有在新能源汽车电池等配件方面领先的核心技术，研发能力强，发展经验充足，在研发具有动力性能、安全保护和能源消费等特点的新能源汽车上有充足的优势。

（2）品牌优势

比亚迪生产的纯电动及插电式混合动力技术均已广泛运用于乘用车产品，持续引领全球市场。比亚迪生产的商用车已在全球6大洲、70多个国家和地区、超过400个城市成功运营。因此比亚迪具有很强的品牌优势，品牌技术能力强大、应用广泛、知名度高，有利于比亚迪的新能源汽车在全球范围推广。

（3）市场占有率优势

比亚迪作为新能源汽车行业的先行者和领导者，2022年宣布停止燃油车的整车生产，全力发展新能源汽车业务，连续十年稳居我国新能源汽车销量第一位，2022年比亚迪生产的新能源汽车的市占率为27%，同比增长10%，比亚迪在我国占据较大的新能源汽车市场份额。

2. 劣势

（1）过度依赖国内市场

比亚迪的新能源汽车销售主要针对的是国内市场，由比亚迪2022年财务报告中整车产品产销情况表可知，比亚迪境外销售量仅为45250辆，远低于中国境内的销售量。

（2）产品质量问题

比亚迪的新能源汽车虽然具有强大的优势，但在技术上有所不足，仍然有不同的声音指出比亚迪汽车的问题，例如比亚迪新能源汽车的驾驶环境和电池续航能力有待进一步提升，比亚迪需要进一步提升产品质量。

3. 机会

（1）政策支持

新能源汽车行业的发展响应了可持续发展的环保要求，因此政府大力提倡新能源汽车的发展，这为比亚迪的新能源汽车发展提供了良好的政策支持。

（2）前方市场广阔

新能源汽车作为新兴行业其发展并未普及全国，中低线城市和农村地区缺少必要的基础设施，由于政府的大力支持，我们可以认为这些地区都可能是新能源汽车未来发展的潜在市场，再加上新能源汽车在全球的风靡，海外市场也是新能源汽车发展的对象，比亚迪此前主要专注于国内新能源汽车市场，之后也可以发展到海外市场。

4. 威胁

（1）行业竞争激烈

新能源汽车作为有巨大发展潜力的新兴行业，有太多企业都想分一杯羹，比亚迪作为大力发展新能源汽车的企业，新能源汽车的销售状况影响着企业的前行，在此基础上，在应对不断出现的新兴竞争者和已经存在的具有强大竞争能力的竞争对手时，比亚迪需要强大的核心竞争力保持企业的市场地位。

（2）研发投入大

比亚迪 2022 年财务报表数据显示，比亚迪总研发投入为 202.23 亿元，研发人员数量同比增加 72.59%，研发投入加大意味着比亚迪技术革新的需求增大，需要增加核心竞争力，跟随技术的进步不断提升自身实力。

5. 组合分析

通过对比亚迪的各个方面进行分析可以看出，比亚迪的新能源汽车具有较强的优势，企业的技术能力成熟且竞争能力较强，市场发展状况良好，企业面临的威胁较少，传统燃油车的替代作用和具有强大市场号召力的竞争者对企业的威胁较大。面对这样的发展环境，企业必须抓住现有的市场发展机遇，专注于产品创新和技术研发，保持自身的行业技术领先能力，稳占市场份额，增强环境应对能力。此外，企业可以发展海外市场，扩大销售规模。

三、比亚迪新能源汽车战略选择

（一）持续重视研发投入

面对日益激烈的竞争环境，比亚迪应该通过不断的研发以保持技术领先地位，通过核心竞争力的不断加强以巩固企业的市场地位。

（二）推进智能化战略

对于新能源汽车来说，还有一个竞争优势就是车辆的智能化发展。新能源汽车在自动驾驶、智能网联和核心汽车系统等方面的创新发展成为新能源汽车吸引消费者的新增长点，比亚迪可以通过这方面的技术研发，形成车辆的特色优势，吸引消费者。

（三）全球化发展战略

新能源汽车行业作为新兴产业具有巨大的发展潜力。比亚迪作为新能源领域的老牌企业，已经在国际上具有一定的知名度，比亚迪基于其他产品也已经在海外多地建立了多个生产基地和销售网络，且比亚迪具有核心技术优势，便于发展新能源汽车的海外市场，在新能源汽车领域实现全球化发展。

四、总结

本文选取 PEST 分析法、波特五力模型和 SWOT 分析法对比亚迪新能源汽车的战略环境进行了分析。不仅对比亚迪新能源汽车的宏观发展环境分析做出了参考，还对比亚迪新能源汽车发展的优势和劣势、机会和威胁做出了分析和探讨。通过分析可知，当前背景下比亚迪新能源汽车的发展机遇和挑战并存，因此，本文根据比亚迪新能源汽车面对政策支持、前方市场广阔的机会和过度依赖国内市场、行业竞争激烈、研发投入大等问题，对现阶段比亚迪新能源汽车的发展战略提出持续重视研发投入、推进智能化战略、全球化发展战略等建议。

参考文献：

[1] 梅蔚蕾. 小米新能源汽车品牌战略分析与建议 [J]. 产业创新研究, 2023, 110(9): 61-63+99.

[2] 王文丽. 国有中小型供暖企业战略分析——以 L 公司为例 [J]. 中国市场, 2023, 1149(14): 107-110. DOI: 10.13939/j.cnki.zgsc.2023.14.107.

[3] 汪熙媛, 付文婧, 柯伟. 新能源汽车智能化发展趋势分析 [J]. 时代汽车, 2023, 403(7): 126-128.

[4] 刘宇飞. BY 新能源汽车公司国内市场的发展战略选择研究 [D]. 西安: 西安理工大学, 2022. DOI: 10.27398/d.cnki.gxalu.2022.001146.

三十四 价值链视角下新能源汽车成本控制问题研究

——以特斯拉为例

濮文凯[①] 华宇虹[②]

摘要：在新能源汽车领域，特斯拉一直是一个特立独行的存在。近几年，特斯拉的各个车型价格总体呈下降趋势，且下降幅度巨大。本文基于价值链成本控制理论，从内部价值链分析、纵向价值链分析、横向价值链分析三个方面研究特斯拉成本控制问题，探求其不断降价的原因，从而为我国新能源车企发展提供借鉴意义。

关键词：特斯拉；新能源；价值链

一、引言

从 2010 年开始，我国政府正式推行新能源汽车相关补贴政策，目的是促进新能源汽车的发展，减少传统燃油汽车的使用，以应对全球气候变化、环境污染等诸多问题。2016 年财政部发布了退补政策，补贴标准将在 2017—2018 年下调 20%，并在后续两年内持续下调。这使新能源汽车市场环境逐步完善，由原来依靠补贴拉动市场到转为由市场机制自动调节。因此，新能源汽车企业生存压力日益增大，很多依靠补贴生存的企业纷纷倒闭。在这种环境下企业如何降低成本，提高利润，变得尤为关键。

---

① 濮文凯，男，会计专硕，研究方向：资本运营与财务管理实务。
② 华宇虹，女，高级教授，研究方向：财务管理、资本市场与公司治理、传媒产业经济与金融。

二、理论综述

(一)价值链成本控制含义

目前,中国学界得到普遍认同的价值链定义应该是一个由"供应商客户和最终用户"组成的综合功能系统。公司从原材料的采购和加工到最终产品的生产就是一个运营流程。运营过程中每个环节的成本管理最终形成了"网络链结构,在该结构中,客户通过供应点分配给客户,并销售给最终消费者[1]。因此,价值链成本控制可定义为:企业经营活动消耗总和构成成本,利用价值链分析区别增值与非增值作业,从而控制成本[2]。

(二)价值链分析理论

价值链分析主要包含三个方面内容:内部、纵向和横向价值链分析。

内部价值链分析是价值链分析的起点。企业的内部活动可以被分为多个价值链单元,商品在企业内部的价值链单元进行转移。在这个过程中,不断消耗成本并产生价值。通过分析内部价值链单元的活动,可以识别无增值的作业;协调、优化价值链单元间的联系,从而提高生产效率、降低相关成本,并且为后续横向与纵向价值链分析打下基础。

纵向价值链分析强调供应商、企业和销售商三者之间的关系。根据上游企业产品与服务的特点,分析其与企业价值链关系,往往可以节约大量成本,甚至可以达到协同效应,使上下游企业共同降低成本。除此之外,如果从宏观方面进行纵向价值链分析,可以为企业进行外包、并购、整合等决策提供指导。

横向价值链分析简单来说就是对一个产业内部的各企业之间的联系进行分析。对于大多数行业而言,业内总有一些企业整体盈利水平高于其他企业。横向价值链分析常作为一种基础工具,通过核算企业内部各环节成本,确定与竞争对手差距,适时调整策略,通过创新、服务提升等方式降低总成本,形成独特竞争优势。

相较于传统成本控制方法,从价值链视角进行成本分析控制有独特优势,可以更加全面、系统地分析企业生产运营全过程，利于企业发现并解决成本效率低下环节，从而达到控制成本目的。因此，本文采用价值链理论进行成本控制分析。

三、特斯拉与我国新能源车企成本控制现状

过去十几年里，经过国家政策的扶持与企业自身不断努力，我国新能源汽车行业的发展已初具规模，2022年我国新能源汽车销量占全球市场份额近50%，电动公交车、卡车更是占据90%以上。但随着市场机制的不断完善，我国新能源车企存在的问题也逐渐暴露，尤其在成本控制方面。目前，我国新能源车企缺少从价值链的视角进行成本控制的意识，大多仍采用传统的成本控制方法，过于强调内部生产环节的成本控制，而在研发、采购和服务等环节的成本控制效率较低，企业部门间的沟通联系也不够密切，各部门仅关注自身环节成本控制，忽视了单个环节的降本对整个企业乃至上下游环节的成本控制造成负面影响，各部门缺乏统一的成本控制意识。

反观特斯拉，在业内被称为"成本杀手"，在过去十年内，一直致力于成本的降低。2022年，特斯拉毛利率可达25%左右，而我国新能源汽车整车毛利率在15%左右，即便是成本控制较好的比亚迪企业，毛利率也仅有19%左右。这也是为什么特斯拉的价格一降再降但仍然有较大利润空间。

四、价值链视角下特斯拉成本控制分析

（一）内部价值链成本控制分析

1. 研发环节

相较于传统汽车制造企业，新能源车企在研发方面更加重要。在技术研发、整车制造、创新创造方面，特斯拉的投入都远高于其他新能源车企，其单车的研发费用投入约为整个行业平均水平的三倍。

2020年的数据显示，特斯拉研发投入占营收总比接近5%（图34-1），平均

单车研发费用为 2984 美元，而行业平均单车研发费用仅 1000 美元左右。尽管特斯拉研发成本高昂，但特斯拉在研发阶段就有很强的成本控制意识，并且其成本控制制度完善、开发流程标准化，成本预算和控制相当精确。这就能推动后期制造阶段的资源利用效率提高和生产成本降低，使得特斯拉的研发收益远高于其他车企。

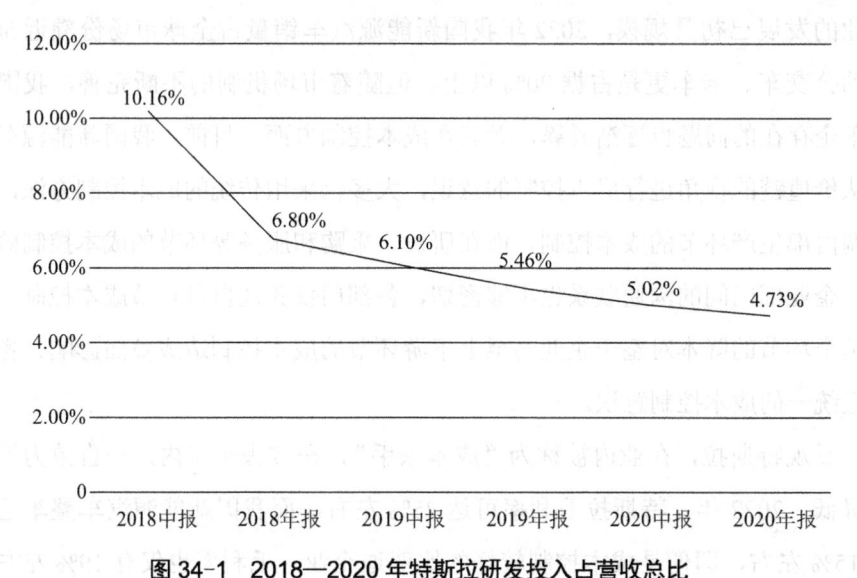

图 34-1 2018—2020 年特斯拉研发投入占营收总比

数据来源：新浪 e 站

2. 采购环节

在新能源汽车的零部件中，成本占比较高的为电池、电机、电控以及车身。车身和电机方面，特斯拉有自研的生产技术，无须采购。电控方面，特斯拉主要自研车载芯片，剩下 16 大项系统进行外包。目前，特斯拉电池主要向宁德时代、松下和 LG 化学三家公司采购。其电池的采购平均价格为每千瓦时 142 美元。作为对比，通用公司的采购成本为 169 美元，新能源汽车行业的平均成本则为 186 美元。新能源汽车的电池成本一般占总成本的 30% 到 40%，采购成本降低必然会使整车成本降低。

特斯拉一直强调采购成本降低，通过大批量订单获取价格谈判优势。这就使得特斯拉的采购成本远低于同行业其他车企，仅仅电池组成本就比同行业低24%左右。

3. 生产环节

特斯拉在生产环节与其他新能源车企最大的不同就在于其一体压铸技术。传统汽车生产制造主要有四大关键工艺：冲压、焊接、涂装、总装。冲压车间首先会冲出各个车体框架部分，然后这些框架被送到焊装车间进行焊接，形成一个完整的白车身。之后，白车身进入涂装车间进行喷涂车身。最后，喷涂完成的车身被送到总装车间进行装配。从这四个关键工艺不难看出，整个车身是用一个个零件焊接、拼装起来的。这就意味着生产车间增多、零部件增多，从而导致价值链低增值甚至无增值。

而采用了一体式压铸技术则完全不同。以Model Y为例，所有零件一次压铸成型，相比于Model 3，零件数量减少79个，焊点由原来的700—800个减少到了50个。由于应用了新的合金材料，特斯拉一体压铸的后地板总成不需要再进行热处理，制造时间比传统工艺缩短1—2小时，并且能够在厂内直接供货。这意味着，从供应商的审查、冲压零件的采购定点、冲压模具的制造、冲压设备的使用，到焊接夹具的制造、焊枪的使用、检具的开发、零部件的物流运输，所有传统冲焊单元全部被取消[3]。并且在正式投产前，特斯拉首先会进行工业化模拟，模拟生产全过程，从而在早期发现产线上的问题，大幅度降低后期改造产线的成本。

4. 销售环节

特斯拉采用了类似于小米的网络直销模式。同时，在线下提供类似苹果线下体验店的服务。特斯拉的线下体验店往往坐落于奢侈品商店的周围。与传统4S店不同，特斯拉线下体验店几乎没有休息区，顾客直接进入车内体验。服务人员也不会主动揽客或极力推销产品，而是像苹果体验店一样，让客户自己体验，在体验中感受各种车型差异。如果客户满意，想要购买，需要从网上下单预订，汽车生产出来后，厂家将车辆寄到当地体验中心，客户去体验中心提车。这种模式不仅省去了顾客购买车辆的中间商差价，而且先订后付的营销模式，为其创造了大量的现金流，更加方便进行资本成本管理。在广告推广方面，特斯拉拒绝了传统低效的广告形式，一切能依靠互联网解决的，绝不依靠人力。以上种种营销手段，为特斯拉节约了大量成本。

（二）纵向价值链成本控制分析

特斯拉的生产制造与百余家供应商有直接关联，如图34-2所示是部分特斯拉供应商。从图中不难看出，大部分是中国本土供应商。据官方透露，目前国产特斯拉供应商本地化率已超95%[4]。

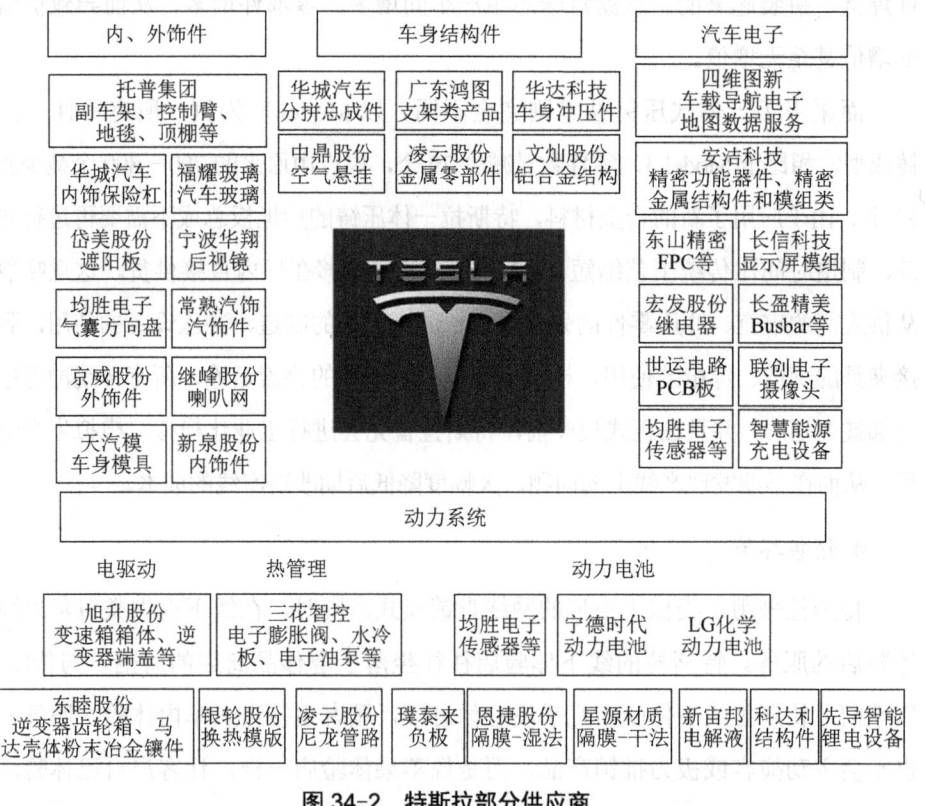

图34-2 特斯拉部分供应商

信息来源：智通财经

在与供应商达成合作前，特斯拉会先做一系列准备。特斯拉首先会优化产品设计，使产品设计具备良好的可制造性，为供应商选点提供技术支撑。其次，在定点前，帮助供应商充分理解特斯拉的技术规范。最后，帮助供应商达成最高的生产效率，不断降低制造成本。

一般的汽车品牌，凭借市场地位、品牌效应等，最多要求供应商在自己生产线附近建设仓库，用于响应生产制造的临时需求。而特斯拉直接要求供应商把厂房建在特斯拉企业周围，根据其生产需求变化，要求供应商生产或停产。这样一来，特斯拉省去了仓储费用，进一步降低了成本。对于上游供应商来说，与特斯拉工厂距离近可以省去运输成本，对于特斯拉来说，供应商省下的运输费用都可以转化为利润。只需要贴近供应商成本报价就能精准控制生产成本，还能免去自己建厂投资的风险。

同时，特斯拉采用数字化的方法，通过定制网站和数据库对接，与供应商数据共享，再结合机器学习等大数据处理方法，以求实现万物互通、智能制造。数字化技术的应用有助于企业花费较低成本对企业信息进行整理和输送，同时获得更多外部信息，从而提高企业信息透明度；信息透明度的提高有助于企业在众多的供应商中寻找最优选项[5]。

与传统供应商管理不同，特斯拉采购管理朝着工业化发展。所谓工业化发展，指的是不仅在日常保证稳健供给，更重要的是提升供应商能级，创新赋能供应链，从而打破传统供应商赛道壁垒。

（三）横向价值链成本控制分析

很显然，特斯拉采用的是低成本策略。通过压缩成本、降低价格获取市场份额。如图34-3显示，2022年新能源全球销量前十，特斯拉两款车型占据榜首，总量达120万辆，销量几乎与第3—10名总和持平。

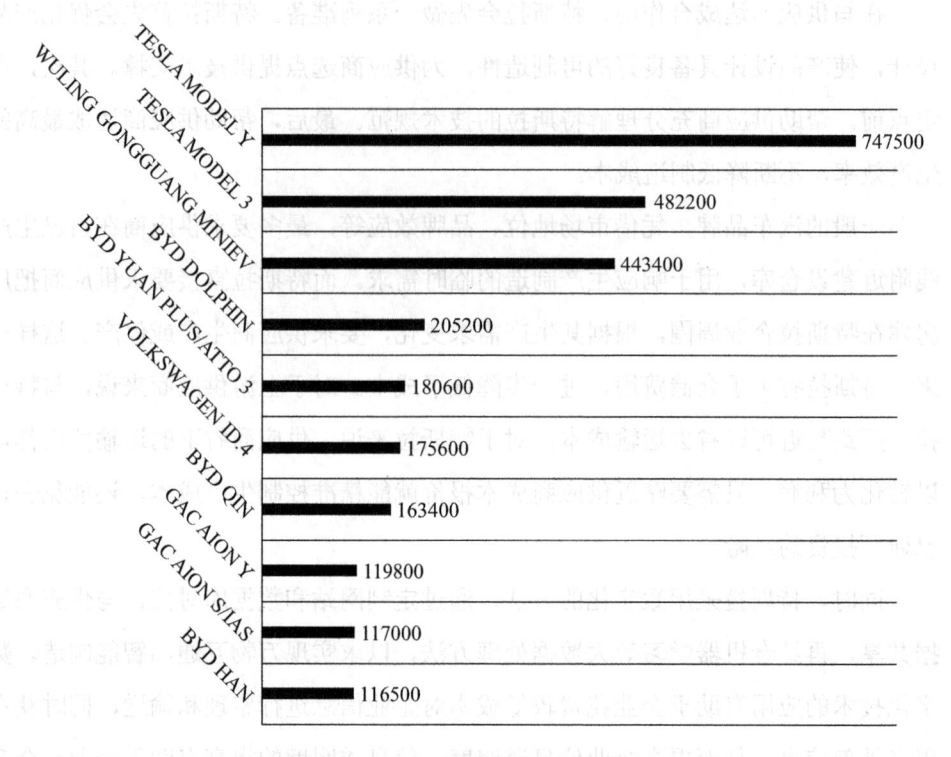

车型	销量
TESLA MODEL Y	747500
TESLA MODEL 3	482200
WULING GONGGUANG MINIEV	443400
BYD DOLPHIN	205200
BYD YUAN PLUS/ATTO 3	180600
VOLKSWAGEN ID.4	175600
BYD QIN	163400
GAC AION Y	119800
GAC AION S/IAS	117000
BYD HAN	116500

图 34-3　2022 年全球电车销量前十

数据来源：搜狐网

2023 年 1 月，特斯拉开始新一轮降价，降幅约为 20%，由此带来销量环比增长 4%。财务报表显示，特斯拉 2022 年净利润为 125.56 亿美元，同比增长 128%，其中四季度利润为 37 亿美元，更夸张的是，特斯拉单车的利润接近 9100 美元，约合人民币 6.1 万元。美银证券发布的研究报告预计，2022 年四季度比亚迪单车净利润约 1 万元，2022 年三季度财报显示，特斯拉毛利率达 25.1%，而我国利润较高的比亚迪则为 18.96%。在如此高的毛利率加持下，特斯拉选择用价格换销量，对于其他新能源车企而言，竞争压力巨大。

五、结论与启示

通过对特斯拉内部、纵向和横向价值链的研究分析，可以得出以下结论：

从价值链角度出发，有助于企业进行成本管理。站在价值链的高度分析特斯拉的成本控制，可以发现从研发、采购到生产、销售，特斯拉的每一环节都尽可能实现价值增值，成本控制相当完善。

与特斯拉相比，我国新能源车企成本控制仍需改善。我国很多车企成本控制制度不完善，成本控制意识也有待提高，在采购、研发、生产、营销环节成本使用效率较低。

由此，可以得出如下启示：

首先，我国新能源车企可以尝试运用价值链控制成本。在价值链视角下我们不难发现，特斯拉的成本控制要好于我国企业。我国企业缺乏运用价值链进行成本管理的意识，运用好这一工具或许有助于企业降低成本，获得竞争优势。

其次，我国新能源车企可以借鉴特斯拉的生产方式，尝试集成化、一体化生产。国内新能源企业在生产制造方面缺乏核心技术，很多企业整车架构的生产与传统汽车几乎没有区别，只是将发动机换成了电机，油箱换成了电池。而且这些零部件绝大部分是从各个企业采购而来的，采购成本居高不下势必会影响整车的成本。

最后，技术导向、创新导向才是长远之计。我国很多新能源车企依靠营销、公关推广企业产品。这种模式短期内十分有效，但可能会损害企业长期发展的能力。从价值链的分析过程中不难看出，最能降低新能源汽车成本的价值链单元是研发、生产环节。我国企业不应本末倒置。

参考文献：

[1] 尉艳伟. 价值链视角下 C 新能源汽车公司成本控制研究 [D]. 太原：太原理工大学，2022. DOI：10. 27352/d. cnki. gylgu. 2022. 001638.

[2] 范芮佳. 基于价值链的 A 新能源汽车公司成本控制研究 [D]. 重庆：重庆理工大学，2020. DOI：10. 27753/d. cnki. gcqgx. 2020. 000386.

[3] 贾治域. 一体压铸技术：特斯拉的制造革命 [J]. 中国工业和信息化，2022，47（7）：46-53. DOI：10. 19609/j. cnki. cn10-1299/f. 2022. 07. 014.

[4] 郑雪芹. 特斯拉的供应链版图 [J]. 汽车纵横，2022，138（9）：82-84.

[5] 高天宏，王小娟. 企业数字化转型对供应链集中度的影响——基于信息透明度中介变量的研究 [J]. 河北工程大学学报（社会科学版），2023，40（1）：27-35.

三十五 价值链视角下伊利股份的营运资金管理研究

王晓欢[①] 谢巍[②]

摘要：在全球范围内，企业面临的竞争环境在发生巨大的改变，以往的资本管理模式已不能适应当前的经营需要。只有使营运资金合理分配，才能保证企业在供产销环节的有效运营，才能提高企业的市场竞争力。但是传统的营运资金管理侧重于优化资产结构和持有量水平，这仅限于财务控制的角度，无法从根本上解决企业营运资金管理存在的问题。而从价值链的角度来看，企业在供应商、企业和客户的供应链中，注重企业的采购、生产、营销等各个环节的增值，才能使企业价值最大化。

本文从价值链的角度，对伊利股份的营运资金管理进行了研究，通过分析发现，伊利股份营运资金管理存在的问题主要有采购环节材料存货占用资金较多，各环节资金比例不合理，以及现金管理能力有待提高。针对上述问题，本文提出了相应的对策建议，主要有制订科学的采购计划，重视资金在各环节的优化配置，加强现金管理。

关键词：营运资金管理；价值链；企业价值最大化

[①] 王晓欢，女，会计硕士，研究方向：资本运营与财务管理实务。
[②] 谢巍，女，副教授、硕士研究生导师，研究方向：传媒企业管理、出版产业管理。

一、引言

一个公司的竞争优势，特别是在一个特定的价值链条上，其垄断优势来自一个具体的环节，掌握了这个环节，就能掌握整个产业链。在价值链中，每个价值行为都会影响公司最终所能达到的价值。在收入、国际分工和运营策略中，价值链起着重要的作用。因此，文章从价值链的角度出发，分析了营运资金管理中存在的问题并加以解决，从而提升公司的经营管理能力。

二、价值链视角下伊利股份营运资金管理分析

（一）伊利股份公司简介

随着我国经济水平的不断提高和人民对美好生活的不断追求，乳制品的消费量迅速增长。在特别看重消费体验的今天，人们更关注产品质量和售后服务，所以提升营运资金的管理水平，有利于企业的长期发展。

伊利股份全称"内蒙古伊利实业集团股份有限公司"，是我国最大、最全面的乳制品企业之一。作为乳制品行业的龙头企业，伊利股份成为2008年北京奥运会唯一乳制品赞助商、2012年上海世界博览会唯一乳制品供应商、2022年北京冬季奥运会官方唯一乳制品合作伙伴。伊利集团旗下有纯牛奶、乳饮料、雪糕、冰淇淋、奶粉、酸奶、奶酪等几大产品系列，根据消费者的差异化需求，设有多种产品子品牌，例如经典、安慕希等品牌。

（二）伊利股份营运资金管理现状

由表35-1可知，2019年和2020年，营运资金曾有大幅回落，但是2021年伊利股份的营运资金快速提升。根据表35-1整理的伊利股份营运资金结构数据可知：2017—2021年，该公司的营运资金管理能力显著提高，短期偿债能力也大幅改善，为公司安全发展奠定良好基础。

表 35-1 伊利股份营运资金结构

	2017 年	2018 年	2019 年	2020 年	2021 年
流动资产 / 万元	2 984 573.19	2 445 529.68	2 570 585.04	2 838 057.92	5 015 495.99
非流动资产 / 万元	1 945 462.35	2 315 090.77	3 475 541.66	4 277 368.52	5 180 737.99
资产总额 / 万元	4 930 035.53	4 760 620.45	6 046 126.70	7 115 426.44	10 196 233.98
流动负债 / 万元	2 385 002.53	1 917 078.00	3 143 227.47	3 476 818.48	4 329 623.94
非流动负债 / 万元	21 051.25	39 820.26	275 485.35	585 343.56	987 508.21
负债总额 / 万元	2 406 053.78	1 956 898.25	3 418 712.82	4 062 162.05	5 317 132.15
营运资金 / 万元	599 570.66	528 451.68	−572 642.43	−638 760.56	685 872.05
流动比率 /%	1.25	1.28	0.82	0.82	1.16
速动比率 /%	1.06	0.99	0.57	0.60	0.95
销售商品、提供劳务收到的现金 / 万元	7 569 902.75	8 926 979.00	10 146 173.33	10 602 400.27	12 196 836.99
主营业务收入 / 万元	6 754 744.95	7 897 638.87	9 000 913.29	9 652 396.32	11 014 398.64
主营业务收现比	1.12	1.13	1.13	1.10	1.11

数据来源：伊利股份 2017—2021 年年报整理计算

（三）内部价值链

乳业的日常生产经营活动环节包括原材料的采购、生产、最终销售，这是一个不断增值的过程。传统的营运资金管理侧重于单个项目的分析，而不能全面地对营运资金进行分析。下面将从采购、生产、营销环节对伊利股份营运资金进行分析，如表 35-2 所示。

表 35-2 各环节营运资金周转期计算公式

环节	公式
采购环节	采购环节营运资金 = 原材料 + 包装材料 + 1/2 低值易耗品 + 预付账款 − 应付账款 − 应付票据 采购环节营运资金周转期 =（采购环节营运资金 ×360）/ 营业收入
生产环节	生产环节营运资金 = 半成品 + 消耗性生物资产 + 1/2 低值易耗品 + 其他应收款 − 应付职工薪酬 − 其他应付款 生产环节营运资金周转期 =（生产环节营运资金 ×360）/ 营业收入

续表

环节	公式
营销环节	营销环节营运资金管理＝库存商品＋委托加工物资＋应收账款＋应收票据－预付账款－应交税费 营销环节营运资金周转期＝（营销环节营运资金×360）/营业收入

注：应收款项、其他应收款、预付账款等均使用期初和期末的平均余额

1. 采购环节营运资金管理

采购环节是经营活动的起点，主要由材料存货、预付账款、应付款项构成，其中材料存货又包括原材料、包装材料和低值易耗品。应付账款以及应付票据是上游的供应商免费给予的商业信用。

由表 35-3 可以看出，最近五年伊利股份的采购环节营运资金周转天数都是负值，说明了材料存货和预付账款的占比小于应付款项的占比，即先得到材料后付款，也就是伊利股份占用大量的上游供应商提供的商业信用，所以采购环节营运资金周转期越小越好。最近几年营运资金呈现下降趋势，是由于伊利股份提升出厂价格导致的。但是，如果长期占用大量供应商的资金，也可能会损害企业的声誉。

表 35-3　伊利股份 2017—2021 年采购环节营运资金数据

	2017 年	2018 年	2019 年	2020 年	2021 年
材料存货 / 万元	256 790.84	287 393.15	376 597.11	471 919.81	541 517.91
预付账款 / 万元	87 541.21	132 601.76	130 838.81	122 345.46	140 474.31
应付账款 / 万元	700 339.56	804 667.09	967 029.39	1 093 879.66	1 251 799.21
应付票据 / 万元	27 644.84	24 576.30	28 817.34	27 963.37	33 065.85
采购环节营运资金占用 / 万元	-383 652.34	-409 248.47	-488 410.81	-527 577.75	-602 872.84
营业收入 / 万元	6 754 744.95	7 897 638.87	9 000 913.29	9 652 396.32	11 014 398.64
采购环节营运资金周转期 / 天	-20.45	-18.65	-19.53	-19.68	-19.70

数据来源：伊利股份 2017—2021 年年报整理计算

2. 生产环节营运资金管理

生产是经营活动的中间环节，从原材料购买到产品生产直至售出产品，生产环节在经营活动中占有重要地位。生产环节的产品存货包括半成品、消耗性生物资产和低值易耗品。

由表35-4可以看出，伊利股份最近五年的生产环节营运资金周转期都为负数，主要是因为应付职工薪酬和其他应付款占生产环节营运资金比例较大导致的，但周转期呈现下降趋势，主要是由于其他应付款逐年上升和其他应收款逐年上升导致的，这也恰恰说明了伊利股份生产环节营运资金管理不断提升。

表35-4 伊利股份2017—2021年生产环节营运资金数据

	2017年	2018年	2019年	2020年	2021年
在产品存货/万元	30 343.69	33 033.89	37 830.09	39 854.30	42 632.71
其他应收款/万元	4179.66	5634.66	13 139.52	15 512.25	12 075.95
应付职工薪酬/万元	245 939.60	255 850.51	246 687.37	256 675.32	294 066.40
其他应付款/万元	127 830.96	128 623.39	246 322.85	342 114.77	324 374.22
生产环节营运资金占用/万元	-339 247.20	-345 805.34	-442 040.60	-543 423.55	-563 731.95
营业收入/万元	6 754 744.95	7 897 638.87	9 000 913.29	9 652 396.32	11 014 398.64
生产环节营运资金周转期/天	-18.08	-15.76	-17.68	-20.27	-18.43

数据来源：伊利股份2017—2021年年报整理计算

3. 营销环节营运资金管理

营销环节是经营活动的最后一个环节，营运资金主要包括成品存货、应收款项、预收账款和应交税费，其中成品存货又包括库存商品和委托加工物资。采用应收账款这种商业信用，不仅能够减少存货的挤压，而且能获得可观的收入。

由表35-5可知，从最近五年来看，前两年的资金周转期为负数，后三年的资金周转期为正数，且在2018—2019年周转期波动幅度较大，分析原因主要是预收账款大幅度减少和应收账款大幅度增加，说明伊利股份在营销方面有良好的把控能力，能及时做出调整。但是最近几年应收账款呈现上升趋势，而预收账款呈现下降的趋势，这也恰恰说明了伊利股份营运资金发生坏账的可能性增加。

表 35-5　伊利股份 2015—2021 年营销环节营运资金数据

	2017 年	2018 年	2019 年	2020 年	2021 年
成品存货 / 万元	161 154.20	186 926.35	246 678.06	251 228.74	239 195.98
应收账款 / 万元	67 913.88	94 358.34	135 826.86	161 592.77	178 766.14
应收票据 / 万元	13 897.85	17 234.85	20 141.00	18 229.75	14 566.25
预收账款 / 万元	385 861.97	426 316.62	220 038.07	0.00	0.00
应交税费 / 万元	44 715.95	37 873.52	37 503.56	51 452.44	51 754.43
营销环节营运资金占用 / 万元	-187 611.99	-165 670.60	145 104.29	379 598.82	380 773.95
营业收入 / 万元	6 754 744.95	7 897 638.87	9 000 913.29	9 652 396.32	11 014 398.64
营销环节营运资金周转期 / 天	-10.00	-7.55	5.80	14.16	12.45

数据来源：伊利股份 2017—2021 年年报整理计算

（四）外部价值链（表 35-6）

表 35-6　伊利股份供应商采购占比和客户销售占比

年份	2017	2018	2019	2020	2021
前五位供应商采购占比	17%	20.06%	19.76%	25.46%	26.53%
前五位客户销售占比	2.94%	3.40%	4.13%	5.10%	4.86%

数据来源：伊利股份 2017—2021 年年报整理计算

1. 上游供应商

供应商是价值链的最前端环节，只有在确保商品质量完全适用于公司营运活动的前提下，才能保障生产与营销活动正常进行，进而达到提高后续营运资金管理效率的目的。

相较于行业采购额的平均水平而言，伊利股份与前五位供应商产生的采购额均值较低，所以该公司并没有过度依赖某个供应商的情况，通过筛选多家供应商后选择最优者。

经数据计算，伊利股份 2017—2021 年应付账款周转天数分别 59.52 天、58.99 天、61.73 天、63.72 天和 59.02 天，与同行业应付账款周转期的平均值相比，伊利股份始终处于更高水平，由此可知该公司在行业内享有充分话语权。纵观乳制品业发展不难发现，同质化问题始终存在，长期占用供应商资金必然会加剧与供应商之间的矛盾，甚至会在同质化的影响下与其他企业建立合作关系，引发伊利股份的短期供给问题。所以，伊利股份还是要重视应付账款的管理问题。

2. 下游客户

交易环节的买方是下游客户，在公司营销活动的过程中占据重要地位。公司通过交易环节达到变现目的，将回收资金用于采购和生产，公司营运资金的利用率不仅与下游客户合作关系有关，还受到渠道建设与销售策略的直接影响。

由表 35-6 可知，在 2017—2021 年，该公司的客户集中度处于较低水平，可知并不存在过度依赖某一个客户的问题。虽然该公司享有价值链优势，但并未据此大量抢占某个客户的资金，而是追求双方利益，实现共赢。

经数据计算，伊利股份在 2017—2021 年的应收账款周转天数均值分别为：3.62 天、4.3 天、5.43 天、6.03 天和 5.84 天。由此可知，该公司该时段的应收账款周转天数处于持续延长状态，如果能够缩短应收账款的回收期限，更有利于企业营运资金的利用。因此，伊利股份还需大力提升应收账款的管理能力。

三、价值链视角下伊利股份营运资金管理存在的问题

（一）采购环节材料存货占用资金较多

采购环节主要通过材料存货和应付款项等资金的占用，来分析营运资金管理所存在的问题。从上文分析可以看到，采购环节材料存货营运资金占用较多，虽

然在一定范围内可以防止存货短缺，但是库存的大量积压也会影响伊利股份的盈利，这说明伊利股份在采购环节的材料采购计划和管理方面存在不足。另外，伊利股份主要以应付账款和应付票据来实现其资金的占用，即主要占用上游提供的商业信用，如果付款的期限比较长或者过多地开具承兑票据，伊利股份不仅会面临经营风险，也会影响其信誉。

（二）各环节资金比例不合理

从上文对伊利股份经营活动的各环节营运资金的分析可以得出，伊利股份在各环节的资金占用各不相同，尤其是2021年生产环节和营销环节资金占比差额较大，营销环节资金占用很大，主要是预收账款为零导致的，预收账款为零说明下游客户对伊利股份需求不迫切，乳制品行业竞争充分，供应充足。而最近三年，营销环节的预收账款不断下降，且近两年都为零，恰恰说明了伊利股份商品销售状况较差，供过于求。所以，为了实现资金效益最大化，应该在各环节合理地分配资金，对资金进行有效管理，以提升资金周转率。

（三）现金管理能力有待提高

一方面，最近五年伊利股份主营业务收现比都大于1且呈现上升趋势，说明伊利股份销售商品的钱全部变现，有较强的现金回收能力。另一方面，伊利股份速动比率一直处于低于1的状态，恰恰说明伊利股份面临较大的偿债风险，即没有足够的现金以偿付其流动负债，缺乏可立即动用的资金。总的来说，伊利股份现金管理能力有待提高。

四、价值链视角下伊利股份营运资金管理改进的建议

价值链可分为内部价值链和外部价值链，内部价值链也就是经营活动的购、产、销环节，外部价值链包括上游供应商和下游客户等环节。基于上述分析发现，伊利股份营运资金管理存在采购环节占用资金较多、各环节资金配比不合理

以及现金管理能力有待提高等问题，本文将从价值链视角针对伊利股份营运资金管理的问题提出一些改进建议。

（一）制订科学的采购计划

1. 编制采购计划

编制采购计划是整个采购环节的第一步，采购计划有利于维持企业的经营活动，可以有效地避免风险，减少损失，有利于资源的优化配置。只有制订清晰合理的采购计划，才能避免物料储存过多，占用大量的流动资金，才可以提高采购环节营运资金管理的能力。

2. 采用JIT采购法

传统采购是按照库存目前的状况进行大批量没有目的的采购，会选择较多的供应商，而且大多数是短期合作。JIT采购法是一种既能满足客户要求，又能减少库存的方法，可以提高企业的经济效益。这种方法会选择较少的供应商建立长期合作关系，有利于提高企业长期市场竞争力。此外，这种方法也有效地避免了信息不对称的现象，它可以实现企业和供应商之间的信息共享，从而提高企业的营运效率。

（二）重视资金在各环节的优化配置

1. 在采购环节合理利用商业信用

对于生产型企业来说，应付款项所占的资金比例较大，可以向供应商开具承兑票据，以缓解资金的压力，提高企业的盈利。如果付款的期限比较长或者过多地开具承兑票据，不仅会面临经营风险，也会影响信誉。所以应该合理地运用商业信用，维护好与上游供应商的关系，实现企业价值最大化。

2. 在生产环节控制人工成本

在企业生产环节中涉及人工成本，加强对人工成本的控制是营运资金管理的关键。第一，根据岗位需求，确定员工数量，防止过度招聘。第二，建立完善的考核体系。BSC即平衡记分卡方法是对企业预算考核的一种有效的方法，平衡记分卡的出现，使得领导者可以从长期和短期、内部和外部对员工进行分析，更有利于实现企业的战略目标。

3. 在营销环节加强客户关系

在价值链视角下，企业最核心竞争力是顾客价值，在进行价值链活动时，既要为顾客提供有价值的商品和服务，又要承担各种价值链活动所产生的费用。要加强客户关系，首先，需要调查客户的信用并建立档案。其次，搜集客户的资料，有效地避免资金回收的风险。最后，定期对客户的各指标进行考评，以此对客户进行分级管理。

（三）加强现金管理

1. 编制现金预算

企业持有的现金数量少或多，都是现金管理不善的表现。有效地设计和管理资金的流入与流出，以达到最佳的持有状态，是非常重要的。要达到最优的现金持有水平，就必须对未来的现金收入和支出的数额及时间进行预测，并制定现金预算。编制预算有利于维持企业的经营活动，可以有效地避免风险，减少损失。

2. 现金流动同步化

企业的现金流入流出一般是很难准确预测的，为了解决这种不确定性可能存在的问题，企业往往需要保留比最佳现金持有量更多的现金余额。为了尽可能减少企业持有现金带来的成本增加和盈利减少，企业财务人员必须加强对资金的预测与管理，使现金流入和流出能够合理匹配，从而达到预期的同步效益。现金流动同步化的实现可以使企业的现金余额减到最少，从而减少持有成本，提高企业的盈利水平。

3. 实行内部牵制制度

在现金管理中，要实行管钱的不管账、管账的不管钱，使出纳人员和会计人员互相牵制、互相监督。凡有现金收付，应坚持复核制度，以减少差错，堵塞漏洞。出纳人员调换时，必须办理交接手续，做到责任清楚。

五、结束语

在价值链视角下对伊利股份采购、生产、营销环节进行纵向分析发现，采购环节和生产环节的资金占用均为负值，说明了伊利股份资金可以由上下游满足。营销环节中应收账款不断上升，而且预收账款不断下降，说明伊利股份资金回笼速度慢。可以看出从价值链的角度探讨企业营运资金管理是有必要的，这种研究视角对于伊利股份以及整个乳制品行业的营运资金管理分析与改进都有重要作用。

我国居民对乳制品消费不断增加，乳企间竞争越来越剧烈，而伊利股份作为乳制品行业的领头羊，不能仅从奶源优势和生产环节改善营运资金的管理，更应该关注完整的价值链，即从上游购买材料，到企业进行加工，最后向下游销售，每一个环节都应该保证其资金的管理，实现资源优化配置，这有助于更好地对营运资金管理，进而实现企业价值最大化。随着经济的发展，从价值链视角分析与探索企业营运资金管理将会是未来的发展趋势。

参考文献：

[1] 孟令云，赵雪艳，耿华. 价值链视角下的营运资金管理研究——以安踏体育为例 [J]. 现代商贸工业，2023，44(8)：150-153.

[2] 张杭挺. 价值链视角下 A 企业营运资金管理研究 [D]. 桂林：桂林电子科技大学，2022.

[3] 叶妤敏. 论基于价值链视角下制造企业营运资金管理 [J]. 现代商业，2022(3)：123-125.

[4] 沈弈然.基于渠道理论下T乳业公司营运资金管理研究[D].哈尔滨：哈尔滨商业大学，2021.

[5] 张茉楠.论直面新型全球化的全球价值链治理框架[J].领导决策信息，2019(5)：23.

三十六　企业财务战略分析及优化研究

——以火炬电子为例

王愿婷[①]　华宇虹[②]

摘要：企业财务的战略目标是确保资金有效流动，进而帮助企业实现总体战略。本文以军用电子元器件龙头企业火炬电子为例，分析企业的财务战略包括企业的筹资战略、投资战略和利润分配战略，发现其目前存在的问题，对不足之处提出改进建议。希望可以促进企业的发展，为投资者预测企业未来财务状况提供参考。

关键词：财务战略；分析及优化；火炬电子

一、引言

随着我国经济的发展和科技的不断进步，企业的规模日益扩大，企业之间的竞争愈演愈烈，因此管理者制定出正确的企业战略就显得尤为重要，这也为企业在竞争中生存提供了保障。本文借助企业财务报表信息，从企业的筹资活动、投资活动和利润分配活动三方面对火炬电子的财务战略实施情况进行分析，发现企业财务战略中的问题并给出改进建议，从而帮助企业进一步调整战略决策，促进企业发展。

---

① 王愿婷，女，会计硕士，研究方向：财务管理、资本运营。
② 华宇虹，女，教授、博士，北京印刷学院研究生导师。

二、文献综述

到目前为止，我国学者对于企业财务战略的研究已经取得了一定的成果。对于企业财务战略这一概念的理解，毛明洁（2015）表示企业战略分为总体战略、经营单位战略和职能战略三个方面，企业财务战略是职能战略的一个分支。企业财务战略是指企业在进行生产经营的过程中制定的适合企业长远发展的整体规划，分为投资战略、筹资战略和利润分配战略[1]。

对于企业财务战略分析框架，薛尽飞（2001）从管理学角度构建了企业财务战略管理分析框架，将企业的财务战略管理分为定位层面和执行层面，定位层面描述了企业发展的方向和财务战略管理应遵循的准则，包括公司方向和财务目标；执行层面是分析企业如何有效配置资源，也就是分析企业是否有能力执行其制定的财务定位战略[2]。

对于如何分析企业的财务战略，赵燕（2018）提出了管理用财务报表这一概念，从现代企业管理的视角出发，按照业务性质，将企业的日常经营活动分为经营活动和金融活动，并在此分类的基础上对财务报表各项目进行重新整合分类列报，编制形成了管理用三大财务报表，从而用于分析企业的财务战略[3]。张新民（2021）按照资产对利润的贡献方式，将企业的资产划分为经营资产和投资资产，再根据其在总资产中占的比重大小将企业分为经营主导型、投资主导型以及经营与投资并重型，将财务报表信息与企业的战略分析有机地结合了起来[4]。

三、火炬电子概况和战略分析

（一）企业简介

火炬电子始创于 1989 年。2015 年 1 月，在上海证券交易所上市（股票代码：603678）。企业主要从事电容器及相关产品的研发、生产、销售、检测及服务业务，其主营业务包括自产业务、代理业务和新材料业务。经历 30 多年的发展，目前该企业是全国电子元器件百强企业。

（二）火炬电子企业战略

火炬电子目前布局元器件、新材料和国际贸易三大战略板块：电子元器件板块主要由母公司火炬电子以及子公司天极科技和福建毫米组成；新材料板块由立亚系子公司实施；国际贸易板块由雷度系子公司负责。

（三）所属生命周期的判断

通过现金流量情况和销售收入变动来判断所属生命周期。如表 36-1 和图 36-1 所示，火炬电子近五年经营活动现金流量均为正，整体在逐渐增长，说明企业经营稳健；投资活动现金流量除 2019 年为正（减少了理财产品投资的规模）以外其余现金流都为负；筹资活动现金流 2020 年为 6.64 亿元，主要是企业发行可转换债券引起的，之后筹资活动现金流逐渐变为负数。因此从现金流组合来看，火炬电子目前处于成熟期。从销售收入来看，近五年整体呈增长趋势，增速从 2020 年开始下降，这也符合成熟期企业销售收入增长率随着销售收入增长而下降的特征。

表 36-1　火炬电子近五年财务活动现金流量情况　　　　　单位：亿元

财务活动现金流量	2018 年	2019 年	2020 年	2021 年	2022 年
经营活动产生的现金流量	1.33	2.32	0.25	5.94	9.26
投资活动产生的现金流量	-1.77	0.68	-3.32	-6.28	-8.09
筹资活动产生的现金流量	-0.25	-0.66	6.64	1.58	-2.30

数据来源：企业年报

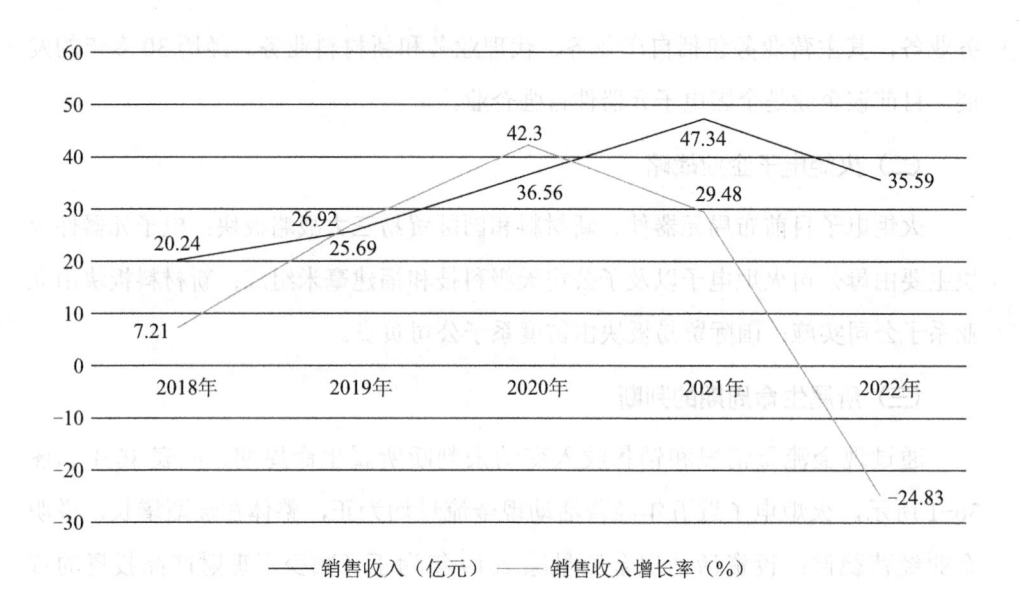

图 36-1 火炬电子近五年销售收入与销售收入增长率情况

数据来源：同花顺 iFinD

四、火炬电子财务战略分析

（一）筹资战略分析

对资产负债表中负债和所有者权益这两个项目的分析可以发现企业采用的筹资战略。本文利用资产负债表的信息，主要从筹资结构和筹资来源两个方面分析火炬电子的筹资质量，从而分析企业的筹资战略。

1. 筹资结构分析

筹资结构分析也就是将负债和所有者权益进行对比，通过资产负债率和产权比率这两个数据的大小来反映企业的筹资结构和财务风险的状况。

如表 36-2 所示，火炬电子近两年资产负债率均小于 50%，与同行业近 231 家电子元件企业的均值相比，火炬电子表现优异，低于同行业的资产负债率，这说明企业发生债务风险的可能性较小。再看企业近两年的产权比率（表36-3），也都低于行业均值，说明企业的筹资策略以权益筹资为主，属于低负债、高权益、低杠杆的模式，筹资战略稳健。

表36-2　火炬电子2021—2022年资产和负债情况　　　　　　单位：亿元

年份	资产	负债	火炬电子资产负债率	行业资产负债率均值
2022年	75.42	20.76	27.53%	39.28%
2021年	69.40	21.19	30.53%	42.11%

数据来源：企业年报、同花顺iFinD

表36-3　火炬电子2021—2022年负债和所有者权益情况　　　单位：亿元

年份	所有者权益	负债	火炬电子产权比率	行业产权比率均值
2022年	54.65	20.76	37.99%	62.44%
2021年	48.22	21.19	43.94%	79.64%

数据来源：企业年报、同花顺iFinD

2. 筹资来源分析

按照负债和所有者权益的来源进行分类，可以将负债分为四类，分别是经营性负债、金融性负债、股东入资和利润积累。从近两年火炬电子的筹资来源情况看（表36-4），支持整个企业发展的资金来源按照贡献大小依次为：利润积累、股东入资、金融性负债、经营性负债。这意味着，企业已经积累了较多的利润，企业盈利能力较强，但是过多的自有资金也会增加企业的资本成本。

表36-4　火炬电子2021—2022年筹资来源情况　　　　　　　单位：亿元

项目	2021年	2022年
经营性负债	6.29	4.86
金融性负债	12.79	13.49
股东入资	17.51	17.65
利润积累	29.14	34.98

数据来源：整理企业年报

综上，火炬电子实施的是稳健的筹资战略，企业的资产主要靠利润积累以及股东入资来驱动，企业主营业务盈利能力较强，但是企业经营性负债贡献度不够大，在同行业中竞争力不够强。

（二）投资战略分析

投资战略就是对企业的资源进行配置，进而为企业带来收益。因此分析企业的投资战略就需要对资产负债表中的资产项目、现金流量表中投资活动产生的现金流量以及利润表进行分析。本文主要从投资方向以及投资效益两方面进行分析。

1. 投资方向分析

企业的资产按照对利润的贡献方式划分为两类，即经营性资产和投资性资产。企业的资产配置可以反映企业目前的投资战略，如表36-5所示，火炬电子近两年资产规模在不断扩大，经营性资产规模略大于投资性资产规模。再具体看投资性资产，主要来自长期股权投资，企业的14家子公司中，有11家是全资子公司，且这些子公司的设立都是为了实现公司产业链的横向延伸，丰富产品类型。例如，全资子公司天极科技拓展了微波元器件领域，立亚新材通过自主创新与高校合作突破高性能特种材料的研发。

因此，火炬电子是经营与投资相结合的投资方式，这也与企业聚焦主业的同时进行多元化发展的战略吻合。

表36-5 火炬电子2021—2022年母公司各项资产占比情况　　　单位：亿元

项目	2021年	2022年
总资产	47.03	51.73
经营性资产	22.42	25.89
投资性资产	17.30	20.32
其中：长期股权投资	16.25	18.42
经营性资产占比	47.67%	50.05%
投资性资产占比	36.79%	39.28%

数据来源：整理企业年报

再看近两年火炬电子投资活动现金流出的情况,如表36-6所示,几乎全部用于购建固定资产、无形资产和其他长期资产,固定资产投入资金的增加主要用于立亚系子公司构建厂房和办公楼,这说明企业在着重发展主业且一直在扩大规模,但是对无形资产的投资占比较低。

表36-6 火炬电子2021—2022年投资活动现金流出情况　　单位:亿元

项目	2021年	2022年
购建固定资产、无形资产和其他长期资产支付的现金	6.19	6.46
投资支付的现金	0.15	1.75
取得子公司及其他营业单位支付的现金净额	—	0.34
支付其他与投资活动有关的现金	0.03	1.21
投资活动现金流出小计	6.38	9.77

数据来源:企业年报

2. 投资效益分析

分析投资效益,主要看企业的核心利润。如表36-7所示,相较于2021年企业的核心利润有所下降,主要原因是受到宏观经济波动、消费类电子市场需求疲软影响,下游客户优先消化库存,订购量下降,导致公司贸易业务收入下滑,企业的营业收入出现大幅下滑,进而影响了核心利润。

再看核心利润获现率,虽然相比于2021年有了大幅提高,但是获现能力仍然较低,说明企业现金流量并不是很充裕,投资效益较低。

表36-7 火炬电子2021—2022年核心利润情况　　单位:亿元

项目	2021年	2022年	增长率
核心利润	11.82	9.58	−18.95%
经营活动产生的现金流量净额	5.94	9.26	55.89%
核心利润获现率	50.27%	96.65%	92.26%

数据来源:整理企业年报

综上，企业的投资战略是经营与投资相结合的投资战略，投资战略稳健，但是去年受贸易板块影响，投资效益有所下降。

（三）利润分配战略分析

火炬电子近五年一直采用发放现金股利的方式分配股利，如图 36-2 所示，企业的股利支付水平整体在提高，近两年维持在 20% 左右，但相较于充裕的留存收益，股利支付水平仍然较低，属于低现金股利政策，这也与企业将大量留存收益用于下一年再投资的筹资战略相匹配，整体来说企业的股利分配战略较为稳健。

图 36-2　火炬电子近五年利润分配情况

数据来源：同花顺 iFinD

五、火炬电子财务战略存在的问题

（一）筹资战略中存在的问题

1. 筹资方式单一

火炬电子筹资方式主要是股权筹资，其中留存收益是主要资金来源，短期负债等债权筹资方式的占比较低，尽管权益筹资有效降低了企业的财务风险，但同样使火炬电子失去了通过杠杆经营盈利的能力。

2. 举债经营能力不佳

火炬电子通过债权筹资方式，经营性负债占比也很低，不到金融性负债的一半，这些资金是企业无偿占用客户的钱，属于无息负债。通常企业的经营性负债高，说明在同行业企业中处于产业链顶端，因此火炬电子在同行业中缺少一定的竞争力。

（二）投资战略中存在的问题

1. 投资效益有所下滑

火炬电子去年营业收入和核心利润都出现一定程度的下滑，主要是由贸易业务收入下降造成的，因此企业需要加强库存管理，进一步优化贸易业务板块。

2. 现金流量不充足

火炬电子一直致力于多元化发展，通过对子公司投资以及构建固定资产的方式实现规模上的扩大，但是扩张的同时也面临现金流量不充足的问题，根据以上分析，企业近两年的核心利润获现率均不足100%，这意味着企业经营活动产生的现金流量不充足。

（三）利润分配战略中存在的问题

虽然采用低股利支付率的利润分配战略可以为企业节省大量的资金，将留存下来的收益用于后续的投资，但是处于成熟期的企业，股利支付水平较低，会给投资者带来不利好的信息，难以吸引新的投资者进入企业。

六、火炬电子财务战略改进建议

（一）在筹资战略方面

1. 拓宽筹资渠道，合理运用财务杠杆

处于成熟期的企业应该适用更加灵活的筹资方式，而火炬电子主要采用了

权益筹资方式，因此可以拓宽筹资渠道，前面我们分析了企业的资产负债率不到50%，且远低于同行业水平，所以企业可以充分利用财务杠杆的空间，在项目融资时进行一些中长期贷款，从而缓解资金压力，提高资金利用效率。

2. 加强研发投入力度，提升企业竞争力

火炬电子经营性负债的占比一直较低，虽然企业属于军工行业，与客户的议价能力较弱，但是企业可以通过提高研发投入力度，掌握更多的核心技术，提高竞争力，在上下游企业中占据领军地位，进而发挥出经营性负债的优势。

（二）在投资战略方面

1. 调整贸易业务，优化投资方向

企业的贸易业务毛利最低，规模较大，去年受到电子消费产品市场疲软的影响，营业收入下滑较多。贸易业务中最大的客户是小米公司，销售额占去年贸易业务销售额的34.14%，如果客户需求下降，对企业收入影响巨大，因此火炬电子应该在稳定当前业务规模的同时，积极拓展市场，挖掘更多客户。目前企业已经在拓展东南亚市场，去年子公司雷度国际收购了新加坡 Maxmega 73.91% 的股权。

2. 加强应收账款管理，加快资金周转速度

火炬电子的客户主要是航天、兵器、船舶等领域优质客户及上市公司等，虽然信誉较高，但是这些企业的议价能力强，使得火炬电子的回款周期变长，因此企业应该加大对应收货款的催收力度并且控制其规模，加快资金周转速度，保障企业现金流充裕。

（三）在利润分配战略方面

企业目前已经属于电子元器件行业的龙头企业之一，在拓宽筹资方式、满足自身资金需求的情况下，应该将更多的收益分配给广大投资者，符合企业经营状况的同时增强投资者对企业良好发展的信心。

参考文献：

[1] 毛明洁. 基于企业生命周期理论的财务战略选择 [J]. 财会通讯，2015（29）：59-61.
[2] 薛尽飞. 企业财务战略管理分析框架研究 [J]. 现代管理科学，2001（6）：43-45.
[3] 赵燕. 管理用财务报表的编制与运用探究——基于广汽集团2015年财报数据 [J]. 财会通讯，2018（5）：74-77.
[4] 张新民. 从报表看企业——数字背后的秘密 [M]. 北京：中国人民大学出版社，2021.

三十七 对企业退市后续发展的思考

——以顺利办信息服务股份有限公司为例

徐亚新[①] 何志勇[②]

摘要： 近年来，我国的资本市场在不断完善与发展，但仍然存在一些问题：在存续监管方面，由于上市公司监管不到位，上市公司财务造假、信息披露不规范行为充斥市场，严重扰乱资本市场秩序。本文结合《关于改革完善并严格实施上市公司退市制度的若干意见》，对顺利办信息服务股份有限公司退市进行分析，具体分析其宏观经济状况、财务问题及监管问询状况，并提出相关建议：降低财务风险；加强内部控制；加强内部审计；改善管理者报酬制度。

关键词： 上市公司监管；顺利办；财务风险；内部控制；内部审计

一、引言

企业退市后发展一直是退市企业持续关注的话题，企业退市的原因多样化，企业退市后的发展路径也不尽相同，本文针对特定企业，分析其财务状况及退市状况，并给出相应建议。

---

① 徐亚新，女，会计硕士，研究方向：资本运营与财务管理实务。
② 何志勇，男，副教授，研究方向：财务管理、公司治理、传媒经济管理。

二、文献综述

国内学者对企业退市动因进行分析[1]。本文采用庄艳、赵自强对企业退市的思考[2]分析本文涉及公司的财务状况。周慧娟分析了监管问询对企业价值的影响[3]。蔡立群对企业财务管理内控制度建设及财务风险规避[4]进行了分析。林立峰分析了集团公司内部审计风险控制及对策[5]。高硕、李秀丽对退市新规下ST企业审计风险[6]进行了研究,并给出相关建议。

三、顺利办信息服务股份有限公司简介

顺利办信息服务股份有限公司(以下简称顺利办)是采用社会募集方式设立的股份有限公司。2016年公司进行增资,变更后注册资本为人民币61 895万元,更名为神州易桥信息服务股份有限公司。2016年公司进行重大资产重组,实现了双主业发展模式,由传统的医药制造业转变为"企业互联网服务业务为主导,制造业务为支撑"。全年实现净利润4117.62万元,其中归属上市公司股东的净利润有4581.83万元,实现每股收益0.0726元。

2020年5月,公司陷入控制权之争,彼时公司前任董事长连良桂与现任董事长彭聪就彭聪是否涉嫌合同诈骗案、挪用公司资金案各执一词。2020年12月28日,随着董事长彭聪被公安机关带走刑拘,有媒体开始质疑该事件可能与彭董事长挪用公司资金有关。与此同时,顺利办的股价自2020年年底开始下跌,公司股价也从4元/股跌至2元/股。到2021年1月13日收盘时,公司股价跌到2.54元/股。

四、顺利办退市前宏观经济环境分析

2016年公司发生重大重组,经营重点转向互联网服务业,可以说在行业中有先见之明、独占鳌头。但随着互联网企业崛起,各企业对"人、财、物、税、事"等方面的需求量增加,市场上陆续出现多家类似服务体系的企业,市场接近饱和,顺利办从一开始的独占鳌头到后面的各家公司都分一杯羹,再加上顺利办

企业体量大，管理和税负方面的压力比一般小公司大，同时顺利办陷入"争权风波"，导致企业经营状况陷入被动。

五、顺利办退市前财务状况分析

借壳上市之后，顺利办也曾一度辉煌，但随着控制权之争、行业竞争较大等因素，顺利办愈发表现出劣势，如表 37-1 所示。

表 37-1 顺利办 2019—2023 年财务指标

年份	营业收入同比增长率	利润总额／元	总资产净利率	净资产收益率（扣除非经常性损益）	销售净利率
2019 年	175.46%	-973 894 542.89	-29.05%	-39.97%	-50.04%
2020 年	-61.75%	-1 199 326 107.29	-56.45	-121%	-156.6%
2021 年	-74.22%	-614 355 869.60	-65%	-808.16%	-315.13%
2022 年	-68.72%	70 444 740.48	21.14%	—	112.04%
2023 年一季度	-69.23%	-7 912 883.92	-3.66%	-13.1%	-198.37%

数据来源：同花顺

2020 年后营业收入同比增长率严重下降，持续为负，营业收入增加才能产生企业利润，营业收入也代表了企业的市场占有率，营业总收入从 2019 年的 20 亿元下降到 2022 年的 0.6 亿元，营业收入越低，表示企业的市场占有率越低；总资产净利率和利润总额也连年为负，证明企业收入小于成本费用，企业连年亏损，从而得出公司的盈利能力较差的结论；净资产收益率也连年为负，2021 年更是达到 -808.16%，说明企业的投资者普遍不认可企业具有投资价值；销售净利率为负数说明净利润为负，也表明公司发生亏损。

六、顺利办退市前监管问询状况

顺利办在 2018—2022 年的五年间共收到来自深交所发出的问询函 22 份，具体收函时间以及回函时间如表 37-2 所示。

表 37-2　顺利办问询函函件详细情况

函号	发函日期	类型	回函日期
函 1	2018 年 6 月 6 日	关注函	2018 年 6 月 8 日
函 2	2018 年 6 月 25 日	年报问询函	2018 年 7 月 4 日
函 3	2020 年 2 月 2 日	关注函	2020 年 2 月 11 日
函 4	2020 年 6 月 4 日	年报问询函	2020 年 6 月 16 日
函 5	2020 年 7 月 24 日	关注函	2020 年 7 月 31 日
函 6	2020 年 7 月 29 日	关注函	2020 年 7 月 31 日
函 7	2020 年 8 月 7 日	关注函	2020 年 8 月 10 日
函 8	2021 年 1 月 9 日	关注函	2021 年 1 月 14 日
函 9	2021 年 1 月 25 日	关注函	2021 年 1 月 29 日
函 10	2021 年 5 月 12 日	年报问询函	2021 年 6 月 15 日
函 11	2021 年 5 月 27 日	关注函	2021 年 6 月 2 日
函 12	2021 年 6 月 9 日	关注函	2021 年 6 月 15 日
函 13	2021 年 6 月 15 日	年报问询函	2021 年 9 月 23 日
函 13	2021 年 12 月 3 日	关注函	2021 年 12 月 9 日
函 14	2022 年 2 月 7 日	关注函	2022 年 2 月 12 日
函 15	2022 年 5 月 6 日	年报问询函	2022 年 6 月 21 日
函 16	2022 年 8 月 9 日	关注函	2022 年 8 月 17 日
函 17	2022 年 8 月 10 日	关注函	2022 年 8 月 24 日
函 18	2022 年 8 月 25 日	关注函	2022 年 8 月 30 日
函 19	2022 年 10 月 11 日	监管函	—
函 20	2022 年 10 月 27 日	关注函	2022 年 11 月 5 日
函 21	2022 年 12 月 12 日	关注函	2022 年 12 月 29 日
函 22	2022 年 12 月 23 日	关注函	2022 年 12 月 31 日

数据来源：同花顺

由表 37-2 可知，顺利办在这五年中收到的各类监管问询函函件中，关注函数量越来越多，而且发函频率越来越快，深圳证券交易所多次发函要求公司对其财务及经营状况做出解释，而公司回函的速度也随着深圳证券交易所发出的问询函的问题数量的增加而降低，2021年前均在收函后十天内回函并做出公告，但2021年以后，多次延迟回函，回函时间开始变长。

七、对顺利办发展的建议

顺利办的退市对相关行业财务风险、内控风险及审计风险的规避都有较强的可借鉴性，上市公司在运营中有许多问题需要解决，如降低运营风险、加强企业内部控制、加强企业内部审计等。

（一）降低运营风险

专注自身可持续性发展，提升企业核心竞争能力。无论是主动退市还是强制退市，目前我国企业都紧抓"壳资源"不放，退市率远低于国外成熟资本市场。其中一个重要因素就在于企业过分看重上市身份，而不对本身存在的问题进行深入分析。大部分企业选择依靠政府或变卖资产等方式规避退市，但这并不能从根本上解决问题。注册制改革在很大程度上降低了"壳资源"的价值，相应地企业也应正确看待退市，将重心放在提高核心竞争能力与可持续发展能力，降低企业财务风险，才能立于不败之地。

企业应该开拓市场，提升企业品牌价值，打造良好的合作环境，致力于为客户服务，提高客户黏性，提升客户对公司业务能力的认可度，从而在业务量上做到突破，进而增加营业收入。同时强化应收账款的日常管理，公司的财务部门应该建立应收账款台账，针对不同的客户属性进行分类管理，全面统计、准确记录应收账款的原值、账龄结构、结算进度、逾期天数等，同时制定合理的应收账款信用损失政策、绩效考核指标与收款奖励制度，提高业务部门对回收账款的重视程度，促进资金快速回笼，提高应收账款周转率。

增强管理者报酬制度的灵活调整度。公司可以根据当前的管理者报酬制度的执行和落实情况，对报酬机制进行对应的完善和改进，将一些硬性不可变的地方删掉，增加一些具有较强的变通性和灵活度的条款。比如管理者的报酬可以设置成三部分，第一部分为基本报酬，根据人员的岗位基本工资和工龄给予报酬，基本上是固定不变的；第二部分为浮动性报酬，根据个人的岗位绩效考核和年终奖发放；第三部分为其他报酬，比如针对为公司管理层对财务状况、经营成果的把控程度所发放的奖励等。针对不同的岗位，采用不同的报酬制度，更有利于提升管理者对公司运营的重视程度。

将报酬制度和绩效管理体系进行高效融合，可以构建一套具有较强针对性和实操性的管理者绩效考核制度，考核指标的制定要结合公司某一时期内的发展战略和业绩目标，选用适合的平衡计分卡来评估绩效。

(二) 加强企业内部控制

为了实现创新发展与可持续发展，企业应当加大财务管理内控监管力度，针对自身发展需求及市场形势，科学开展财务管理内控制度建设工作，以提升财务管理水平。财务管理内控制度建设工作的核心构成部分是构建更加完善的内控风险评估体系。为了保证完整性原则，企业在财务管理内控工作中，要以时代的步伐为导向，建设信息化财务系统，保障财务数据信息的精准记录、统计与整合，作为企业制定重大经营决策的依据。

为了确保财务管理内部控制制度建设的顺利开展，企业有必要营造优质的内部环境作为前提条件与基础保障。首先，需要对各个部门、各个岗位员工开展思想教育工作，使之充分意识到财务管理内控工作的重要价值，帮助他们树立正确的职业规范及价值观念，并大力宣传先进工作事迹和积极乐观的工作态度，来显著提升企业内部员工的责任意识和职业素养，以及端正各岗位员工的工作态度，为财务管理内控制度建设工作提供必要的助力支持。此外，企业应当组建专业内控团队，以明确各岗位员工的职责，定期制订培训计划，开展专业性和职业性培训，以考核财务管理内控工作者的专业知识和技能水平，进而提升业务能力和专业知识储备。

(三) 加强企业内部审计

集团公司在经营发展过程中面临很多风险，对内部审计工作而言，就是要及时识别和控制风险,且内部审计风险是可防可控的。必须清醒地认识到内部审计工作的重要性及当前存在的一些内部审计风险控制不力的问题和原因,采取科学有效的手段来解决问题,进而提高集团公司内部风险控制质量,为其持续稳健发展打下坚实的基础。

首先,提高集团公司管理层对内部审计风险控制的思想认识,建立自上而下的内部审计风险控制意识,需要管理层带好头。其次,强化集团公司各部门内部审计风险控制意识。集团公司各业务部门作为构成企业的基层单位,内部审计的对象大多与之相关,内部审计风险控制成效也与之息息相关,非常有必要尽快督促各部门对内部审计风险控制工作重视起来。最后,加强对集团公司内部审计质量的监督和评价。建立公正公平的审计工作考核制度,以内部审计质量作为相关人员薪资调整、职务变动的重要参考依据,提高各环节参与人员对内部审计质量控制的重视程度,及时主动参与到企业经营发展过程中的内部审计工作中。

参考文献:

[1] 郑佳宁,栾栋,李培志.基于生存分析的中概股企业生存及退市动因研究[J].东北财经大学学报,2022,144(6):51-62.DOI:10.19653/j.cnki.dbcjdxxb.2022.06.005.

[2] 庄艳,赵自强.对上海普天主动退市的思考[J].财务与会计,2023,675(3):78-79.

[3] 周慧娟.监管问询对企业价值影响研究[D].广东财经大学,2021.DOI:10.27734/d.cnki.ggdsx.2021.000122.

[4] 蔡立群.企业财务管理内控制度建设及财务风险规避[J].财富时代,2023,216(5):67-69.

[5] 林立峰.集团公司内部审计风险控制及对策研究[J].财经界,2023,652(9):147-149.DOI:10.19887/j.cnki.cn11-4098/f.2023.09.033.

[6] 高硕,李秀丽.退市新规下ST企业审计风险研究[J].中小企业管理与科技,2023,702(9):82-84.

三十八 供应链视角下动漫企业营运资金管理问题研究

——以奥飞娱乐公司为例

张珈源[①] 华宇虹[②]

摘要：近年来，动漫作品吸引了大批年轻人追捧，而动漫产业对于国家软实力的提高至关重要，营运资金管理作为动漫企业运营的重要部分，直接影响该企业能否产出高质量的动漫作品。本文将奥飞娱乐作为分析对象，运用供应链理论对其营运资金进行分析，并提出相关解决措施。

关键词：营运资金效率；动漫行业；供应链

一、引言

营运资金作为企业生产活动的重要部分，关系着企业的命脉。供应链作为采购、生产及销售环节的整合，能够反映出企业经营状况及发展前景。因此，本文以运营资金为切入点，分析奥飞娱乐在各环节的营运资金的利用效率，并可以作为一种研究思路扩展到同行业的其他企业乃至不同行业的企业。

---

① 张珈源，男，北京印刷学院会计硕士，研究方向：资本运营与财务管理实务。
② 华宇虹，女，北京印刷学院教授，研究方向：财务管理。

二、理论基础

(一) 营运资金的概念

学界一般从两种视角解释营运资金。在狭义的解释上，营运资金是流动资产余额与流动负债的差值，即净营运资金。当该差值大于零时，说明该企业流动资产总额多于流动负债，而长期负债和所有者权益也可以用于短期周转，也可被视为净流动资产；反之，则表明了企业的偿债能力弱。

从广义上讲，营运资金是指企业流动资产的总数。流动资产顾名思义是具有较强流动性和周转性的，能够在较短时间进行变现，在企业面临紧急性危机时能发挥较大作用，但企业负有较高的流动负债时，则会可能抵销流动资产所发挥的作用。

(二) 供应链的概念

顾名思义，供应链是一个较为完整的系统，主要包括企业采购、生产及销售等环节，且它们中的每个环节都相互影响。因此，企业建立更有效的供应链需要兼顾每个环节的建设，与上下游的供应商及客户等建立良好的关系。运行良好的供应链能够帮助企业提升生产效率、降低生产成本。

(三) 营运资金评价

本文将从供应链的采购环节、生产环节、销售环节入手，结合企业经营活动营运资金周转期，多角度地对奥飞娱乐营运资金的使用进行评价，力求得出该企业营运资金运用的客观情况。

1. 采购环节营运资金评价指标

采购环节营运资金周转期评价主要以原材料存货、预付账款、应付账款、应付票据和营业收入这几个指标为衡量标准，通过计算它们的资金周转期，来判断企业在该环节的资金使用情况。通常情况下，该营运周期越长，企业周转效率越慢，反之，若营运周期天数越少，则反映出企业占用较少的营运资金，利用率高。

2. 生产环节营运资金指标评价

在生产环节，营运资金评价涉及产品存货、其他应收款、应付职工薪酬、其他应付款和营业收入等方面。生产环节是判断一个企业是否有效地创造产值的重要指标。将产品存货和其他应收款作为企业流动资产的重要组成部分，为其销售量的高低奠定基础。该环节通常会占据企业大量的时间和资金，与其他环节不同，生产环节的周转期越长，则说明企业营运资金周转效率越高。

3. 销售环节营运资金指标评价

在销售环节，涉及库存商品、应收账款、应收票据、预收账款、应交税费及营业收入这些项目。在这一环节中，营运资金周期越短，其营运资金利用效率就越高，即说明该环节占用企业的资金越少，为其他环节的投入减轻资金压力。

4. 经营活动运营资金绩效评价

在整个经营周期中，采购环节、生产环节和销售环节起到了举足轻重的作用，将这三个环节的周转期相加，即为企业整体经营活动周期。经营活动营运资金使用周期越短，说明企业在经营活动中占用的资金越少，与企业的盈利能力大致呈现负相关趋势，周期越短，盈利能力越优。

三、奥飞娱乐营运资金管理分析

本章节对奥飞娱乐公司所在的行业及其自身概况进行介绍，并结合供应链和营运资金管理现状进行分析，从采购、生产及销售环节评价其营运资金管理现状，进而找出其在营运资金方面存在的问题。

（一）奥飞娱乐股份有限公司发展简介

奥飞娱乐股份有限公司前身为广东奥迪玩具实业有限公司，在 2007 年正式成立奥飞娱乐。企业的主营业务包括内容产品类、玩具产品类以及母婴产品类等。企业主要盈利模式为与其他文化创作公司合作发行或自身发行 IP 品牌，再围绕品牌进行玩具的研发和创作。奥飞娱乐的营业收入在 2017 年达到了 36.42 亿元。玩具销售收入占总体营业收入的 53.7%，为国内具有代表性的玩具生产商之一。

（二）采购环节中营运资金存在问题

采购环节是企业创造价值的基础。在该环节中，企业对于上游供应商的选择、企业原材料种类的选择、结算方式及付款时间的确定等都会影响企业供应链运作效率。

如表 38-1 所示，企业从 2017 年到 2020 年的营运资金周转期保持在较为稳定的区间，大致是 30 天。不难看出是由于企业应付账款周期的缩短及存货和应收账款周转期上涨导致的，而且它们均有不断上涨的趋势。

表 38-1　奥飞娱乐采购环节营运资金周转期　　　　　　　单位：天

	2017 年	2018 年	2019 年	2020 年
材料存货周转期	11	7	15	13
预付账款周转期	34	46	69	62
应付账款周转期	119	127	124	99
采购环节营运资金周转期	-33	-30	-45	-31

资料来源：经奥飞娱乐 2017—2020 年年报数据计算得出

不难看出，存货周转期拉长表明存货在仓库的时间变长，这会使企业面临更多的储藏费用，增加更多的仓储风险及损耗隐患等不利条件。预付账款周转期也从 2017 年的 34 天以每年超过 30% 的增长速度大幅涨至 2020 年的 62 天。奥飞娱乐在深耕多年的婴童用品生产中，已经与上下游供应商建立较为稳定和密切的供应关系。2017—2020 年，其主要生产原材料塑料等价格保持稳中有降的趋势，这减轻了奥飞娱乐的成本压力。而预付账款科目作为企业的一项流动资产，周转期长，表示企业的偿债能力和抵御风险能力正在下降，奥飞娱乐能够做到与供应商协商，不断缩短周转期。而这也提示企业应当不断加强信用建设，尽可能从上游供应商中争取企业能够以尽可能少的预付资金进行交易。

应付账款作为企业流动负债的重要组成部分，应付账款周转期天数缩短，说明企业需要更快地偿还账款，这可能会造成企业的大量流动资金被账款占用，导致流动资金紧张，乃至影响供应链稳定性。因此企业应当合理安排应付账款的付款时间。

（三）生产环节中营运资金管理存在问题

由表 38-2 可以得知，2017—2019 年，企业产品存货营运周期以每年 10 天以上的速度增加。这反映出企业在在产品营运管理方面出现了一些问题，使得营运周期被不断拉长。奥飞娱乐通过多年的生产技术积累，已经形成了较成熟的生产模式，2018 年企业内部生产环节出现突发状况，导致生产效率下降，但其后较快地恢复至正常水平。

表 38-2　奥飞娱乐生产环节营运资金周期　　　　　　　　　单位：天

	2017 年	2018 年	2019 年	2020 年
在产品存货周转期	21	31	43	40
其他应收款周转期	14	25	22	11
应付职工薪酬周转期	11	15	14	16
生产环节营运资金周转期	15	31	21	15

资料来源：经奥飞娱乐 2017—2020 年年报数据计算得出

企业在这几年开始布局海外市场，因此在开拓新市场初期，由于生产环节及运输时间延长，产品周转天数总体长于处于成熟发展期的国内市场。而在研发动漫作品时，应当注重提高研究人员的效率，使作品能更快地投放市场。

企业其他应付款周期越长，说明企业在购销关系中越占据主导位置。这与奥飞娱乐多年深耕供应链是分不开的，这也反映出奥飞娱乐手中的现金流较为充裕，提高了自身抗风险能力。

（四）销售环节中营运资金管理存在问题

销售环节作为企业销售主营产品、获取收入的主要途径，是企业重中之重的环节。销售环节营运资金效率的高低，将直接影响企业的销售策略和销售成效。

表38-3　奥飞娱乐销售环节营运资金周期　　　　　　单位：天

	2017年	2018年	2019年	2020年
库存商品周转期	74	72	72	88
应收账款周转期	119	127	124	99
预收账款周转期	14	21	30	—
销售环节营运资金周转期	121	113	122	149

资料来源：经奥飞娱乐2017—2020年年报数据计算得出

由表38-3可以得知，库存商品的周转期从2017年的74天升至2020年的88天，这意味着企业的库存商品流转周期变长，导致企业货物积压，会增加企业的储存商品成本，不利于企业偿还上游供应服务商的货款。

应收账款周转期在不断下降，从2017年的119天下降至2020年的99天，这对于企业来说是有利的，得益于奥飞娱乐应收账款策略的改变，加快了上下游商家资金回笼，有利于企业能够更快地收回货款，也尽可能地避免了坏账给企业带来的损失。

整体上看，企业整个销售环节营运资金周期在不断上升，主要是库存商品的流转周期延长所导致的。这需要奥飞娱乐从继续优化库存商品存量及改善销售渠道入手，避免因过度积压带来营运资金上的压力。

（五）营运资金管理存在问题

企业在采购环节、生产环节及经营环节的运营资金管理对于企业的资金盘活和未来发展是非常重要的。其总体营运资金周转期可以将这三个环节的周转期进行相加。

由表38-4可以看出，奥飞娱乐整体经营活动周期从2017年的103天下降至2019年的近四年最低点98天，再上升至2020年的133天。企业在采购和生产环节上都能保持在一个相对平稳的区间。而上升的原因主要是销售环节周期的增加。

表 38-4　奥飞娱乐经营活动营运资金周期　　　　　　　　　　单位：天

	2017 年	2018 年	2019 年	2020 年
采购环节营运资金周转期	-33	-30	-45	-31
生产环节营运资金周转期	15	31	21	15
销售环节营运资金周转期	121	113	122	149
经营活动营运资金周转期	103	114	98	133

资料来源：经奥飞娱乐 2017—2020 年年报数据计算得出

这反映出企业在销售环节上遇到不少阻力，奥飞娱乐立足在影视 IP 的制作，尽管每年都在推陈出新，但这是一个相对缓慢的建立口碑的过程，奥飞娱乐应继续改进传统的销售策略以应对新形势下的新挑战，应当不断关注新业态，提高自身的产品竞争力，改革新销售渠道，令企业适应新的竞争环境。

四、供应链下优化营运资金效率的对策

（一）注重建设和维护供应商关系

对于奥飞娱乐这种以生产母婴产品及创造 IP 为主的企业来讲，原材料的价格、供应商的质量等因素会对其产生较大影响。其生产玩具所用的主要原料是塑料、合金等制作原材料，也涉及购买一些影视设计服务。在选择供应商时，奥飞应当定期对供应商进行信用及发展潜力的评估，以免出现由于客户破产而被迫计提全部坏账准备，造成损失。

奥飞也应当与供应商建立符合实际情况的付款规则，并应当加强各部门的联通，合理地根据产能购买所需的原材料，与生产部门做好产能的统筹规划，并共同商讨出能将企业的应付账款发挥出最大价值的付款方式和日期。在采购环节营运资金使用时做好监管，尽可能保障每一笔采购支出都能为企业创造效益，避免挤压现金。

（二）提高存货销售效率

生产环节作为承接采购环节与销售环节的中间环节，其资金运用效率的高低决定了企业在能否在供应链中取得竞争优势。在母婴用品生产方面，奥飞娱乐拥有较为成熟的产业链优势，生产效率优于竞争对手。而在具体执行生产计划上，奥飞娱乐应充分调研各市场的销售数据，分析不同地区的消费偏好，针对不同情况制订生产计划，避免资金积压，加大企业自身风险。

此外，奥飞娱乐看似不起眼的损耗，日积月累则会成为企业的一笔巨大的支出，应该通过完善和优化现有生产工艺，淘汰落后的产能，注重生产产品多元化，广泛运用现代先进信息技术和人工智能，提升企业的生产效率。奥飞也通过可加大招聘力度以及OEM外包等方式，解决短期内可能面临的产能不足问题，加强内部及外部生产商的交流，实现取长补短，提高产能。

（三）与客户商定合理的收款期限

销售环节作为企业将产品转化为收入的第一战线，理应与时俱进，不断探索和发掘潜在的市场，也需肩负起对上两个环节的指引任务。

奥飞娱乐应对客户根据实际评估信用及偿债能力，在交易时选择可信度高的客户，并适当给予商业折扣尽量令货款回笼，缩短应收账款收回的周期。进一步完善市场开拓制度，建立完善高效的信息反馈系统。由于奥飞娱乐另一项业务是影视IP的制作，不同于实体产品的制作和营销，影视作品的制作需要较长时间才能完成，这就要求奥飞在末端投放时对预期收益进行较为全面的评估，并与客户商定收款期，以免影响销售环节资金效率。

参考文献：

[1] 焦然，温素彬. 绩效棱柱模型：解读与应用案例——绩效棱柱在营运资金绩效评价中的应用 [J]. 会计之友，2020(23)：151-155.

[2] 旷乐. 供应链集成对经营性营运资金管理绩效的影响——基于制造业上市公司

的实证研究 [J]. 会计之友，2018(3)：95-101.

[3] 肖梅崚，揭莹. 基于价值链的企业营运资金管理问题探究 [J]. 财会通讯，2018(8)：62-66.

[4] 张敦力，张今，江新峰. 企业营运资金管理问题研究——以格力电器为例 [J]. 财会通讯，2018(8)：67-71. DOI：10.16144/j.cnki.issn1002-8072.2018.08.015.

三十九　财税政策对科技型中小企业创新绩效的影响
——以网宿科技为例

张思涵[①]　刘寿先[②]

摘要： 科技型中小企业是非常重要的科技创新主体，但受其自身规模、技术、资金的限制，财税政策对这类企业的支持效应有待考察。本文从企业享受的财税政策入手，探讨了政府补助和税收优惠对中小企业创新行为的影响。笔者认为，无论是财政政策还是税收优惠，都可以促进我国科技型中小企业创新能力的提高。

关键词： 科技型中小企业；创新绩效；融资约束

一、引言

为了促进中国科技型中小企业的创新研发与企业发展，政府制定并实施了多种财政政策与税收优惠政策。从理论上分析，科技型中小企业创新绩效方面应该有所提升。鉴于此，本文选择一家企业对财税政策背景下科技型中小企业的创新绩效影响进行实证研究，以期提高创新研发的水平和企业价值，从而增强中国创新能力和社会经济发展水平。

---

① 张思涵，女，会计硕士，研究方向：财税。
② 刘寿先，男，管理博士，研究方向：企业并购。

二、文献综述

关于财税政策对科技型中小企业创新绩效影响的研究，国内外学者收获颇多。不同的研究方法，在不同的切入点下，得到的结果也不尽相同。

一是财政政策对于科技企业产出的影响。不平等财政补贴对企业产出有很大的负面影响，同时会削弱需求侧财政刺激的效果（Auerbach Alan J、Gorodnichenko Yuriy、Murphy Daniel，2021[2]）。此外，财税政策能够提高研发效率（Kai C，Yu L，Jiahui Y，2022）。财政补贴对企业产出的影响具有周期性（Dzhambova Krastina，2021）。

二是财政补贴与税收优惠政策对科技型中小企业创新研发投入、产出的影响。科技成果转化及应用对于推动我国经济社会的发展有重大意义（明丽，2020）。政府直接补贴对企业创新绩效和投资具有正向影响（Hou Li；Liu Qin，2021）。政府的政策支持能够帮助科技型中小企业占据市场、取得经济效益（王慧，2020）。财政补贴对科技型中小企业的创新投入具有显著的积极作用，税收优惠政策对科技型中小企业创新产出的正向激励较为明显（宁靓、李纪琛，2019[12]）。针对税收抵免的研发"门槛"可以积极激励中小企业进行研发和专利申请（Wang Runhua、Kesan Jay P，2019[6]）。财政政策对于科技型中小企业融资约束的缓解力度比税收政策更大（陈立、蒋艳秋，2021[7]）。在创新投入、产出阶段，财政补贴和税收优惠政策对创新投入、产出阶段的激励作用显著（宁靓、李纪琛，2019[12]）。

三、科技型中小企业的财税政策现状及影响机制

（一）科技型中小企业发展现状

中国已有 644420 家技术科技型中小企业注册[①]。以上海为例，2019—2021年科技型中小企业数量持续增长，2021年上海入库科技型中小企业15023家，较2020年增长7014家。

---

① 科技型中小企业服务 [EB/OL]. （2022.1.1）[2022.4.23].http://www.innofund.gov.cn/.

（二）科技型中小企业所享受财政政策与税收优惠政策现状

1. 科技型中小企业所享受财政政策现状

对科技型中小财政政策的扶持形式主要包括直接财政预算拨款、财政贴息等方式；①扶持层次主要包括中央层面和地方层面的财政扶持；扶持对象主要包括高新技术企业、中小微企业和科技型中小企业。

2. 科技型中小企业所享受税收优惠政策现状

扶持税种主要包括减收增值税、企业所得税和企业所得税研发费用加计扣除；扶持对象主要包括小型微利企业、增值税纳税人和科技型中小企业。

（三）财政补贴与税收优惠政策影响企业的作用机理

财政政策直接给予认证企业资金补助或资金投入，税收优惠政策减少企业一部分税款征收，二者均能够增加企业用以创新研究的成本金，同时将企业内部的有利消息释放给市场，从而降低信息不对称、拉动投资、减少融资约束，如图39-1所示。

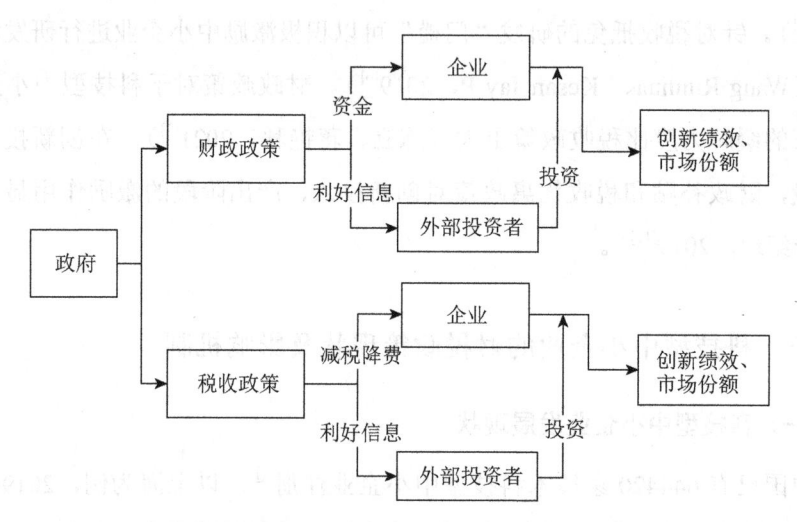

图39-1 财政补贴与税收优惠政策对科技型中小企业创新绩效的影响机制

---

① 国家税务总局 [EB/OL]．（2022.3.23）[2022.4.23]http://www.chinatax.gov.cn/．

四、财政政策与税收政策对科技型中小企业创新绩效影响案例分析

(一) 案例企业简介

网宿科技作为一家科技型中小企业,主要从事增值电信业务的技术开发转让、第一类增值电信业务、计算机相关配件销售等。

(二) 案例企业的财税政策现状

网宿科技所受政府补贴在 2016—2018 年持续上涨,由 15 648 555.92 元增至 20 119 759.87 元。但在 2019 年因竞争对手冲击及股东套现导致政府补贴大幅下跌,而在 2020 年受疫情及企业自身的研发项目影响,政府补贴迅速增至 74 454 811.54 元。

由于网宿科技于 2014 年、2017 年、2020 年三次通过高新技术企业复审,因此按 15% 征缴企业所得税。网宿科技所享受的税收优惠在 2016—2019 年持续减少,主要由于企业资产减少、利润减少而显示出企业的科研能力和盈利能力降低,从而导致税收优惠减少。而 2020 年由于疫情,政府对于科技型中小企业实施了更多税收优惠政策,致使网宿科技所享受税收优惠有所提高。

表 39-1　网宿科技财政补贴、税收优惠规模　　　　单位:万元

年份	政府补助	税收优惠	净利润	政府补助占净利润比	税收优惠占净利润比
2016	1564.86	25 177.60	125 039.66	1.25%	20.14%
2017	1582.42	14 282.01	83 040.29	1.91%	17.20%
2018	2011.98	18 546.20	80 415.37	2.5%	23.06%
2019	919.86	67.16	3448.36	26.68%	1.95%
2020	7445.48	3428.78	22 000.12	33.84%	15.59%

数据来源:公司年报

$$实际税率 = \frac{当期所得税}{利润总额} \qquad (39\text{-}1)$$

税收优惠额=（利润总额−递延所得税费用）×(25%−实际税率)　　（39-2）

由图 39-2 可以得出，政府补贴占净利润的比在 2016—2018 年小幅上涨后在 2019—2020 年大幅增加，而税收优惠占净利润的比重先增加后减少，最终在 2020 年有所回升。

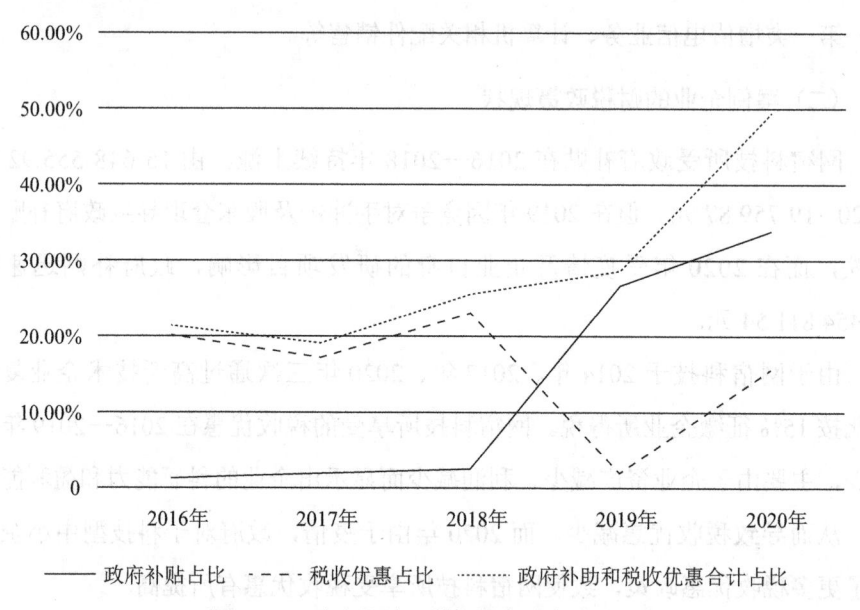

图 39-2　政府补贴、税收优惠占净利润比

数据来源：公司年报

1. 案例企业的创新投入不断增加

创新投入是指企业为了研发新产品和服务而对相关项目进行的资金投入。由于网宿科技具有 CDN 的专利权，企业主营业务为 CDN 与 IDC 的研究、开发与应用，且二者都属于网宿科技创新研发的产品，因此本文将 CDN、IDC 的研发投入成本作为创新绩效考评的基础。

表 39-2　网宿科技创新投入

年份	研发投入/万元	营业收入/万元	研发投入占营业收入比重
2016 年	44 198.43	444 652.72	9.94%
2017 年	55 037.36	537 267.11	10.24%
2018 年	67 127.13	633 746.06	10.59%
2019 年	66 962.38	600 749.78	11.15%
2020 年	49 812.66	568 664.10	8.76%

数据来源：公司年报

图 39-3　研发投入与营业收入

数据来源：公司年报

由表 39-2 和图 39-3 可见，2016—2018 年网宿科技的创新投入规模不断增长，2018—2020 年创新投入有所下降，而创新投入占营业收入的比重在 2016—2019 年不断上升，在 2020 年受疫情影响有所降低。2016—2019 年研发投入在营业收入中所占比例和政府补贴在净利润中所占比例趋于一致，而 2019—2020 年受疫情影响政府补贴大幅上升，因此整体上研发投入占营业收入的比重与政府补贴占净利润比重变化趋势同步。由此可见，网宿科技逐渐重视创新产品的研发，从而增加创新投入，且政府补贴能够促进企业的研发投入。

2. 案例企业的创新产出不断增加

创新产出是指企业通过出售创新研发产出的产品而获得的收益。在本文中指CDN、IDC的营业收入。

表39-3 网宿科技创新产出

年份	营业收入/万元	CDN创新产出/元	IDC创新产出/元	创新产出总额/元	创新产出占营业收入比重
2016年	444 652.72	4 038 137 973.83	385 701 502.16	4 423 839 475.99	99.49%
2017年	537 267.11	4 901 702 201.95	394 863 467.37	5 296 565 669.32	98.58%
2018年	633 746.06	5 748 298 168.93	570 953 035.26	6 319 251 204.19	99.71%
2019年	600 749.78	5 437 144 698.59	514 111 995.52	5 951 256 694.11	99.07%
2020年	568 664.10	5 370 960 813.66	275 904 744.72	5 646 865 558.38	99.30%

数据来源：公司年报

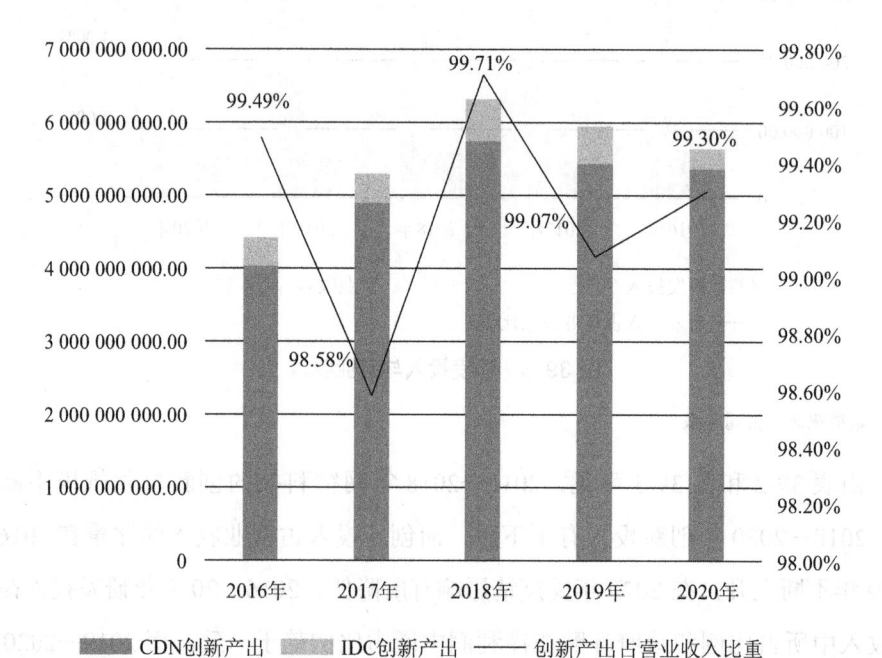

图39-4 创新产出与营业收入

数据来源：公司年报

由表 39-3 和图 39-4 可见，总体创新产出在 2016—2018 年增加后在 2018—2020 年减少。创新产出占营业收入比重先增加后减少，最终在 2020 年有所回升，且该趋势与企业税收优惠占净利润的比重变化趋势趋同。由此可见，税收优惠能够促进网宿科技的创新研究的创新产出成果，同时持续增加的研发投入直接影响创新产出。

3. 案例企业的创新绩效不断提高

创新绩效是指通过新技术应用和创新研究后公司的价值增加，本文以专利总数量作为企业创新绩效的考核指标。

表 39-4 网宿科技创新绩效　　　　　　　　　　单位：个

年份	专利申请数量	软件著作权数量	创新绩效专利总数量
2016 年	102	30	132
2017 年	273	27	300
2018 年	562	12	574
2019 年	340	14	354
2020 年	134	15	149

数据来源：公司年报

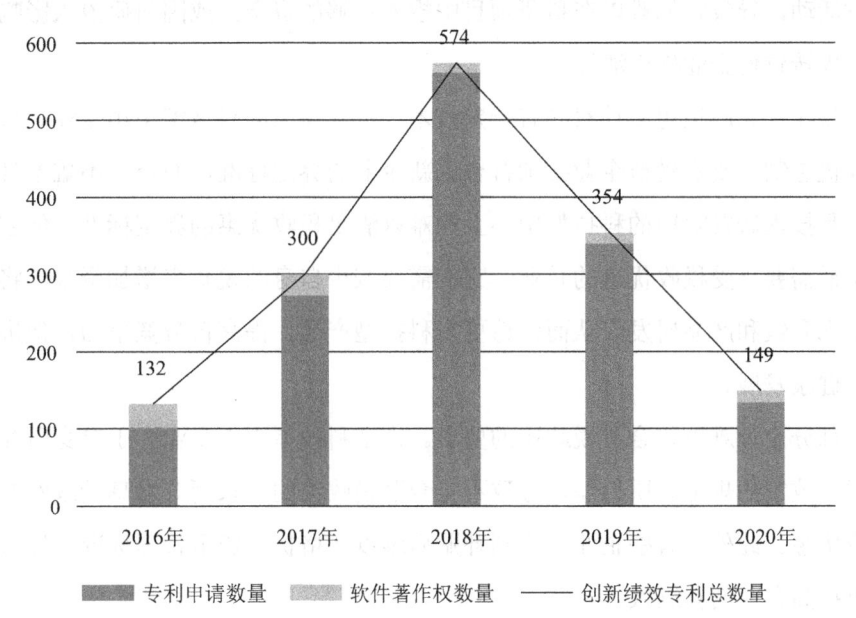

图 39-5 创新绩效专利

数据来源：公司年报

由表39-4和图39-5可知，2016—2018年由于网宿科技在CDN、IDC项目中拥有较大的市场份额且技术成熟，企业专利总数量迅速增长，而在2018—2020年由于同行业竞争，网宿科技的市场份额缩小、创新投入减少，导致专利总数量逐渐下降。此变化与创新产出、研发投入的变化趋势均趋同，证明研发投入与创新产出的提高能够促进创新绩效的提高，同时创新产出占营业收入的比重与税收优惠占净利润的比重趋同且研发投入占营业收入比重的变化趋势与政府补贴占净利润比重趋同，由此可见，无论是政府补贴还是税收优惠政策均可促进科技型中小企业创新绩效的提高。

五、中小科技企业财税政策问题与建议

（一）中小科技企业财税政策问题

财政补贴重点扶持具有一定技术、资金基础的科技型中小企业。对于一些刚刚起步、需要大量资金来支持科研的企业来讲，政府补贴的金额难以支撑它们的研发活动，导致它们难以在科研项目中投入足够的资金，或因科研投入影响自身资金周转致使企业破产清算。

税收优惠政策更多针对具有一定技术、资金实力的科技型中小企业。目前的税收优惠制度要求受益企业必须符合创新企业的界定标准，而资产不雄厚且仍处于产品技术研发阶段的科技型中小企业难以满足税收优惠的界定标准。但它们恰恰是最需要享受税收优惠的企业，它们需要减少自身的税负来增加资金，将其用于技术升级和产品研发，从而创造更多科技型产品，提高自身竞争力，促进企业长久健康发展。

部分企业难以符合财税政策的要求。许多科技型中小企业由于自身研究方向与财税政策的规定有所偏差，导致不符合财税政策的要求而难以享受政府补贴及税收优惠。此外，有些企业在收到补贴后难以严格执行资金管理标准，导致补贴难以提高企业创新绩效。

（二）中小科技企业财税政策改进建议

政府补贴应做到精准补贴、按需补贴。应根据科技型中小企业实际的创新投入情况，加大财政补贴力度，从而发挥带动功能，促进更多社会投资者对创新活动进行投资。此外，对于如今存在财务问题、一时技术不成熟而难以抢占市场份额但未来预计有大量创新产出的企业，政府应当予以补贴支持，助其渡过难关，促进企业未来的科技产出。

税收优惠要进一步拓宽受惠企业的范围。加大对研发费用的加计扣除力度，降低企业所得税税率。除此之外，制定更为灵活的税收政策，放宽创新企业的界定标准，将更多发展潜力大、创新能力强的企业纳入认定标准中，让更多科技型中小企业实际享受到税收优惠。

我国科技型中小企业应不断提升自身内部管理能力。完善科技型项目的申报及立项工作，以便符合政府对于科技型中小企业及补贴对象的认定标准，从而获得政府对于企业研发项目的财政资金支持。此外，对于已获得的财政补贴，应严格按照标准进行资金管理，从而增加研发成果、提高研发水平，促进企业快速发展。

六、结论

（一）财政补贴对科技型中小企业的创新绩效能够起到积极的促进作用

研究结果表明，案例企业获得的政府补贴在净利润中所占比例不断上升，同时企业的研发投入在营业收入中的占比与财政补贴在净利润中的占比同增，说明财政补贴能够促进科技型中小企业进行创新投入，从而提高企业创新绩效。

（二）税收政策是提高科技型中小企业创新绩效的重要手段

通过分析得知，企业所享受税收优惠占净利润的比重先增加后减少，最终在2020年有所回升。同时创新产出占营业收入比重与税收优惠占净利润比重变化趋势趋同，说明税收优惠政策能够促进科技型中小企业在技术领域进行创新研究，进而提升它们在产品与服务方面的产出水平，从而提高企业创新绩效。

总而言之，财税政策对于推动企业创新投入与产出起着促进作用，能够帮助企业提升创新绩效。

参考文献：

[1] Runhua W，P. J K. Do tax policies drive innovation by SMEs in China?[J]. Journal of Small Business Management，2020，60(2)：1-38.

[2] Auerbach Alan J.，Gorodnichenko Yuriy，Murphy Daniel. Inequality，fiscal policy and COVID19 restrictions in a demand-determined economy[J]. European Economic Review，2021：137.

[3] Dzhambova Krastina. "When it rains，it pours"：Fiscal policy，credit constraints and business cycles in emerging and developed economies[J]. Journal of Macroeconomics，2021，69.

[4] Kai C，Yu L，Jiahui Y， et al. Effects of subsidy and tax rebate policies on green firm research and development efficiency in China[J]. Energy，2022，258.

[5] Li H，Qin L. Analysis of the Impact of Fiscal Policy on the Innovation Performance of New Energy Vehicle Companies-An Empirical Analysis Based on Panel Data of Listed Companies[J]. IOP Conference Series： Earth and Environmental Science，2021，787(1)：

[6] Runhua W，P. J K. Do tax policies drive innovation by SMEs in China?[J]. Journal of Small Business Management，2020，60(2).

[7] 陈立，蒋艳秋. 财税政策、融资约束与创新绩效——基于科技型中小企业的实证研究 [J]. 重庆理工大学学报（社会科学），2021，35(4)：112-121.

[8] 程华. 财税支持政策对科技型中小企业竞争力的影响研究 [J]. 运城学院学报，2021，39(2)：41-47. DOI：10. 15967/j. cnki. cn14-1316/g4. 2021. 02. 009.

[9] 明丽. 促进我国科技成果转化及应用的财税扶持政策研究 [J]. 商业经济，2020(10)：154-155. DOI：10. 19905/j. cnki. syjj1982. 2020. 10. 062.

[10] 王慧.中小企业科技成果产业化的财税政策研究[J].现代商贸工业,2020,41(23):112-113.DOI:10.19311/j.cnki.1672-3198.2020.23.054.

[11] 刘文越.财税政策支持科技创新的实践与思考[J].产业创新研究,2019(12):43-44.

[12] 宁靓,李纪琛.财税政策对企业技术创新的激励效应[J].经济问题,2019(11):38-45.DOI:10.16011/j.cnki.jjwt.2019.11.007.

[13] 申嫦娥,张博雅,田悦.财税政策、企业战略对科技创新影响的实证检验[J].统计与决策,2019,35(21):182-185.DOI:10.13546/j.cnki.tjyjc.2019.21.042.

[14] 刘啸尘.财税激励政策下的政企演化博弈研究——以科技型中小企业为例[J].技术经济与管理研究,2019(10):16-21.

[15] 张晓锋.促进中小科技创新型企业发展的财税优惠政策研究[J].纳税,2019,13(7):49+52.

[16] 刘赪.促进科技型企业创新发展的财税对策研究——以温州为例[J].生产力研究,2018(6):35-38.DOI:10.19374/j.cnki.14-1145/f.2018.06.008.

四十　暴雪公司的战略性发展研究

魏子昊[①]　陈亮亮[②]

摘要： 随着互联网信息技术的进步，我国网络游戏产业发展方兴未艾，政府陆续出台相关政策管理维护网络游戏产业健康发展。这些年，虽然我国的一些网络游戏销售收入和客户群体不断增长，但整体趋势是有所放慢的。因此，本文通过对暴雪公司战略性的研究，概括和总结了暴雪公司成功的经验和方法，并基于暴雪公司的战略性角度，为我国游戏企业提供一些启示。

关键词： 暴雪公司；战略性发展；网络游戏

一、引言

暴雪游戏公司凭借长期发展不断积累的各方面优势在大众心里占有不可撼动的一席之地。暴雪游戏在大众心中留下的品牌印象主要有四个方面。一是抓住市场需求，站在客户群体的角度上考虑问题，把客户需求放在第一位，懂得抓住客户群体的心理。二是树立品牌，注重自己的品牌和口碑，有大局观，不急于赚钱。三是注重创新，创新是品牌持久的生命力。暴雪之所以每次推出新游戏都能受到广泛好评，就是因为站在客户角度上懂得创新。四是注重产品质量，实施"精品战略"，宁愿少做，也要做好，每一件产品都花费了大量的时间、人力、

[①] 魏子昊，男，会计硕士，研究方向：会计制度与会计实务。
[②] 陈亮亮，男，北京印刷学院经济管理学院教师。

物力去研发。因此,分析暴雪公司的发展战略对我国游戏产业的发展具有一定的参考意义。

二、暴雪公司战略性发展策略

暴雪娱乐是一家著名的视频游戏制作和发行公司,由加州大学洛杉矶分校的三名毕业生迈克尔·莫海姆、艾伦·阿德姆和弗兰克·皮尔斯于 1991 年 2 月 8 日以 Silicon & Synapse 的名义创立;1994 年,品牌正式更名为"暴雪"。暴雪推出了多个经典系列,基本熟知的暴雪游戏公司的代表作有:星际争霸、暗黑破坏神系列、守望先锋、炉石传说、魔兽世界、魔兽争霸,等等。魔兽争霸、风暴英雄和星际争霸被多家著名电子竞技比赛列为重大赛事,在电脑游戏行业享有很高的赞誉。2008 年 7 月 9 日,动视暴雪正式并入维旺迪,成为包括暴雪娱乐品牌在内的控股公司。2013 年 7 月,动视暴雪从母公司维旺迪手中回购了多数股权,成为一家独立公司。暴雪娱乐现在是美国视频游戏发行商动视暴雪的一个独立部门,在开发过程中两者都独立运营。

当今互联网时代下游戏已经成为提高日常生活质量、减少压力、提升幸福指数的不二选择。暴雪的很多游戏都是以第一人称射击为主的 FPS 游戏,这些游戏都很受年轻人的欢迎。据 Newzoo 上一份报告中的数据,2016 年,全球电竞观众的年龄段主要为 20—35 岁(图 40-1)。

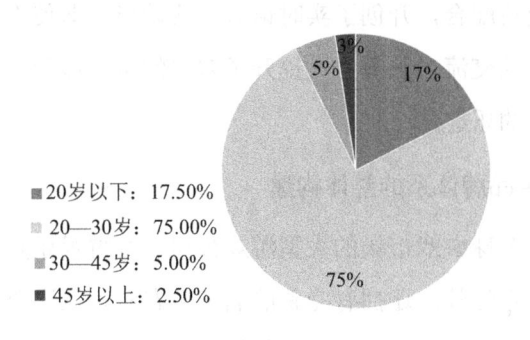

图 40-1 Newzoo 游戏受众群体年龄段调查报告

数据来源:Newzoo 报告

根据小规模抽样调查得出暴雪品牌信息获得渠道如图 40-2 所示，包括五个方面，通过自主制作的计算机图形学（Computer Graphics，简称 CG）获取的人数占 50%，而通过其他渠道获取的比重高达 63%，由此可见良好的口碑对于提高游戏品牌知名度有着非常重要的影响，更有利于强化品牌架构，促进企业长期向好的发展。

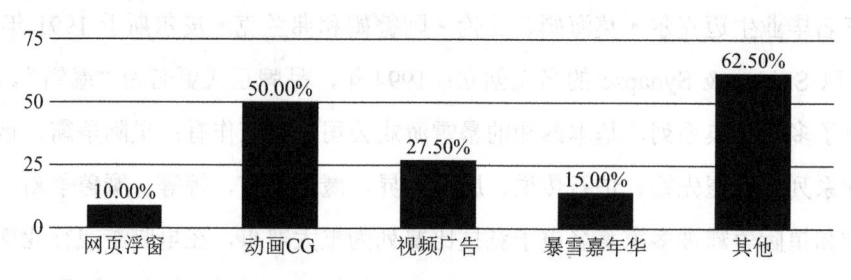

渠道	比例
网页浮窗	10.00%
动画CG	50.00%
视频广告	27.50%
暴雪嘉年华	15.00%
其他	62.50%

图 40-2　暴雪品牌信息获得渠道抽样调查

数据来源：暴雪企业战略报告

正是在此背景下暴雪平台抓住机遇不断发展。通过调查发现，暴雪公司的战略性发展策略主要可分为以下几个方面。

（一）上线开创性对战交流平台即战网（Battle.net）

暴雪 Battle.net 开创性的匹配平台，允许您连续 30 天登录一次，即使我们没有时间关心，我们的计算机也会自动更新游戏、添加新功能、提供更新等。为了促进队友之间的交流配合，开创了实时语音交流功能，即使不在一起也能和队友进行流畅的、快捷的交流，从而大大提升了客户的游戏体验，使得用户群体更能沉浸式地体验其中的乐趣。

（二）不断完善品牌体系的整体构建

作为一家进入全球游戏市场的大型游戏公司，暴雪娱乐除了对游戏品牌概念和品牌服务的精准定位外，还拥有完整的品牌生态圈。在这个品牌建设系统中，包括其所有流行的游戏，并衍生出许多其他产品。暴雪嘉年华、全球知名的直播平台、各类电竞赛事和"战网"四个平台组成了一个完美的暴雪生态系统。

BlizzCon 成立于 2007 年，包括 BlizzCon 世界邀请赛、BlizzCon 世界锦标赛、动画电影、配乐、cosplay 比赛等，是美国举办的一年一度的盛会，结合竞赛与展示。随着暴雪公司游戏以及娱乐项目的不断扩展，暴雪嘉年华每年带给客户群体的体验也不再仅仅局限于游戏领域，还有其他娱乐内容。除了固定综艺的游戏体验区、角色扮演、玩家视频等趣味比赛，以及不同游戏新资料片的展示外，暴雪游戏世界锦标赛现场决赛也包括嘉年华节目。

（三）参与世界大赛提升知名度

世界电子竞技大赛（World Cyber Games，简称 WCG）是一项全球性的电子竞赛，被称为电子竞赛的奥运级赛事，也是网络游戏的文化节。每年，世界电子大赛都会吸引大量网络游戏爱好者参与和观看。暴雪游戏参与 WCG 不仅仅能提高暴雪的知名度，还能使 WCG 受到越来越多的客户关注。参加世界电子大赛，意味着暴雪在电子技能和自有游戏产品质量上拥有雄厚的实力。通过世界电子大赛，原本没有关注到暴雪平台的客户对这个平台也有了初步的认识，这对暴雪公司自有品牌的推广非常有利，当然暴雪的参赛也让 WCG 更加广为人知。

（四）暴雪公司通过文化底蕴进行品牌推广

暴雪公司是一家有文化底蕴和品牌效应的网络游戏公司，注重品牌建设和文化效益培育是暴雪的经营方式。暴雪的每一款游戏都有品质保证、企业品牌特色，无论是创新还是可玩，都受到玩家的高度推崇，不会推出以盈利为目的的"氪金"游戏。几十年的一贯要求，让暴雪的品牌形象深入人心，文化效益得到极大影响和倍增效应。

（五）注重品牌延伸

利用现有的品牌类别，建立品牌关联，推出新产品，并将产品元素扩展到相关或不相关的领域是整个品牌资产的延伸。成功的品牌延伸有利于提高公司在客户心中的可信力，也有利于提高公司产品在市场上的知名度，进而有助于减少营销成本。

旗下各类游戏产品的品牌化得益于暴雪娱乐成功的品牌资产建设和营销方式，打造良好的企业品牌形象，在获得可观利润的同时，扩大市场份额，提升品牌价值，增强企业活力。在客户群体中树立一个成功的企业品牌形象对于新产品的品牌建设是必不可少的。

利用深受大众喜爱的公司产品的影响力去生产一些周边等延伸产品，或是推出原先作品的续作，不仅有利于公司自身的良好发展，也会对以后推出的新作品的推广产生良好的影响，在对新用户产生吸引的同时也会勾起老用户的回忆情怀。品牌延伸应该是对消费者品牌共鸣的回应，当然品牌延伸的传播策略需要考虑是否对于本公司有利，即能否在巩固公司的基础上给公司带来更好的声誉，使公司更受大众欢迎和好评。

三、研究暴雪公司对我国国内游戏公司的启示

（一）重视创新，树立品牌效应

国产游戏的技术水平一直落后，一款游戏的技术含量权重巨大。从某些角度来讲，科技水平决定产品价值。科技的进步，不是一蹴而就的事情，而是需要时间和精力的积累。只有国内的游戏在科技上走在了世界前列，我们才有了与其他国家一较高下的力量和自信。一个企业的核心及灵魂不是由企业的收入决定的，而是由企业的品牌影响力决定的。笔者认为，我国的游戏公司应该重视企业文化的培育和企业品牌的建立，这样才能获得长期的可持续发展。从暴雪的发展历史可以很容易地看出，它的品牌力量是多么强大。

（二）打造属于自己的品牌文化

国内游戏企业要想取得长远的发展，首先要明白自己的品牌文化并对之加深发展，只有抓住自己的优势，明确自己的品牌文化，企业才能从市场激烈的竞争中脱颖而出。品牌文化的发展不仅需要过硬的产品实力，更需要优质的服务水平和强有力的宣传。宣传到位可以让更多的人了解自己的品牌，现在在互联网世界

里，网上宣传已经大大增加了产品的曝光率。国内游戏公司可以通过多渠道例如短视频平台、广告牌等宣传自己的作品及其优势，让更多的消费者了解并选择自己公司的优秀产品。自己的游戏有竞争实力，从业者有高水平的服务，让玩家玩得开心、玩得舒服，自然对游戏有很好的评价，大家传播开来，一个品牌就会逐渐起步。

(三) 树立有责任感的企业形象

一是在网络环境下，要注重营造健康文明的网络空间，不要盲目追求血腥、暴力和色情的内容；倡导文明竞赛、文明语言、团结协作。二是要保持良好的企业形象。在选择本产品的代言人时要选择正能量、积极向上的明星，从而为产品起到正向的引导作用，这对维护公司的良好形象也是必不可少的。三是提高从业者提供的服务水平。企业要加强对员工的道德教育和职业素质教育，提高员工的服务水平，赢得消费者的赞誉。四是投身公益活动。积极参会社会上的公益活动，建立与自身企业相关的公益活动，加强宣传，使公益形象深受民众喜欢，增加企业的公益影响力。

(四) 利用大数据分析，注重客户群体和内容质量

在暴雪的发展战略上，都离不开数据分析，无论是用户群体数据的定量分析，还是独立产品的优质内容的创作，网飞始终坚持从用户进行数据分析，从产品的根本质量出发，满足消费群体的需求，从而打造国际一流的游戏公司。大数据时代，我国游戏公司近年来在数据分析领域的投入不容忽视，但在强调高投入、高关注度的同时，更应该将数据分析的重心放到每一个客户群体甚至每一帧，真正了解用户的倾向和喜好，从而使用户有良好的体验，进而打造出真正出众的产品。

四、结语

在互联网发展不断完善的今天，网络游戏渐渐走进大众的视野，不仅为客户群体提供了在互联网上遨游和线上多人互动的平台，也为我国发展还不完善的视

频游戏市场注入了新鲜血液和活力。如今，网络游戏的文化信仰和商业价值的潜力无限。除了国内外举办的各类游戏电竞赛事、源自游戏的线下展览等，网络游戏正以更加亲民的态度走进大众视野。网络游戏品牌营销的富豪战略需要逐渐转变为精英战略，同时，要注意统一品牌内涵，引发品牌联想，促进用户的品牌归属感和深切的精神满足感。

无论是通过品牌本身传播正确的信息，还是利用消费者之间传递的价值观和行为，以及品牌营销内部与用户互动的沟通，都是从建立知名度到品牌建设的一个长期过程。

参考文献：

[1] 罗东.暴雪：商业艺术家[J].21世纪商业评论，2012(12)：59-63.

[2] 季勇勇.网络游戏品牌竞争力研究[D].厦门：厦门大学，2006.

[3] 光明日报特约评论员.实践是检验真理的唯一标准[N].光明日报，1978-5-11.

[4] 赵军奇.电子竞技运动的国际传播现状及策略研究——以《英雄联盟》在中国的传播为例[J].新闻研究导刊，2016(12)：348.

第五篇 数字化转型

四十一 数字化转型对东方雨虹财务绩效的影响研究

黄超兰[①] 何玉柱[②]

摘要：本文运用案例分析的方法，选取东方雨虹为研究对象，对企业的数字化转型与财务绩效进行研究，首先对相关的研究文献进行综述，并对东方雨虹做简要介绍；其次对东方雨虹其数字化转型进程、水平、动因和路径进行相关研究；再次对东方雨虹的营业收入和利润率、管理费用率、销售费用率及存货周转率进行分析，发现数字化转型对东方雨虹的财务绩效有着提升作用；最后得出以下结论：第一，企业要从实际出发，清楚认知自身定位，明确数字化转型手段；第二，企业要规划数字化转型发展战略；第三，企业要重视研发投入与技术创新。

关键词：数字化转型；财务绩效；东方雨虹

一、引言

现如今，信息化迅速发展，使人们的生活发生巨大的变化，也激发着企业向数字化转型。党的二十大报告提出："加快发展数字经济，促进数字经济和实体

[①] 黄超兰，女，会计硕士，研究方向：企业内部控制与审计实务。
[②] 何玉柱，男，硕士生导师，研究方向：公司财务与内部控制、传媒企业管理。

经济深度融合。"要加快建设数字中国,数字时代是推进中国式现代化的重要引擎,是构筑国家竞争新优势的有力支撑。随着数字经济时代的到来,新的话题也不断产生,数字化转型如何影响企业的财务绩效值得研究。作为传统行业的建筑建材行业而言,从生产加工制造、运输到施工服务全链条,数字化转型对其中的每一个环节所带来的效益都有了巨大的提升。因此,本文研究数字化转型对东方雨虹财务绩效的影响,进而研究其对整个建筑建材行业的影响,从而为其他建筑建材公司的发展战略提供借鉴与参考。

二、文献综述

国外学者Sang-Bong等(2023)以韩国综合股价指数市场上市的数字化转型企业(2011年至2021年在KOSDAQ市场上市的12 143家公司进行了独立样本t检验和多元回归分析)为研究对象,将数字化转型企业与未数字化的企业进行比较,分析数字化转型对企业的盈利能力和稳定性方面的产生正向作用[1]。Ionaşcu I等(2022)探讨了欧洲绿色协议背景下欧洲上市公司的数字化问题,表明数字化转型在企业社会责任产生有益的影响,而且数字化转型使企业在金融市场上也大有裨益[2]。

国内学者梁琳娜等(2022)通过分析A股上市的2094家上市公司,并构建OLS模型和"门槛"模型,研究发现数字化转型对不同的企业市场绩效的影响不同,数字化转型与企业长期财务绩效形成U形关系。数字化转型初期,企业财务绩效下降;随着数字化转型的逐渐深入,企业的财务绩效上升[3]。白福萍等(2022)基于结构方程的多重中介效应模型,研究发现数字化转型的两个阶段都可以提升企业财务绩效;数字化转型提升财务绩效的手段有降低生产成本、提高人力资源使用率和增加技术创新产出,然而通过增加交易成本和增加技术创新投入的路径会抑制制造企业财务绩效提升[4]。

三、东方雨虹数字化转型进程、水平、动因及路径

(一) 东方雨虹数字化进程

东方雨虹,全称为北京东方雨虹防水技术股份有限公司,于1998年成立,股票代码为02271,注册资本为300万元。东方雨虹的主营业务为新型建筑防水材料和防水工程施工,主营产品为防水卷材、防水涂料和工程施工。

东方雨虹作为国内建筑防水行业首家上市公司,一直致力于数字化转型与信息改造,如表41-1所示,从2010年开始就启动信息化改造,进行企业全面信息化建设,将信息化与工业化进行融合,在2020年确定了数字化实施策略、规划与顶层架构。而且东方雨虹持续创新,充分利用数字化提升经营质量,加速数字化与工业化深度融合。随着数字化进程,东方雨虹日益壮大,在"2022全球建筑材料上市公司综合实力排行榜TOP100"中位列第34。

表 41-1 东方雨虹数字化进程时间线

时间	事件
2010年	开始启动信息化改造,工业化与信息化融合,启用SAP、ERP系统
2014年	试点"东方雨虹产品唯一身份全供应链管理协同系统"
2018年	新型砂浆涂料数字化信息化生产车间
2012—2019年	整合了MES系统进行车间管理十项子系统
2020年	智能仓储系统——"无人仓""虹人"工业化系列产品
2021—2023年	数字化转型升级,全面推进信息化重构,建立共享服务中心

资料来源:同花顺iFinD

(二) 东方雨虹数字化转型水平衡量

根据2021年相关学者[5]对于数字化转型的关键词的界定,结合东方雨虹数字化转型特点,对东方雨虹年报进行关键词检索筛选,如表41-2所示。对企业2016至2021年年报的关键词频数做出统计,如表41-3所示,从2017年年报开始,数字化进程较大幅度提升,2021年东方雨虹的数字化进程达到最高值。

2021年，东方雨虹首次在年报中单独列示"数字化转型"，并提出通过数字化手段对公司各个领域进行流程再造，提升效率，降低风险，打造公司数字化核心竞争力。

表41-2 东方雨虹数字化转型关键词

数字化转型			
数据中台	财务共享	TMS物流	经销商网络系统
业务中台	资金管理	MES生产执行	Hotter-Man
服务共享中心	APS分单排产	EMP工程项目管理	一体化营销平台
数字化营销	SRM采购	雨虹工匠劳务平台	LTC
核心ERP	WMS仓储	一体化营销	数字化体系
智能化	IT基础设施	互联网+	平台+

资料来源：东方雨虹年报

表41-3 2016至2021年东方雨虹数字化转型关键词频数

2016至2021年数字化转型关键词频数					
年份	2016年	2017年	2018年	2019年	2020年	2021年
频数	2	28	31	22	34	80

资料来源：东方雨虹年报

（三）东方雨虹数字化转型动因

1. 外部原因

数字化转型离不开政策支持，2005年国务院发布《关于加快电子商务发展的若干意见》，数字经济成为国家发展战略的一部分，2015年国务院发布《积极推进'互联网+'行动的指导意见》，出台了一系列数字化意见及政策，习近平总书记指出推进"数字中国"建设，发展分享经济。2016年，推动互联网和实体经济深度融合，加快传统产业数字化、智能化，做大做强数字经济。东方雨虹在发展的过程中紧抓时代潮流，开始数字化转型，2010年开始了信息化改造。

2. 内部原因

第一个是成本，原材料和人力资源等各种成本上涨，东方雨虹通过技术创新、信息化改造、数字化革新来降低原材料耗用成本产生的负面影响。第二个是低效率的管理导致东方雨虹在管理和销售的过程中处理问题时间线较长，比如物流信息缓慢，财务资金难以收支，业务之间纷繁复杂。第三个是营业收入，房地产行业和高铁的飞速发展，东方雨虹对智能化要求更高，先进产品需求更多，从而需要多方位的产品来满足客户的需求。

（四）东方雨虹数字化转型路径

1. 降低成本，提高效率

东方雨虹致力于开放各种数字化产品进行降低成本，减少费用支出，卷材生产线带料试机成功、生产基地水性涂料车间、沥青涂料生产线 BH2 和 AWR101、车间智能排产项目（APS）等一系列车间系统，利用数字化手段来解决需求端与后端供应连接的诸多问题，达到平衡生产计划和提升企业整体信息化水平的目的。通过形成性能稳定、成品率高、高效低耗的模式，从而降低东方雨虹产品的生产成本。同时，从发展战略的角度出发，公司产能布局使产品运输等销售成本下降，保证东方雨虹具有较低的仓储物流成本。例如，采购部门通过把握市场动向，合理安排采购时间和计划，有效控制成本；公司在网络上进行产品销售及提供系统服务；不断提高生产效率及智能化，降低生产风险与生产成本，提高生产效率。

2. 数字化转型升级

公司以数字化为抓手开展了东方雨虹数字化攻坚战，全面完成核心 ERP 升级，彻底打通从销售采购一直到仓储物流的各个环节，大幅提升了业务线上的自动化水平；同时对物料、人员、财务和客户供应商等各个领域的数据进行梳理；对各个核心业务领域的系统进行了新建、重构和升级，包含资金管理、APS 和产品财务共享等项目，从而达到打通业务流程、提升管理效率、降低成本和风险的目的。通过上线财务共享、资金管理平台、一体化营销平台和服务共享中心，提升了财务管理效率，并且实现 LTC 全过程的数字化支撑，为建立数字化体系和提升东方雨虹运营效率发挥了重要作用。

3. 加大研发投入力度

东方雨虹自数字化转型以来，一直加大对技术创新与技术服务的投入力度，建设高效的研发平台和精干高效人才经营模式发展。如表 41-4 所示，2011 年度，东方雨虹的研发投入仅为 840 万元，从 2012 年整合系统开始，研发投入不断扩大，从 2012 年的 1.1 亿元一直到 2017 年的 4.7 亿元，2021 年研发投入金额和研发人数达到最高值。2017 年，东方雨虹数字化进程逐步完善 ERP 等系统以提升供应链价值，打造企业在信息化环境下的新竞争能力。在 2022 年达到核心业务全领域数字化覆盖和能源管理数字化。

表 41-4 2016—2021 年东方雨虹研发投入概况

	2016 年	2017 年	2018 年	2019 年	2020 年	2021 年
研发人员数量/人	262	316	368	400	439	489
研发投入金额/亿元	3.17	4.69	2.68	3.57	4.64	5.59

数据来源：2016 年至 2021 年东方雨虹年报

四、东方雨虹数字化转型对财务绩效的影响分析

（一）营业收入与利润

东方雨虹与同行业之间对比情况，如图 41-1、图 41-2 所示。2012 年，东方雨虹与同行业之间的营业利润和营业收入相差无几。东方雨虹开始数字化转型之后，差距逐渐拉开，2015 年之后构建了生产线升级项目、购买现代化设备、开启网络销售、实行多种销售模式相结合，实现了数字化转型升级，东方雨虹的营

业收入和营业利润不断提升，这意味着东方雨虹在数字化转型过程中的投入能够为企业创造利润。

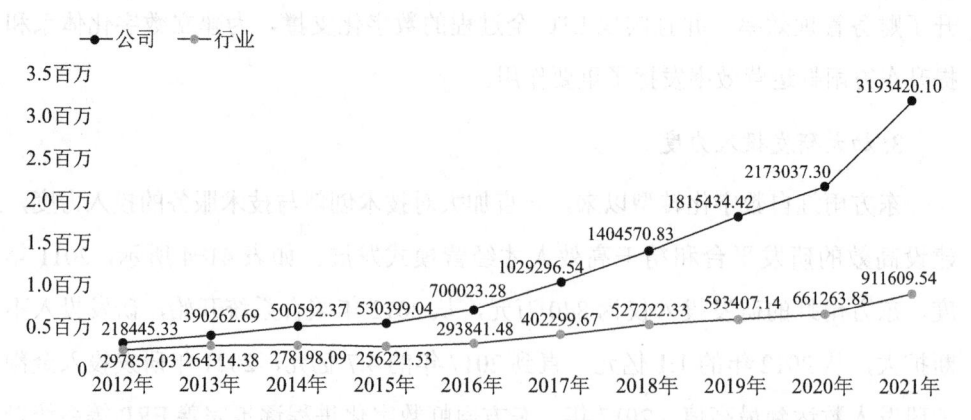

图41-1　2012—2021年东方雨虹营业收入与同行业比较图

数据来源：VDC财经大数据应用服务平台

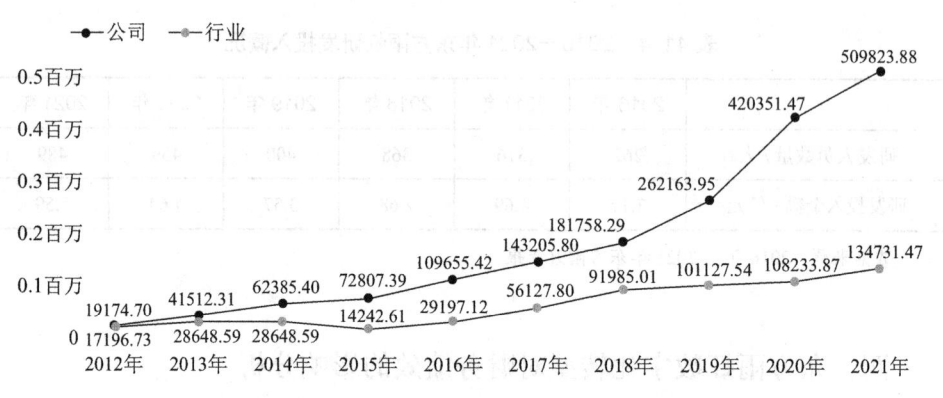

图41-2　2012—2021年东方雨虹营业利润与同行业比较图

数据来源：VDC财经大数据应用服务平台

（二）管理费用率与销售费用率

管理费用率和销售费用率是指管理费用、销售费用占营业收入的比例，分别用来衡量公司中管理费用与销售费用的使用状况。自2016年起，东方雨虹开始全面打造财务管理系统、物流管理系统、安全管理系统等一系列数字化工作，这些都大大提升了企业的管理效率，节约了人力物力，实现了物流分配反馈、工程预算及管理、供应商及经销商管理的信息化，推进跨部门工作协调沟通，优化流程审批节点，提高流程效率。因此，东方雨虹管理费用率逐年下降。如图41-3所示，从2019年到2021年，东方雨虹销售费用率下降十分明显，主要原因是东方雨虹致力于打造零售数字化平台和物流平台升级，严控费用支出，打造"互联网＋居住空间改善一站式服务平台"，建立全国物业渠道和到家服务生态数字化升级。而且2019年受疫情影响，差旅减少，也是管理费用率和销售费用率下降较大的原因之一。2020年至2021年仍然呈现下降的趋势，这与其数字化发展密不可分，东方雨虹致力于打造一批智能化标杆工厂并逐步推广，涵盖物流工厂服务数字化与智能化各个领域。

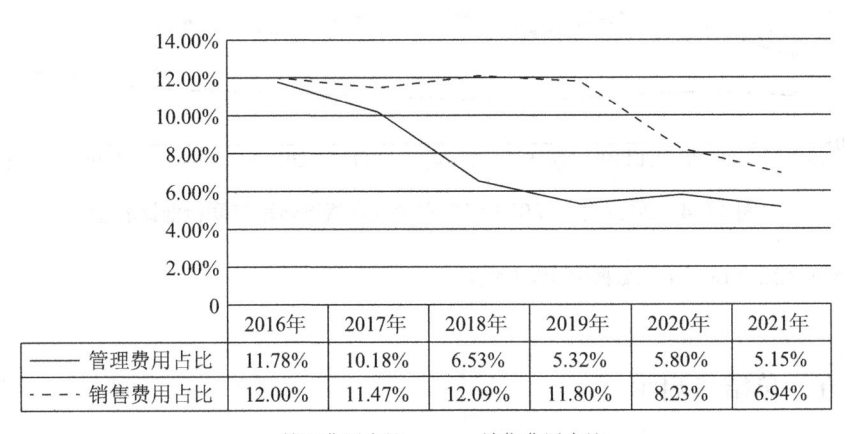

	2016年	2017年	2018年	2019年	2020年	2021年
管理费用占比	11.78%	10.18%	6.53%	5.32%	5.80%	5.15%
销售费用占比	12.00%	11.47%	12.09%	11.80%	8.23%	6.94%

——管理费用占比 ---- 销售费用占比

图 41-3　东方雨虹管理费用率与销售费用率分析图

数据来源：公司年报

（三）存货周转率

存货周转率用来反映存货的周转速度以及存货的规模。如图41-4所示，东方雨虹的存货周转率在2012年至2019年都高于行业平均水平，但是波动起伏不大，这与东方雨虹的数字化进程有着较大的联系，2019年，东方雨虹在物流系统上耗费了大量精力，致力于智能仓库仓储物流建设项目，大大提高了存货周转率，在2021年存货周转率远超行业平均水平。2020年到2021年涨幅较大且在2021年存货周转率达到了16.49%，其主要原因是在2021年实现智能分单到生产执行闭环管理，打造生产供应链信息化支撑体系，大大提高了存货周转率。这进一步体现出了数字化转型对存货管理水平的提高有巨大作用。

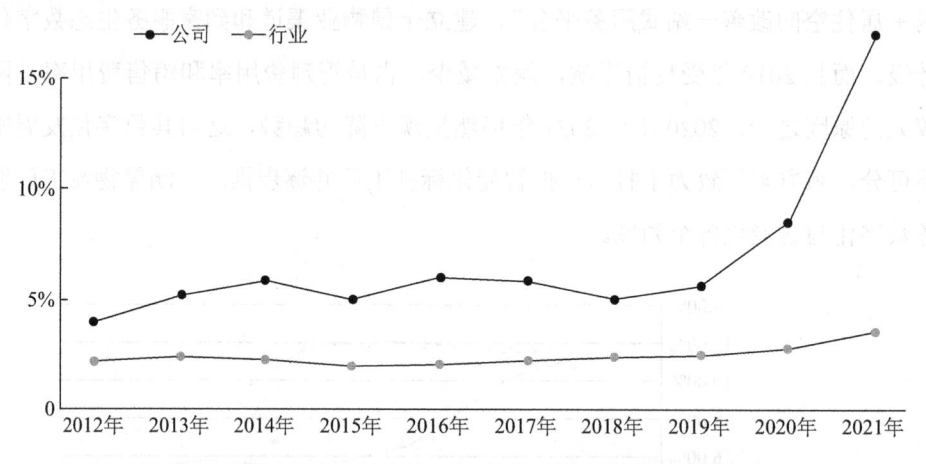

图41-4　2012年至2021年东方雨虹存货周转率与同行业比较图

数据来源：VDC财经大数据应用服务平台

五、总结与启示

（一）明确自身定位和数字化转型手段

企业应当从自身出发，明确企业发展定位，如同制造类企业可以在物流、服务、仓储、技术等方面进行数字化转型、去库存、提高流动性。企业进行数字化转型能够提高存货周转率，降低管理费用和销售费用，达到提高效率、降低费用与成本的目的，实现利润最大化。积极借鉴数字化转型成功的企业经验，深入推动数字化转型，实现数字化与工业化融合发展，提高企业绩效。

（二）规划数字化转型发展战略

企业应当完善企业数字化转型规划，弥补不足与缺陷，制造业企业在数字化转型过程中应当进行全局性全面性发展，保证全方位的数字化转型。从"降本、增收、提效"战略角度出发，与数字化转型相关政策相结合，制定全面优化企业治理的发展战略体系。

（三）加大研发投入与技术创新

要想加快数字化技术与实体经济深度融合，必须加大研发投入，吸纳优秀人才，加强技术创新，研发数字化相关智能系统。研发投入与技术创新是数字化转型的重要动力，是数字化经济时代到来的重要举措。提高创新效率，增强专利保护，设计智能系统，开发更高效率设备，加大研发投入与技术创新能促进企业加快数字化进程。

参考文献：

[1] An，Sang-Bong，Yoon，Ki-Chang. The Effects of Changes in Financial Performance on Value Creation in Digital Transformation：A Comparison with Undigitalized Firms[J]. Sustainability，2023，15(3).

[2] Ionaşcu I，Ionaşcu M，Nechita E，etal. Digital transformation，financial performance and sustainability：Evidence for European Union listed companies[J]. Amfiteatru Economic，2022，24(59)：94-109.

[3] 梁琳娜，张国强，李浩，杨阳阳. 企业数字化转型经济效果研究——基于市场绩效和财务绩效的分析 [J]. 现代管理科学，2022(5)：146-155.

[4] 白福萍，刘东慧，董凯云. 数字化转型如何影响企业财务绩效——基于结构方程的多重中介效应分析 [J]. 华东经济管理，2022，36(9)：75-87.

[5] 吴非，胡慧芷，林慧妍，任晓怡. 企业数字化转型与资本市场表现——来自股票流动性的经验证据 [J]. 管理世界，2021，37(7)：130-144+10.

四十二 融媒体时代凤凰传媒的转型发展之路分析

李艳[①] 李宝玲[②]

摘要：随着数字技术的不断发展以及网民数量的不断增加，数字化出版的优势逐渐显现。融媒体时代，传统出版业的转型发展是大势所趋。但是传统出版业向数字化转型的方式和途径却不是很明晰。本文运用SWOT分析法，对融媒体时代传统出版企业面临的机遇和挑战，以及自身具备的优势和劣势进行了分析。在此基础上以凤凰传媒为研究对象，探究其在融媒体时代转型发展的路径，希望为我国传统出版企业的发展提供一些借鉴。

关键词：融媒体；传统出版；凤凰传媒；数字出版

一、引言

在融媒体时代的背景下，人们的生活习惯、阅读方式以及学习方式都在慢慢发生变化。新媒体以及新技术的应用开始慢慢向传统出版业进行渗透。新的出版环境，对传统出版企业的融合创新提出了更高的要求。曾经内容比较枯燥无味、出版形式相对单一的传统出版企业面临转型发展的机遇和挑战。传统出版企业需

[①] 李艳，女，会计硕士，研究方向：会计制度与会计实务。
[②] 李宝玲，女，副教授，研究方向：电子商务、市场营销、企业战略。

要提高对融媒体的适应能力。传统出版企业向数字化转型这一问题值得探讨。

二、融媒体概述

融媒体是指不同传媒形式、平台和技术的融合与交叉。它将传统媒体、数字媒体和互联网技术相结合，旨在改变传媒产业的格局和运作方式。融媒体的特点主要包括以下几个方面。

（一）传播途径广泛

融媒体时代信息的传播可以通过多种途径，例如电视、报纸、广播等，各大传媒机构可以借助不同平台发布内容，以此吸引读者和流量。

（二）呈现形式多样化

融媒体时代传播的信息不再局限于单一的文字或者单一的图片，而是图文并茂或者以视频的形式呈现给读者。

（三）提高与读者的互动性

我们可以看到在很多平台都设有评论区，这样读者可以留下自己的评论。而且读者会点赞、转发感兴趣的内容，阅读量也会增加。

（四）数据分析

融媒体时代会产生大量的数据，传媒机构可以对这些数据进行收集和分析，以此来评判用户的关注点和需求，进而优化内容的制作。

（五）个性化推荐

各大传媒机构可以利用网络技术汇总分析出用户的喜好，为用户推荐感兴趣的内容，增加用户的访问频率。

融媒体的出现可以说有利也有弊。融媒体可以为用户提供更好的服务和内容，但与此同时，用户也要提高自己的辨别能力，这是因为网络信息传播速度快，存在很多虚假信息。

三、融媒体时代传统出版企业转型升级的 SWOT 分析

SWOT 分析是基于内部和外部条件的态势分析,将与研究对象相关的内部优势、劣势和外部的机会、威胁等,与各种相关因素结合起来加以分析,从而得出相应的结论,为企业的发展战略制定提供参考。

(一)优势

1. 原有品牌的影响力

极大多数出版业由于深耕出版业务形成了自己独特的品牌优势,并且企业信誉良好,已经拥有了一定的读者群体,与读者之间可以建立一定的信任基础。

2. 内容精湛

传统的出版业承担了中小学教育所需要的教材。这一群体比较特殊,且适用人群数量比较稳定,内容精湛,很难受到不定因素的影响。

3. 版权意识

传统出版业对版权的管理比较成熟,有很强的版权意识,极大程度上保护了原创作品的权益。

(二)劣势

1. 图书印刷的周期比较长

传统的图书印刷过程比较缓慢,而融媒体具有实时性的特点。在书籍还没有印刷出来之前,很有可能相关内容已经通过融媒体传播开来。

2. 成本比较高

传统纸质图书的印刷需要投入大量的原材料、人工费用等,有不小的成本压力。

3. 受众范围比较小

由于地理位置和交通的限制,很多偏远地区的读者可能不能及时拿到书籍并

进行阅读。此外，想要使其运输到国外进行销售也有很大的困难。这就使得读者的覆盖面没有办法及时拓展。

（三）机会

1. 融合数字媒体

传统出版业可以与数字媒体更好地融合在一起，使其传播的途径和内容更加多样化，满足新一代读者的需求。

2. 提供个性化服务

每个读者的阅读习惯是不一样的，众口难调。传统出版业可以利用融媒体为读者提供符合自己要求的阅读体验，增加读者的参与感。

3. 大数据分析

我国网民的数量增长迅速，截至2022年6月，已经达到了10.51亿人，这是由中国互联网络信息中心发布的报告。庞大的网民数量为大数据分析提供了机会。传统出版业可以利用大数据来分析出读者的偏好，为读者推送其感兴趣的内容。

4. 国家政策的支持

国家鼓励将传统媒体和新兴媒体融合发展，媒体融合发展有战略支持，这是因为在2014年8月18日，中央全面深化改革领导小组第四次会议审议通过了《关于推动传统媒体和新兴媒体融合发展的指导意见》。

（四）威胁

1. 数字化竞争

传统出版业在与数字媒体的竞争中很可能会丧失先机，让数字媒体抢先占据了市场份额，因为数字媒体的时效性更高。

2. 盗版和复制现象

传统出版业印刷的书籍的内容很有可能在没有出版之前就已经在网络上流通，这对版权的保护是一个威胁。

3. 各大软件和平台的出现

随着各种媒体的兴起，传统出版业在保持原有出版业务的同时也要防范这些兴起平台的竞争，避免被这些平台抢先吸引了流量和读者。

总而言之，融媒体不仅为传统出版行业带来了机会和发展，也带来了机遇和挑战。通过在拓展传播渠道、更新内容、为读者提供个性化服务等方面进行创新，传统出版业可以在这个大背景下持续发展。

四、凤凰传媒转型升级之路

（一）凤凰传媒简介

江苏凤凰出版传媒股份有限公司成立于 2011 年 3 月 28 日，兼有内容生产和渠道优势。2011 年 11 月 30 日，公司在上海证券交易所正式挂牌，简称凤凰传媒，证券代码：601928。公司控股方是凤凰出版传媒集团有限公司。

凤凰传媒的主营业务为图书、报纸、电子出版物、音像制品的编辑出版、发行。凤凰传媒辖全资及控股子分公司 170 家。2022 年，凤凰传媒营业收入 136 亿元，同比增长 8.62%；利润总额 21.28 亿元，同比下降 15.15%；总资产 297 亿元，同比增长 3.59%；净资产 175.53 亿元，同比增长 6.85%。

（二）凤凰传媒转型历程

1. 第一阶段：初期探索阶段

从 2001 年开始到 2011 年凤凰传媒上市，是凤凰传媒转型的第一阶段。在这个阶段，凤凰传媒的出版能力全国领先。主营业务是出版业和发行业。出版业务在加速实现内容生产方式的创新、实现传统出版增长方式的转型和升级的同时，与大型项目和资本合作，不单单注重出版的专业化，还进行了优质出版资源的重组。企业还树立了一个目标，那就是企业的发行业务要实现"中国现代书业第一网"。

在市场拓展、业态创新等方面取得了突破。2011年，凤凰传媒出版、发行两大主营板块的营业收入分别为241 450万元、497 424万元。在这一阶段，凤凰传媒的关键盈利来源仍然是出版、发行业务。企业的主营业务具体情况如表42-1所示。

表42-1　凤凰传媒2011年主营业务分行业情况

分行业	营业收入/万元	营业成本/万元	营业利润率/%
出版业	241 449.78	179 082.25	25.83
发行业	497 424.32	341 855.47	31.27

数据来源：公司年报

2. 第二阶段：推进阶段

从2012到2013年，是凤凰传媒转型的第二阶段。公司的主营业务主要涉及传统出版行业和物流、软件开发、教育培训以及贸易流通等行业和酒店服务业，具体情况如表42-2和42-3所示。2013年，公司一方面强化了自己的出版主业，在原有的基础上稳步前行。另一方面加快了产业链的布局，加快向数字化和新业态转型。数字内容、数据库建设、多媒体出版、软件出版、有声阅读、电子书报刊、网络平台、移动阅读、视频点播、数码印刷、网络游戏和云计算中心等多点布阵、全线展开，形成规模，年销售额超4亿元。

在这一阶段由于越来越多的人使用电子阅读，数字化具备巨大的发展潜力。公司在多媒体教程、数字化课堂、网络游戏和网络服务等新媒体业务方面加大投入。

凤凰传媒在存量内容的数字化建设基础上，进一步拓展了外延。专业资源库，例如音频库、图片库以及医学、农业、科技等已初具规模。并且与三大运营商展开了合作，阅读基地和动漫基地都接入了数字内容，还开发出了 50 多种智能终端应用程序。在新兴业务方面，凤凰传媒也不甘落后，进军游戏行业，凤凰传媒所控股的游侠网全年实现了营收 2000 万元，净利润增长到 50% 以上。可以看出在这一阶段，凤凰传媒的传统出版业务已经开始与数字化紧密地结合，并且逐渐形成规模。

表 42-2 凤凰传媒 2012 年主营业务分行业情况

分行业	营业收入 / 万元	营业成本 / 万元	毛利率 /%
出版行业	248 264.53	183 283.69	26.17
发行行业	592 878.623	424 036.57	28.48
物流、软件开发、教育培训以及贸易流通等行业	7766.99	1647.36	78.79
酒店服务业	1305.39	134.17	89.72

数据来源：公司年报

表 42-3 凤凰传媒 2013 年主营业务分行业情况

分行业	营业收入 / 万元	营业成本 / 万元	毛利率 /%
出版行业	278 065.79	203 938.64	26.66
发行行业	605 610.22	439 281.22	27.46
物流、软件开发、教育培训以及贸易流通等行业	16 117.48	4412.92	72.62
酒店服务业	1817.81	218.37	87.99

数据来源：公司年报

3. 第三阶段：深入发展阶段

从 2014 年至今是凤凰传媒转型的第三阶段。公司在这一阶段的主要业务包含出版业务、发行业务、数据业务、软件业务、影视业务、游戏业务，具体情况如表 42-4 所示。

截至 2022 年 12 月底，公司分布在七大平台的活跃账号数约 200 个，总"粉丝"数超 2000 万人，初步形成多平台布局、内外矩阵合力推广的出版新媒体融合局面，在 2022 年全国出版集团新媒体影响力排行榜中位居第二。同时，新媒体矩阵助推了图书电商销售，出版单位自营电商销售收入超 1 亿元，市场影响力及带货能力不断提升。

相较于 2011 年公司刚上市来说，公司的主营业务在原来的传统出版业务部分基础上增加了软件业务和影视业务，也就是凤凰传媒从 2011 年上市到现在，盈利模式经历了一个转变，由原先的依靠传统出版发行业务盈利模式转变为如今媒介融合背景下的多元化盈利模式，将传统的出版发行业务与数字化相结合。

表 42-4　凤凰传媒 2022 年主营业务分行业情况

分行业	营业收入 / 万元	营业成本 / 万元	毛利率 /%
出版行业	452 537.17	286 384.26	36.72%
发行行业	1 043 085.34	720 125.89	30.96%
软件行业	11 073.12	5497.64	50.35%
数据服务	27 156.31	9475.47	65.11%
其他业务	32 482.16	23 087.08	28.92%

数据来源：公司年报

五、传统出版企业转型升级的对策建议

基于前面对凤凰传媒转型发展的一系列分析，对传统出版企业提出以下建议。

（一）与新兴出版业的技术融合

传统出版企业要想实现融媒体背景下的转型，就要吸取新兴出版业的技术优势，实现技术融合。一方面要打造企业的线上和线下互相配合的业务模式。另一方面要改善自己的生产流程，不能仅仅依靠传统的出版和发行业务，也要形成自己的数字出版和电子出版方式。技术融合是传统出版业转型的关键所在，极大地提高出版效率。

(二) 学习先进技术，引进出版行业的复合型人才

在出版行业的数字化转型中，先进的技术水平尤为重要。出版行业可以利用先进的技术水平，依托大数据技术分析用户的喜好，以此吸引大量的流量。这主要是因为纸质的书籍所占有的市场份额有限。随着网民数量的增加，越来越多的用户会涌入数字出版市场中。

企业也可以采取与出版类高校合作的模式，定向培养一些人才，使得他们毕业后就可以为企业服务。从事数字出版行业的人才应该对数字出版的管理模式十分了解，并且具备一定的专业素养和操作能力，这样可以在融媒体转型的过程中最大程度地享受数字化改造所带来的便利。

(三) 深耕内容，保证品质

优质的内容，永远是企业发展的第一生产力。在进行数字化改造的过程中，传统的出版企业必须以追求优质内容为主要目标，在原有的内容基础上进行改造升级，以增强内容的丰富性。传统的纸质书籍一直以真实性的内容为根本，已经有一定的读者基础。转型过程中在保证图书内容高质量水平的前提下，也要保证一定的编辑质量，以此来增强读者对品牌的认同感，也就是要坚守主业。

除此之外，在转型过程中要避免换汤不换药。不应该只是对内容进行简单的转移。在公众号上传播期刊内容的同时也可以加入一些相关联的知识，以此拓展文章的深度。也可以通过视频、录音等形式，对相关内容进行解读，增强读者的体验感。

(四) 加强版权保护意识

出版社大多都与很多作者进行合作，在得到作者的允许后才会将作品再次授权给服务商，再由服务商发布到网络平台上。在这个授权过程中很有可能会出现作品被提前泄露的情况，也就是盗版资源现象的出现。这不仅侵犯了作者的知识产权，也对企业的声誉产生影响。这就需要企业加强对版权的保护意识，当企业的利益受损时，可以利用法律武器来保障企业的合法权益。

参考文献：

[1] 赵越. 新媒体时代传统出版业如何实现融媒转型——以凤凰出版传媒集团为例[J]. 科技传播, 2021, 13(9): 93-95.

[2] 贾坤鹏. 媒体融合背景下传统出版社的转型路径——以凤凰传媒跨媒介经营为例[J]. 青年记者, 2017, (23): 118-119.

[3] 吟春. 加快数字化转型, 全力打造创新型文化领军企业——访江苏凤凰出版传媒集团暨凤凰传媒董事长陈海燕[J]. 中国编辑, 2012(6): 30-3397.

[4] 张文君. 媒介融合背景下凤凰传媒数字化转型研究[D]. 上海: 上海师范大学, 2021.

四十三　数字经济下中信出版集团资产运营优化路径探究

冉青玉[①]　杨荣[②]

摘要： 数字经济的发展对出版行业上市公司资产运营模式产生了影响，出版企业需优化改造当前资产运营模式，以适应出版产业的发展趋势。本文以中信出版集团为例进行案例分析，发现了中信出版集团在数字经济背景下资产运营模式存在的问题，提出中信出版集团以基于自身的价值创造逻辑提升改造资产运营模式的路径，为其他出版企业发展提供参考。

关键词： 数字经济；中信出版集团；资产运营模式

一、引言

数字经济发展迅猛，正成为重塑全球经济结构和竞争格局的关键力量。数字经济将数字信息、大数据信息、现代通信技术和数字化网络平台视为关键的生产要素，与现代通信技术和数字化信息结合，形成了现代化通信技术和数字化信息结合的新经济形态。我国高度重视数字经济发展，积极促进数字经济和实体经济的深度融合。2021年，我国数字经济规模达到45.5万亿元，同比增长16.2%，

[①] 冉青玉，女，会计硕士，研究方向：企业内部控制与审计实务。
[②] 杨荣，女，经济管理学院副教授，研究方向：财务管理、公司治理、出版及印刷产业研究。

占 GDP 比重达到 39.8%。新冠疫情成为数字经济发展的"试金石",无论在新冠疫情防控的阻击战中,还是在新冠疫情多点散发的常态化防控中,数字经济作为宏观经济的"加速器""稳定器"的作用愈发凸显[1]。

数字出版作为数字经济的重要分支,与数字经济发展同频共振。新冠疫情反复导致国民文化娱乐消费意愿下降,线上文化消费成为重要场景。数字阅读、数字教育、有声读物等新型文化消费模式总体呈现稳中向好态势。中国新闻出版研究院发布的《2021—2022 中国数字出版产业发展年度报告》显示,2021 年我国数字出版产业整体规模达到 12 762.64 亿元,比上年增加 8.33%。互联网期刊、电子图书、数字报纸的总收入为 101.17 亿元,增幅为 7.59%。面对新冠疫情冲击,实体经济面临巨变,数字化转型模式可以支撑和促进经济增长,有助于出版业的恢复和增长[1]。

出版业如何在数字经济的浪潮中取得成功,并在未来取得发展的主动权,以及建立新的竞争优势?本文以中信出版集团为案例,通过深入剖析该公司近 5 年的大量财务信息和业务资料,分析了中信出版集团的资产运营现状,发现了中信出版集团在数字经济背景下资产运营模式存在重资产运营的问题,提出中信出版集团以基于自身的价值创造逻辑提升改造资产运营模式的路径,为其他出版企业发展提供参考。

二、数字经济与出版企业轻资产运营

随着数字经济的发展,如今数字化已成为一个普遍现象。这种现象给企业带来了巨大的机遇,可以利用这些技术来实现轻资产的管理。这需要企业对于创新和客户服务的积极参与,并且需要加强对于市场的管理,以保证公司的长期发展。数字经济时代,数据资源的开放性、共享性极大地释放出顾客在企业价值创造中的关键作用(Von 等,2018)[3],同时为企业在市场上实现资源快速配置创造条件。根据戴天婧等(2012)的研究,轻资产模式的财务报表显著地体现出了这些特征,如表 43-1 所示[4]。

表 43-1 轻资产模式的财务特征

高	固定资产周转率
	流动负债占总负债比率
	无形资产占总资产比率
低	资产规模
	存货占总资产比率
	固定资产占总资产比率

数字出版是一种以实现数字版权价值为目标的精神产品生产与再生产体系。数字经济下数字技术的发展为出版企业通过数字出版改造资产运营模式提供了更多可能性。第一，数字技术的发展使得出版企业可以将杂志、报纸等内容数字化，从而实现在线出版和销售、降低出版成本、提高效率，让读者更方便地获取内容。第二，出版企业可以开发自己的数字化出版平台，为企业带来更多盈利机会，也可以更好地了解读者的需求和喜好。第三，出版企业可以通过分析读者的阅读行为和购买行为来了解读者的需求和喜好，制订出版计划和营销策略，以满足读者需求、提高销售效率。第四，纸质书容易被盗版，这不仅会降低企业盈利能力，还会损害品牌形象。数字出版运营的出版企业可以通过数字水印、数字签名等方式来保护数字出版物的版权，以避免盗版和侵权行为的发生。因此，开展数字出版运营的出版企业天然具有轻资产运营的特征。

三、中信出版资产运营模式分析

（一）中信出版集团简介

中信出版集团是一家国有企业，拥有图书、报纸、电子音像、数字出版和批发、零售业等经营许可证。公司在数字出版方面不断扩大产品矩阵，提供场景化的阅读服务。公司与世界各地的作者、出版单位和自媒体等非出版单位合作，拥有15 000多种不同类型的版权和IP。公司已基本完成"线上＋线下"的全媒体传播生态体系。公司持续在知识型MCN方面下功夫，旗下"中信书院"App通过多种方式提高读者的忠诚度,每年有接近100万名的读者加入。2021年音频类收益较2020年同期上升了29%,而"跳岛FM"的播客用户也超过了10万人[5]。

(二)中信出版集团轻资产运营特征不明显

1. 中信出版集团总资产与营业收入相比规模大

总资产与营业收入的比值可以作为衡量公司资产状况的重要参考,它反映了每1元营业收入所需的资金数量。因此,我们可以通过计算中信出版2017—2021年的总资产与营业收入的比值,来评估公司资产总量及相对规模。根据图43-1的数据可知,中信出版在过去的五年中,总资产和营业收入的比值分别为1.12、1.05、1.43、1.60和1.76。这表明,中信出版平均每1元销售收入对应的资产在过去的五年中分别为1.12、1.05、1.43、1.60和1.76。此外,这些年份中信出版的总资产和营业收入的比值在不断增长。可以看出抛去编辑的智力以及能力这些无法确认到资产负债表中的资产,中信出版的资产相对于收入规模相当大。

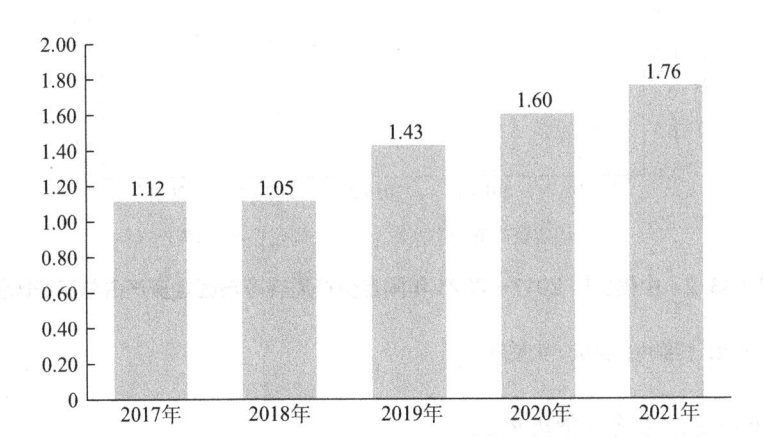

图 43-1 中信出版 2017—2021 年总资产与营业收入比值

数据来源:根据中信出版年报整理

2. 固定资产占总资产的比例和固定资产周转率对于企业的整体财务状况至关重要

出版企业通过建立良好的品牌文化和充分利用人力资源，以"软实力"为基础，积极投入资金，可以实现可持续发展，而不是依赖重资产模式，如机器设备、车间厂房等。在核心竞争环节，中信出版应该尽可能地减少对固定资产的投入，以便提高其在市场中的竞争力。根据图43-2可知，中信出版的固定资产值占总资产的比重相对较低，在2017—2021年的平均比例仅为0.63%。固定资产周转率平均为125.66次，说明中信出版每1元固定资产支持的销售收入为125.66元。中信出版通过充分利用各种智力资本，实现了长期稳定的发展，并将轻资产资源转化为可持续发展的动力。它们更关注内容资源的获取和供应渠道的扩张，从而更好地满足企业的发展需求。

图43-2　中信出版2017—2021年固定资产周转率与固定资产占总资产比例

数据来源：根据中信出版年报整理

3. 流动负债占总负债比重低

根据图43-3可知，中信出版的流动负债占总负债的比例始终处于较高水平，近五年的数据显示，它的流动负债包括：应付账款、预收账款和短期融资。

中信出版采取有效的融资策略，充分发挥其无息负债的优势，从而有效地控制和调度其上游和下游的财务状况，有效地减轻财务负担，同时也降低相关的资本和利息支出。

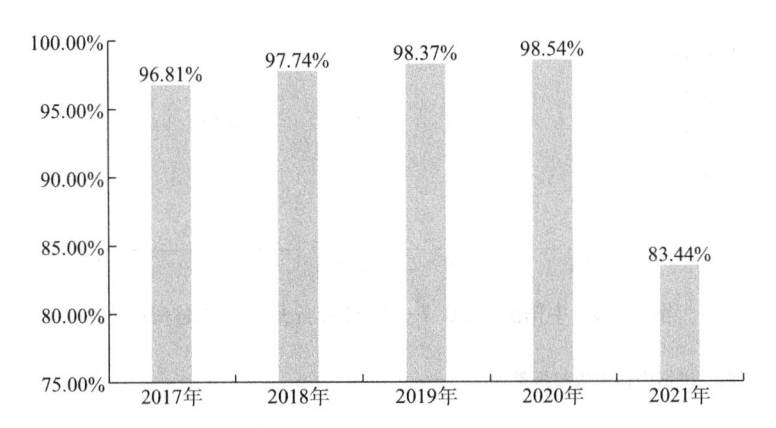

图 43-3　中信出版 2017—2021 年流动负债占总负债比重

数据来源：根据中信出版年报整理

4. 无形资产占总资产比率

根据财务报表的要求，一部分无形资产应当被记录在内，例如著作权、独家代理商和其他商誉。然而，另一部分无形资产却不应被记录在内，例如在出版行业，作者的社交网络和课程设计的专家知识。编辑们只要具备良好的选题规划技巧，就可以与读者进行良好的沟通协商。数字经济发展使得越来越多的出版企业开始数字化转型，拥有大量数字出版物，因此可以通过观察无形资产占总资产的比重，判断该公司是否采用了轻资产经营。

图 43-4 显示，中信出版无形资产占总资产比率一直在 1% 以下，说明中信出版未能将数字出版物进行资本化，从而导致无形资产占总资产比率低。

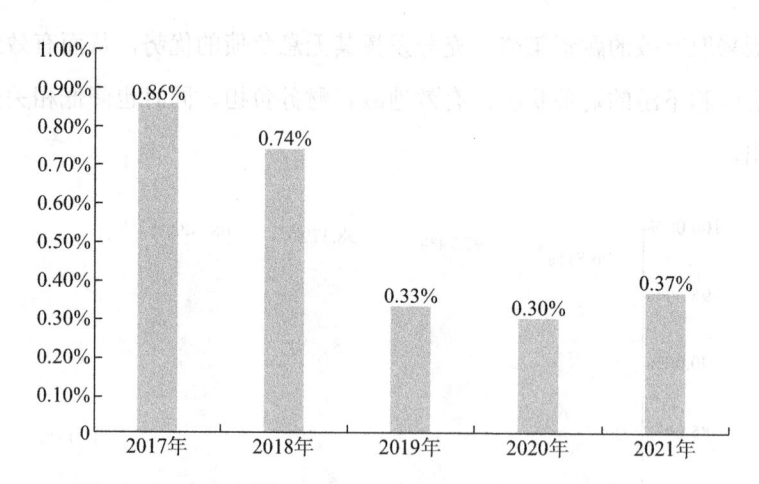

图 43-4　中信出版 2017—2021 年无形资产占总资产比率

数据来源：根据中信出版年报整理

5. 存货周转率以及存货占总资产的比例

采用轻资产经营方法，可以有效降低企业的存货占用，提升周转率。尤其是对于出版传统行业，如果一本书的设计、印刷、发货等方面都达到了良好的状态，那么它的存货量就会相对减少。同时，如果出版企业专注于图书或报纸出版的营销，存货周转率则应该较高。

表 43-2　中信出版 2017—2021 年存货占总资产的比例以及存货周转率

	2017 年	2018 年	2019 年	2020 年	2021 年
存货周转率/次	1.49	1.53	1.66	1.51	1.9
存货/总资产	42.13%	39.33%	26.74%	25.50%	15.84%

数据来源：根据中信出版年报整理

根据表 43-2 的数据，中信出版的存货周转率与存货占总资产的比例呈现出负相关的趋势，即随着存货所占比例的增加，周转率会相应降低，这显示出该公司的纸质出版物的周转速度相对缓慢。5 年来，该公司的存货占总资产的比例一直保持在 29.91%，而它的周转率仅为 1.62 次，这也证实了该公司的重资产经营模式。

6.存货、固定资产和无形资产占总资产比例的分布

理想中的轻资产运营公司，应该是无形资产占比高，存货和固定资产占比低。出版传媒集团的资产比例更应该显示出这样的特点。无形资产是出版企业所持有的数字资产等，存货则应是企业持有的图书存货，固定资产在企业拥有更短的销售渠道下应该占比最低。

由图43-5可以看出，中信出版无形资产显然占总资产的比例较低，显得存货和固定资产占总资产的比重过高了，资产的配置偏重。

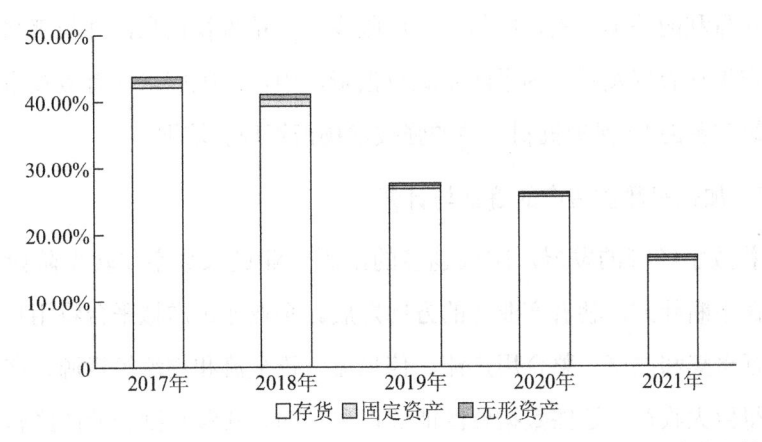

图43-5 中信出版2017—2021年的无形资产、存货和固定资产占总资产比例的比较

数据来源：根据中信出版年报整理

四、数字经济下中信出版集团资产运营优化路径

（一）充分利用新媒体，多平台发布信息，助力出版物的推广和销售

数字经济下，新媒体成为出版企业与读者之间的重要桥梁。中信出版致力于多种数字发行渠道实现业务发展，包括运营商平台、电商平台、微信公众号、"中信书院"App、书友会、线上年会、听书项目等。这些渠道可以帮助公司发布数字内容，提升品牌形象，为新书推广提供支持。数字经济下，中信出版需要

推进新的出版模式，融合传统和数字技术，提供更丰富的出版选择。提高品牌知名度、影响力和美誉度是中信出版的目标。同时，拓展新领域并提供更丰富的出版产品，满足读者需求。利用新媒体平台提升多频道网络覆盖率，将传统渠道、数字渠道和新媒体渠道有机结合，以更有效地响应市场变化并增加市场份额。

（二）加强对无形资产和版权的管理

随着信息快速流通和技术发展，许多无形资产价值可能受到影响。中信出版需要提高对无形资产的监控和减值测试，以确保其可持续发展。版权是公司核心竞争力和盈利的关键因素，中信出版应收集高质量版权信息，并与著名作家和出版社合作推动版权发展。为了防止版权浪费，中信出版应采取有效技术和组织架构，构筑完善的IP保护机制，并加强技术秘密管理和培训。

（三）加强对数据资产的确认与计量

随着数字经济的发展，越来越多的出版企业进入数字化转型阶段。数字经济产业在不断壮大，朝着产业化的方向发展。企业通过虚拟平台将用户进行数据化并进行聚集和共享，整合用户流、信息流、资金流和物流等资源，产生商业机会并取得巨大收益。这些数据资源能够以更多的方式参与到企业的经营活动中，为企业带来更多的经济价值[6]。中信出版需要确认所持有或所掌控的数据资产资源，并对其进行适当的核算，增强其与公司财务资料的关联性和对公司决策的有益性。虽然目前还没有对数据资产进行具体的会计核算，但是中信出版应当加大对数据资产的确认与计量力度。

（四）提高存货周转速度

中信出版的存货周转率较低，实体书店销售额急剧减少，导致存货周转率下降，阻碍了储备发展，加大了财务压力。为解决此问题，我们可以将销量不佳的书籍转移到数字阅读平台，提高经济效益和发展。因此，为降低库存水平并防止出现财务危机，我们应该尽量降低财务负担。

五、结语

数字经济下,在未来一段时间及国家"十四五"规划的引导下,随着5G技术推广和新基建的推进,数字技术将会进一步在全国范围内推广,数字化出版物将成为主流。在数字经济与出版行业的融合过程中,出版行业需要不断实现技术升级,出版社需要不断地适应新的技术和市场趋势,优化自己的资产运营模式,以便更好地满足读者的需求。只有这样,出版企业才会获得发展主动权,形成自己的竞争优势,从而得到更好的发展。

参考文献：

[1] 中国信息通信研究院. 中国数字经济发展报告 [R]. 2022-07.

[2] 中国新闻出版研究院. "十四五"开局之年的中国数字出版——2021—2022年中国数字出版产业年度报告 [R]. 2023-2.

[3] Von Briel F, Davidsson P, Recker J. Digital technologies as external enablers of new venture creation in the IT hardware sector[J]. Entrepreneurship Theory and Practice, 2018, 42(1)：47-69.

[4] 戴天婧, 张茹, 汤谷良. 财务战略驱动企业资产运营模式——美国苹果公司轻资产模式案例研究 [J]. 会计研究, 2012(11)：23-32+94.

[5] 中信出版集团. 中信出版集团股份有限公司2021年年度报告 [R]. 2022.

[6] 程竞. 数字经济时代数据资产会计确认与计量的探索 [J]. 安徽商贸职业技术学院学报, 2022, 21(1)：44-47.

四十四 大数据背景下企业财务管理的挑战与变革

刘婧文[①] 陈鹤杰[②]

摘要：随着科技的不断发展，大数据对人们的影响不断加强，大数据的发展有利于企业财务管理更新与发展，但同时给传统企业财务管理带来了巨大的冲击。在大数据时代，企业的财务管理必须进行改革和创新，为了适应时代的发展，要解决传统企业财务管理中存在的问题。通过本文的研究：首先，要准确把握大数据的发展趋势，及时更新企业财务管理理念；其次，企业财务人员要进行相应的财务知识学习，重视财务人才的培养与引进；最后，要强化对金融风险的防范意识，健全财务管理制度，使之与大数据时代的企业相匹配，从而推动公司健康发展。

关键词：大数据；企业财务管理；挑战；变革

一、引言

网络技术是伴随着社会经济的迅速发展而发展的，随着互联网技术的飞速发展，企业的财务管理也在不断变化，但也面临巨大的冲击与挑战。因特网技术的

---

① 刘婧文，女，会计硕士，研究方向：会计制度与会计实务。
② 陈鹤杰，女，副教授，研究方向：电子商务、舆情、大数据技术分析等。

发展，使企业在发展过程中得到了许多先进技术的支持，同时也暴露出传统企业财务管理的落后之处。企业要想可持续发展，就应抓住发展中的机遇，对企业财务管理进行变革，从而使财务管理与时代同步、与企业发展同步。

二、大数据技术在企业财务应用的前世今生

（一）大数据的概念

大数据是一套无法用一般的软件工具在一定时间内获取、管理和处理其内容的集合。大数据，就是可以从大量的数据中迅速获取有价值的信息。

（二）大数据的特征

大数据具有规模性、多样性、提速性、价值性的特征，对于企业财务工作具有关键性的作用，促进了企业财务工作的发展[1]。

（三）大数据的应用

大数据在财务预算规划中的应用：利用大数据分析技术，企业可以收集各种信息进行分析，而且数据存储和处理可以实现快速、精准的处理以及全面而深刻的洞察。

大数据在财务数据分析中的应用：大数据分析可以应用于财务数据的快速处理、大量数据的管理存储、数据模型的分析等多个方面，帮助企业实现财务数据的深度挖掘和高效管理。通过大数据分析，企业可以明确自身的财务状况，更好地把握企业运营趋势，帮助企业摆脱财务风险，助力企业的进一步发展[2]。

大数据在风险控制中的应用：大数据分析技术可以对企业财务数据进行全面深入的分析，找到企业面临的潜在风险因素，制定相应的有效措施，对风险进行有针对性的预警。通过大数据分析技术，企业可以从庞杂的财务数据中发现潜在的风险点，减轻风险对企业的不良影响，提高企业的运营效率和财务控制能力。

三、大数据对财务管理的积极意义

（一）促进了企业应用大数据

随着网络技术的迅速发展，它的大量数据被广泛地运用到人们的日常生活中。在企业的财务管理中，要不断地利用大数据，把大数据技术运用到企业的工作中，它不仅能推动公司的经济发展，还能增加公司的经济效益，为公司的发展提供实质性的帮助[3]。所以，在大数据的背景下，我们必须重视企业的财务管理，改革企业的财务管理，让企业更好地利用大数据。同时，能够提升企业的经济效益，使得现代企业能够持续性地发展。

（二）推动社会经济的发展

现代公司在社会经济发展中扮演了重要角色。在大数据时代，企业的财务管理改革已经成为一个重大的课题，通过改革财务管理，可以提高公司的运营效率，改善企业的经济利益[4]。因此，在大数据时代，为了推动企业的发展，我们需要对传统的经营方式进行变革与创新，使得财务管理信息化。同时，在大数据环境下，可以更好地分析数据，为公司的运营提供数据基础。最后，在大数据的帮助下，企业的发展会更好，也会对国家的经济发展产生巨大的推动作用。

（三）促进信息化的发展

随着信息化的发展，企业财务管理日益成为人们关注的焦点。在大数据时代，要加强计算机技术的应用，实现财务管理由传统到大数据的转变，从而更好地实现企业的财务管理和发展效益。在大数据时代，财务管理面临新的挑战与变革，对改善公司财务管理、促进公司健康可持续发展具有重要意义。

四、大数据背景下企业财务管理面临的挑战

（一）企业财务管理模式观念陈旧

企业的生产、销售、流通一直是企业重点关注的运营环节，只注重企业业绩

和利润，会造成企业财务管理理念落后，且落后的企业财务管理工作会直接影响共享信息对企业发展的影响作用[5]。作为企业重要的职能部门，财务管理部门要有独立处理工作事务的能力，学会及时有效地处理企业数据信息，通过对企业财务状况的分析，为企业发展提供有力的数据支撑。

（二）企业财务管理制度不合理

随着大数据技术在我国会计领域中的应用，我们需要建立相应的法律法规来对其进行规制。随着我国会计电算化和会计信息化进程中出现各种问题，各国政府和有关部门纷纷出台了相应的对策，进行了会计准则的制定[6]。但是，大数据服务是一种全新的变革与创新，它在会计领域的运用是一次质的飞跃，使会计在企业经营中的地位与角色得到了重新定义。大型数据处理技术在会计行业中的应用，必然会带来是否符合操作规范、是否信息安全、是否符合行业标准等方面的问题。目前，一些公司的财务管理体系不够健全，不管是在财务部门的基本设置还是成本控制、内部监控等方面，都处在一种"权力分散""无人监督"的尴尬境地[7]。由于企业的财务存在人工操纵的风险，传统的会计方法难以支持企业的迅速更新换代，并且面临市场竞争激烈、经营成本高、缺乏对财务的总体计划、缺少对公司的制度制约等问题，导致公司的财务管理混乱。

（三）企业财务共享程度不高

在共享信息时代，有些企业管理人员在没有充分了解和准备的前提下所建立的企业财务管理信息系统并不完善，忽略工作细节，导致客户数据流失或遗漏财务数据，降低企业各部门信息共享时效，影响公司正常运营。各部门之间共享信息、协调工作方式才能帮助企业更好地运营，部门信息的不对称会极大限度地增加企业财务管理工作的难度，使得企业难以跟进时代发展。同时，财务管理人员坚持老一套的财务管理系统，缺乏财务管理创新，也会阻碍企业发展。

（四）财务管理观念面临挑战

金融管理理念的挑战。在大数据时代，一些公司的财务管理方式发生了一些变化，这些变化体现在财务管理的内容和目的上，使财务工作由单一的会计功能向决策功能转变。在实际操作项目中，企业的财务管理普遍观念落后，有关部门的工作人员只能被动地服从指令，无法对财务数据进行严密的分析，缺少有效的决策依据[8]。这严重妨碍了公司的财务管理，严重地制约了公司的发展。公司的财务管理水平面临严峻的考验。在信息化的今天，许多企业都面临新技术、新观念的冲击，随着经济社会的发展，企业财务管理的改革势在必行。很多公司都没有意识到企业财务管理创新的必要性，仍然沿用传统的经营方式和经营理念，这对企业的经营管理水平产生了很大的影响。

五、大数据背景下企业财务管理的变革

（一）建立适应性的财务管理信息平台

首先，在传统的会计系统中，由于存在多个会计系统，导致数据的流通不便，因此，必须建立一个统一的数据收集与财务管理系统，并引入新的大数据技术，把大量的数据汇集到一个系统中，进行快速的处理、筛选、比较，从而得到最优的解决方案。其次，随着信息化程度的提高，企业各部门可以将数据存储在企业的云端系统中，并通过设定访问权限来进行信息共享[9]。特别是当重要数据备份或者是财务管理系统出现问题时，更是可以确保资料不会丢失，并且可以迅速获得。最后，为了保障数据的安全性，必须通过构建数据信息安全体系。特别是对于用户的个人信息，更要注意保护。此外，在传递信息时，要对所有的信息进行编码、命名，以确保各部门的交流更加便利。

（二）培养复合型的财务管理人才

在大数据时代，很多工作机会都会出现。企业财务管理必须顺应时代潮流，积极引进和培养复合型的管理人员。目前，对于大数据技术人才的需求，中小企业难以承担，因此，可以采取委托代理的方式进行财务管理。在大公司，引进相应人才，培养内部员工，会给公司带来更多的价值，从而更好地促进公司的发展。

(三) 转变财务处理意识

企业的财务管理必须加强对财务人员的战略思考，从企业战略和全局角度，充分了解公司的运作和管理过程，与市场营销、信息技术等部门进行沟通、协作和合作，有效地整合和挖掘内部信息。另外，金融信息管理人员不能只读金融报表，要从市场环境、客户需求等多方面考虑，要改变观念，把资讯集中在财务资讯上，建立全面的资讯观念。

(四) 完善财务制度管理模式

第一，加强领导、统一思想、提高认识。要加强对公司财务工作的宣传与教育，让管理者、财务人员充分认识到公司内部财务体系的重要性、必要性和现实意义，使之与现代企业制度相结合，同深化企业改革、转变经营机制结合起来，要克服体制越完善、越是束缚企业领导者的错误观念。第二，强化企业财会干部的专业素质与职业道德建设。通过各种培训班、研讨班、学习班、会议等方式，强化金融从业人员的专业知识，增强金融从业人员的专业技能。加强金融从业人员职业道德的教育，把改革开放以来出现在企业财务领域的先进人物和先进事迹进行宣传，提高他们的职业道德。第三，金融机构应加强对企业内部金融体系的引导。金融机构应当在企业内部实行财务管理制度，并且实现企业自主性以及将企业的转变、企业体制的现代化建设有机地联系在一起。要组织编写指导范例，以便对企业管理进行指导、协助，更好地进行企业财务管理。

(五) 企业财务管理应进行变革与创新

第一，加速数字技术的转变，强化科技生态。企业财务信息化的发展方向是：构建适合企业业务上下游、产业链的财务共享平台；以财务数据为基础，以支持企业柔性变革、强化集团控制、推动财务转型、拉动业财一体为重点，实现以数据为中心的转变。通过对现有的金融体系进行重构，建立以运营、数据管理和金融分析为基础的智能平台，整合现有的业务、生产和销售模式等，以达到对企业财务数据的合理决策[10]。第二，加强金融体系的建设，重视自主研发和创新。数字转型既要依赖信息技术队伍和咨询公司，更要注重自身的技术人才培养，由内而外地进行人才变革。第三，优化金融运行机制，提高企业信息化程度。建立健全规范的财务管理体系是财务管理发展的首要条件。第四，加快数字化产业链的布局，全面打开整个市场。数字化技术是一种有效地激活传统企业的创新方式。尤其是5G商用的加速，拥有数字技术的公司将在未来的市场竞争中占据主导地位，企业的财务数字化将推动金融机构和人才的转变，以数据分析与应用为核心，向以数据为导向的商业发展，向以数据为导向的业务发展。从而形成一个流程化的经营，实现了各个部门的财务信息多元化，形成完整的产业链，整合各个职能部门的资源，从而实现公司的战略目标。

六、结语

在新的形势下，我国的企业财务管理面临许多新的挑战，亟待进行深入的变革。企业必须改变驱动动力与价值观念，积极强化财务人员的素质教育，以适应大数据时代的发展，不断完善公司的财务制度，培养复合型人才，增强财务信息共享宽度和广度，顺应时代发展潮流，实现公司的长远发展。

参考文献：

[1] 李玮.大数据时代企业财务管理创新发展[J].全国流通经济，2018（17）：52-53.

[2] 韩志高.大数据背景下企业财务管理的创新建设[J].中国管理信息化，2021.

[3] 王丽亮.大数据背景下企业财务管理的挑战与变革思考[J].中国管理信息化，2021.

[4] 王海燕.大数据背景下企业财务管理面临的挑战与变革[J].全球流通经济，2021.

[5] 盛颖杰.大数据背景下企业财务管理的挑战与策略研究[J].商讯，2020.

[6] 曹静.大数据背景下企业财务管理面临的挑战与变革分析[J].现代营销（经营版），2021.

[7] 郭强. 大数据背景下企业财务管理面临的挑战与变革策略[J]. 企业改革与管理, 2021.

[8] 郭舒雅. 分析大数据背景下企业财务管理的挑战与变革[J]. 财经界, 2016(14)：184-184.

[9] 庞羽华. 大数据背景下企业财务管理的挑战与策略研究[J]. 商场现代化, 2017(14)：219-220.

[10] 鞠琤. 大数据背景下企业财务管理的挑战与变革[J]. 中国商论, 2017(35)：111-112.